语言学及应用语言学名著译丛

全球化的社会语言学

THE SOCIOLINGUISTICS OF GLOBALIZATION

［比］扬·布鲁马特 著

赵芃 田海龙 译

This is a Simplified-Chinese translation of the following title published by Cambridge University Press:

The Sociolinguistics of Globalization, 9780521710237
© Jan Blommaert 2010

This Simplified-Chinese translation for the People's Republic of China (excluding Hong Kong, Macau and Taiwan) is published by arrangement with the Press Syndicate of the University of Cambridge, Cambridge, United Kingdom.

© The Commercial Press, Ltd., 2022

This Simplified-Chinese translation is authorized for sale in the People's Republic of China (excluding Hong Kong, Macau and Taiwan) only. Unauthorized export of this Simplified-Chinese translation is a violation of the Copyright Act. No part of this publication may be reproduced or distributed by any means, or stored in a database or retrieval system, without the prior written permission of Cambridge University Press and The Commercial Press, Ltd.

根据英国剑桥大学出版社 2010 年英文版译出

Copies of this book sold without a Cambridge University Press sticker on the cover are unauthorized and illegal.
本书封面贴有 Cambridge University Press 防伪标签，无标签者不得销售。

此版本仅限在中华人民共和国境内（不包括香港、澳门特别行政区及台湾省）销售。

作者简介

扬·布鲁马特（Jan Blommaert, 1961—2021）

荷兰蒂尔堡大学教授，主要研究领域包括语言人类学，社会语言学，话语分析以及非洲研究。布鲁马特教授的研究促进了话语分析与社会语言学的融合，深化了对全球化引发的语言流动的认识；他所提出的"全球化的社会语言学"理论对传统的社会语言学理论有重大发展。代表性著作有《话语：批评性导论》（2005）、《全球化的社会语言学》（2010）、《民族志、超多元性和语言景观》（2013）。

译者简介

赵芃 博士，天津商业大学副教授、硕士生导师，天津市"131"创新型人才培养工程第三层次人选。

田海龙 天津外国语大学教授、博士生导师。现任中国语言学会社会语言学分会会长，中国英汉语比较研究会话语研究专业委员会副会长兼秘书长，中国石油大学（北京）特聘教授，山东师范大学合作教授。曾任《天津外国语大学学报》常务副主编，天津外国语大学语言符号研究中心常务副主任。研究领域包括社会语言学、话语研究、翻译研究。出版有《语篇研究：范畴、视角、方法》（上海外语教育出版社，2009）、《批评话语分析：阐释、思考、应用》（南开大学出版社，2014）、《社会网络中的话语互动》（天津人民出版社，2021）、《社会语言学新发展研究》（合著，清华大学出版社，2021）等学术著作，以及学术译著《语言与全球化》（商务印书馆，2020）。

语言学及应用语言学名著译丛
专家委员会

顾　问　胡壮麟

委　员　（以姓氏笔画为序）

　　　　马秋武　　田海龙　　李瑞林

　　　　张　辉　　陈新仁　　封宗信

　　　　韩宝成　　程　工　　潘海华

总　　序

商务印书馆出版的"汉译世界学术名著丛书"在国内外久享盛名，其中语言学著作已有10种。考虑到语言学名著翻译有很大提升空间，商务印书馆英语编辑室在社领导支持下，于2017年2月14日召开"语言学名著译丛"研讨会，引介国外语言学名著的想法当即受到与会专家和老师的热烈支持。经过一年多的积极筹备和周密组织，在各校专家和教师的大力配合下，第一批已立项选题三十余种，且部分译稿已完成。现正式定名为"语言学及应用语言学名著译丛"，明年起将陆续出书。在此，谨向商务印书馆和各位编译专家及教师表示衷心祝贺。

从这套丛书的命名"语言学及应用语言学名著译丛"，不难看出，这是一项工程浩大的项目。这不是由出版社引进国外语言学名著、在国内进行原样翻印，而是需要译者和编辑做大量的工作。作为译丛，它要求将每部名著逐字逐句精心翻译。书中除正文外，尚有前言、鸣谢、目录、注释、图表、索引等都需要翻译。译者不仅仅承担翻译工作，而且要完成撰写译者前言、编写译者脚注，有条件者还要联系国外原作者为中文版写序。此外，为了确保同一专门译名全书译法一致，译者应另行准备一个译名对照表，并记下其在书中出现时的页码，等等。

本译丛对国内读者，特别是语言学专业的学生、教师和研究者，以及与语言学相融合的其他学科的师生，具有极高的学术价值。第一批遴选的三十余部专著已包括理论与方法、语音与音系、词法与句法、语义与语用、教育与学习、认知与大脑、话语与社会七大板块。这些都是国内外语言学科当前研究的基本内容，它涉及理论语言学、应用语言学、语音学、音系学、词汇学、句法学、语义学、语用学、教育语言学、认知语言学、心理语言学、社会语言学、话语语言学等。

尽管我本人所知有限，对丛书中的不少作者，我的第一反应还是如雷贯耳，如 Noam Chomsky、Philip Lieberman、Diane Larsen-Freeman、Otto Jespersen、Geoffrey Leech、John Lyons、Jack C. Richards、Norman Fairclough、Teun A. van Dijk、Paul Grice、Jan Blommaert、Joan Bybee 等著名语言学家。我深信，当他们的著作翻译成汉语后，将大大推进国内语言学科的研究和教学，特别是帮助国内非英语的外语专业和汉语专业的研究者、教师和学生理解和掌握国外的先进理论和研究动向，启发和促进国内语言学研究，推动和加强中外语言学界的学术交流。

第一批名著的编译者大都是国内有关学科的专家或权威。就我所知，有的已在生成语言学、布拉格学派、语义学、语音学、语用学、社会语言学、教育语言学、语言史、语言与文化等领域取得重大成就。显然，也只有他们才能挑起这一重担，胜任如此繁重任务。我谨向他们致以出自内心的敬意。

这些名著的原版出版者，在国际上素享盛誉，如 Mouton de Gruyter、Springer、Routledge、John Benjamins 等。更有不少是著名大学的出版社，如剑桥大学出版社、哈佛大学出版社、牛津大学出版社、MIT 出版社等。商务印书馆能昂首挺胸，与这些出版社策划洽谈出版此套丛书，令人钦佩。

万事开头难。我相信商务印书馆会不忘初心，坚持把"语言学及应用语言学名著译丛"的出版事业进行下去。除上述内容外，会将选题逐步扩大至比较语言学、计算语言学、机器翻译、生态语言学、语言政策和语言战略、翻译理论，以至法律语言学、商务语言学、外交语言学，等等。我也相信,该"名著译丛"的内涵,将从"英译汉"扩展至"外译汉"。我更期待,译丛将进一步包括"汉译英""汉译外",真正实现语言学的中外交流,相互观察和学习。商务印书馆将永远走在出版界的前列!

胡壮麟

北京大学蓝旗营寓所

2018 年 9 月

汉译版序

扬·布鲁马特

不言而喻，将《全球化的社会语言学》翻译成中文，这本身就说明话语以及话语表达的各种观点和看法实际上已经被全球化。这也是本书的内容所在。而且，本书的汉译本问世，还说明了全球化的社会语言学关注的另一个重要特征，即全球化的这些形式并非是一个相同的过程，而是具有地方特点。虽然在这个过程中相同的话语、观点和看法得以共享，但它们被转换成另一种话语结构，根植于本土或区域的语境之中。因此，我认为本书的中文版不只是英文原版的"翻译"，相反，它是一个新的"版本"；尽管很多人可能已经读过这本书的英文版了，但是中文版能以**一种不同的方式**向中国读者讲述该书的内容。

本书的核心主题是移动性，因为在高度全球化的时代，把语言视作静止的、"固定的"、定栖不动的客体来研究是完全不够的。中文版再次说明了这一点。正是人、物和思想的移动引起了中国学者对本书的关注，而将本书译成中文恰是沿着这种移动模式向前迈进了一步，并将它带入当地已有的知识和学术文化之中。这个过程不仅可以给这本书带来变化，更会改变当地的学术。因此，我期待对《全球化的社会语言学》所阐述的观点有新的理解和解释，也希望出现新的对话形式和后续研究的新成果。

本书的另一个关键点是，全球化过程是真实具体的历史过程。这一点使我能够详细阐述上文提及的对新解释、新对话和后续研究的期望。

本书的英文原版比中文版早问世十年，它所阐述的思想甚至更加久远。我于 20 世纪 90 年代末开始进行全球化的社会语言学研究工作，并持续发表了一系列论文，相关研究贯穿了本世纪的第一个十年。该书的初稿完成于 2008 年，是对我前期工作的总结。写作这本书的时代，Web 2.0 技术已成为人们必须掌握的技能，而现在我们熟知的社交媒体在当时还是相对边缘的新鲜事物。目前在我生活的地方占主导地位的社交媒体有脸书（Facebook），它创建于 2004 年，有推特（Twitter），创建于 2006 年，还有图片分享社交应用（Instagram），创建于 2010 年。智能手机那时还不常见。我在写这本书的初稿时，第一部 iPhone 才刚进入市场。因此，当时我只能描述一个通过电子邮件、台式机或笔记本电脑连接全球的世界（iPad 于 2010 年推出），那时普通手机用户也只是用手机打电话和发短信。传统的大众媒体——报纸、广播和电视——当时仍然占据主导地位，几乎没有受到新兴的网络博客或第一代微媒体的挑战。

当然，这样的世界已经消失了，本书的中文版所进入的世界是这样的：社会（和社会语言学）生活的线上和线下层面已经交织在一起，并限定了我们对社会和文化现实的日常体验。特别是中国，它已经迅速发展成为一个社交媒体非常普及的社会，在线娱乐、网上购物和网上银行交易已经成为日常商品，行为数字化和大数据分析已经达到了无与伦比的复杂程度。我的几个学生已经在他们的博士论文中详细记录了这一发展，而且这一发展的意义是重大的。自《全球化的社会语言学》原版诞生以来，全球化的基础设施，包括社会语言学全球化，已经发生了深刻的变化。这种巨变在世界各地都存在，当然中国也不例外，而这种深刻变化了的全球化情景不仅可以催生出对我这本书的各种新阐释，产生由它引发的各种新问题和新课题，而且还赋予了它与这个世界新的相关性（或不相关性）。这让我十分期待。

自本书问世以来，在我收到的众多反馈中，最让我感到欣慰的是同事和学生们表示这本书给了他们灵感，并且通过采纳我在书中提出的观点促使他们进一步地开展了新的研究。我们知道，"灵感"并不等同于"追随"

某种学说或传统。相反，它是一种智力解放的形式，我们可以借此抛弃以前持有的（通常是限制性的）框架和观点，并对新框架和观点进行批判性的探索。我可以自豪而谦卑地说，这本书在过去十年里激励了大量的同事和学生，使他们能够自由地探索智力和学术发展的新方向。

例如，在概念层面上已经进行了实质且重要的研究。重新思考"语言"在移动资源范式中可能意味着什么，或者处理根据这个范式得出的内在不稳定性和复杂性，并使得诸如"跨际语"这样的概念备受关注，便是如此。其他重要研究涉及许多课题，包括社会语言学"超多样性"作为描述社会语言研究新本体论的方法；符号和其他文化形式的网络全球化以及促进这些形式全球传播的社区；新的语言形式和语言使用形式不再被视为与英语这样的"源头"有线性联系，而是被视为土语全球化和屈折变化的形式；移民社群与其民族国家原始社群之间不断变化的联系；全球化背景下翻译和口译性质的变化；等等。我并不是说没有《全球化的社会语言学》这一切都不可能实现，但这本书也许提供了一个及时的历史基准，一个有用的参照点，借此后续研究可以更迅速和更顺利地展开，因为正是书中提出的术语、尝试性的框架以及目标促成了这种进展。

本书的目标可以说是，在处理语言及其用法这些细小问题时进行大思考；在进行实证性的朴素分析时进行理论思考。在理论上，有两个问题促使我思考。第一个问题是**方法论的民族主义**，即这样一个事实，社会语言学及其相关研究仍然以民族国家作为毋庸置疑的分析单位。尽管在这方面已经拓展开发出不少优秀的研究手段用于探究那些本土的、定栖的、最终由官僚机构限定的社会语言学现象，但是对于那些由分散在世界各地的、不稳定的人口产生的跨区域的流动现象，社会语言学的研究手段就显得捉襟见肘了。在全球化时代，这种以国家和本土为研究单位，以静态视角考察语言现象的研究显然需要改变。

需要注意的是，民族国家作为一个分析单位不应被放弃，相反，在任何充分的分析中，它必须精确地定位在其他层级范围内。举个简单的例子来说明这一点：2020年初武汉出现的新冠病毒危机，产生了第一批受害者，这显然是个地方问题；但这也是个全国性的问题，因为在中国农历新年期间，传染病的危险与中国人口的高流动性交织在一起，这要求在国家层级采取严厉措施。它也很快成为全球性问题，影响了中国与世界其他国家之间的空中交通，影响了世界经济的多个方面。例如，沃尔沃在比利时的一家汽车厂不得不减产，因为新冠病毒危机中断了来自中国的零部件运输。在这个例子中，我们看到的是全球化最为纯粹的形式：一种现象在全球各个层级（本土、国家和跨国）传播，而且**在每个层级它又变成了不同的东西**。比利时汽车制造厂的经理没有经历武汉居民所经历的公共卫生危机——他们经历的是由这起跨国现象引发的本土经济效应，这很大程度上既不是由武汉人引起的，也不是由医护人员或病毒专家引起的。因此，我们不仅可以看到在全球化进程中民族国家是如何作为不同层级之间的交换机进行运作的，而且还会懂得只有当我们考虑在其他层级发生的情况时，才能充分理解在国家这一层级发生的事情。方法论的民族主义对此毫无解释力。

　　促使我思考的第二个问题，确切地说，是我与结构主义遗产的疏远。结构主义是定义现代民族国家时代的科学范式，而我则试图在我们的研究领域提出一种替代**索绪尔"共时"思想**的理论，这种共时思想不仅强调语言的静态、永恒和固定的特征，而且在理解语言以及它在现实生活中的作用时注重对"底层"规则的抽象描述。但是于我而言，语言和它的使用者是可以在现实的时间和空间中观察到的具体事物；它们是多变的、动态的，而且它们的特性、行为和效果相对来讲也是可预测的。把语言视作一系列灵活移动的资源，认为它们在语言使用者中呈现不平等的分布状况，并敏感地受制于情景层级的影响，这就是我对索绪尔共时思想的替代性思考。我的这种观点是聚合式的，因为它对社会语言学的理论和实践会产生大量的理论性和实证性的连锁效应。回到武汉出现的新冠病毒危机的例子，我们不仅需要解释在同一个全球化进程中发生于不同层级之间的各种现象的差异，而且还需要阐释这些现象在本地的特征。回到语言上，我们则必须能够解释为什么在内罗毕或卡拉奇等地被视为中产阶级标志的英语口音，在伦敦或芝加哥等地却成了边缘化和口齿不清的标志。

虽然我在这里提出的许多问题正在被创造性地加以解决，但仍有许多工作有待完成。这项工作需要由那些对当今社会系统特有的全球化新形式了如指掌的人来完成，而且这些人可以适应这些系统的快速变化，他们就是"全球化原住民"。对他们而言，全球化，包括其数字基础设施，是简单的生活现实。这也是我对《全球化的社会语言学》中文版读者有很高期望的原因。我希望这本书让他们读起来简单明了，但我更希望他们将这本书视为我的邀请，请他们作为过去几十年巨大变化的亲历者和见证者对书中的主张和观点进行事实核查，因为其中的很多变化与中国在全球化世界中的崛起相关。也许我在书中提供的答案将会被否定或修改，但我认为我提出的问题仍然具有相关性和有效性，因为全球化和它所涉及的社会语言移动模式不会很快结束。相反，它们将会加剧变化。

在本书即将呈现给读者之际，我要特别感谢天津外国语大学的田海龙教授，他协调了本书的翻译工作。我非常感谢他对我的书给予的关注和重视以及在翻译中付出的艰辛。在多个场合同事们谈到我的英文写作风格比较晦涩，同时我也知道我在概念和分析词汇中使用的一些新词对译者来说具有挑战性，所以我非常感激赵芃博士和田海龙教授，二位译者把我艰深的文字翻译成易懂的中文学术语言。与此同时，我还必须感谢我在蒂尔堡的同事卢英，她为两位译者提供了帮助，帮助他们把我的论点中更精微的部分翻译成对等的中文。很难想象会有谁比卢英更熟悉我的作品和我的思想，我相信她所做的努力对于这本我是作者却读不懂的书而言非常重要。

2020 年 2 月于安特卫普

目 录

图片列表 ·· xiii
丛书主编前言 ··· 1
前言 ·· 3
致谢 ·· 6

第1章 全球化的批评社会语言学 ··· 1
  1.1 挑战 ··· 1
  1.2 两种范式 ··· 5
  1.3 全球化、超多样性及多语现象 ·· 8
  1.4 传统的缘起 ··· 16
  1.5 再论挑战 ·· 25

第2章 混乱的新型市场 ·· 34
  2.1 妮娜的臀部 ·· 35
  2.2 社会语言学层级 ·· 39
  2.3 指向性秩序 ·· 45
  2.4 多中心性 ··· 47
  2.5 移动资源的社会语言学 ·· 51
  2.6 出售口音 ··· 58
  2.7 结论 ··· 75

第3章 本土性、边缘地区和世界意象 ·· 77
  3.1 本土化书写：一部全球化的坦桑尼亚小说 ································ 78

- 3.2 本土性和边缘地区 ·· 95
- 3.3 边缘地区的规范 ·· 98
- 3.4 来自边缘地区的意象 ··· 122

第4章 语言技能与言语能力 124
- 4.1 被修剪的语言技能 ··· 125
- 4.2 全球化的欺诈语类 ··· 130
- 4.3 资源的世界 ·· 162

第5章 语言、全球化与历史 167
- 5.1 历史概念 ·· 167
- 5.2 高尔夫的世界 ·· 171
- 5.3 长与短的历史 ·· 176
- 5.4 杂乱的商店 ·· 181
- 5.5 结论 ··· 184

第6章 新旧不平等 186
- 6.1 全球化、国家和不平等 ·· 186
- 6.2 语言、避难和国家秩序 ·· 188
- 6.3 把移民学习者纳入主流 ·· 211
- 6.4 国家和不平等性的终结？ ·· 217

第7章 反思 219
- 7.1 路线图概述 ·· 219
- 7.2 边缘地区的英语：重新审视帝国主义 ························· 222
- 7.3 结论 ··· 239

尾注 ·· 242

参考文献 ··· 245

索引 ·· 254

译者后记 ··· 262

Preface to the Chinese Edition ··· 263

图片列表

图 1.1　电话商店费率的广告 ······················· 12
图 1.2　外币转账广告 ······························· 13
图 1.3　"骗子频道" ································· 13
图 2.1　妮娜的臀部 ································· 35
图 2.2　京浜快铁电话 ······························· 36
图 2.3　"冰冻咖啡（Lced Coffce）" ············· 38
图 2.4　"现在就学美式口音" ······················ 61
图 3.1　句法作业 ··································· 105
图 3.2　拼写作业 ··································· 106
图 3.3　给校长的一封信 ··························· 107
图 3.4　"我最喜欢的语言" ························ 107
图 3.5　"交流" ····································· 107
图 3.6　艺术性书写 ································ 108
图 3.7　教师问卷 1 ································· 110
图 3.8　教师问卷 2 ································· 111
图 3.9　被批改的作业 ······························ 113
图 4.1　被修剪的语言技能 ························· 126
图 5.1　西门子广告 ································ 172
图 5.2　高尔夫海报，北京 ························· 173
图 5.3　日本的还愿板 ······························ 178
图 5.4　还愿板细节 ································ 178

图 5.5　杂乱的商店 ……………………………………………………… 182
图 5.6　杂乱的告示 ……………………………………………………… 182
图 6.1　"Vis" ……………………………………………………………… 212
图 6.2　弗拉迪的抄写本 ………………………………………………… 213
图 6.3　弗拉迪笔记中的两个单词 ……………………………………… 214

丛书主编前言

《剑桥语言接触研究丛书》(*Cambridge Approaches to Language Contact*)的宗旨是出版杰出的语言接触方面的专著，特别是出版那些从历时或发展的角度研究特定主题的作者的成果。我们的目标是整合日益增多的关于语言多样化的学术成果（包括克里奥语、皮金语的发展，以及殖民时期欧洲语言的本土化）、双语语言发展、语码转换和语言濒危问题。我们希望为那些从跨学科视角理解语言进化的学者提供一个精选的论坛。我们喜欢研究那些突出生态作用的东西，同时也能让我们从诸多作者自己的专业领域以及与语言学或其他学科相关的研究领域获得灵感。在致力于理解与接触相关的进化过程的复杂性时，兼收并蓄是我们的一个座右铭。

很高兴将扬·布鲁马特的《全球化的社会语言学》纳入我们的丛书。当今世界越发相互联通，不仅社会经济不平等，而且人员、商品（包括语言）的移动性越来越强，无可争议地呈现出多中心性。该书是一个号召重新思考当今世界中语言交流问题的权威倡议。一些霸权语言，主要是英语，已经传播到世界各地。然而，它在成为"全球"语言的同时，也实现了本土化，既适应新的交际习惯，又臣服于当地规范。因此，在不同国界内，甚至在同一国度内，它们的市场价值并不完全相同。这是谁的英语，在哪里说英语，这些问题越来越为人们所关注。这些因素不仅决定了某个说英语的人是被当地人群（完全）接纳还是被边缘化（曾经是殖民地的大都市尤其如此），而且还决定了当地人与他们英语交流时所构想的他们的社会特征。

欧洲殖民，以及与之相关且明显体现为当今的经济全球化模式和战争难民，导致人口流动性日益增强，同时也带来非霸权性的流散人口。因此，政治上和（或）经济上处于不利地位的人们的语言已经（远远）传播到他们的家乡以外的地方，使传统的、静态的地理语言学明显过时。尽管一些语言学家将语言濒危归咎于当今世界的全球化，但很少有人注意到全球化在个人和社会层面所产生的新型多语现象，也很少有人注意到需要动态地看待说话者的语言技能，这些技能不再完整，而是被"修剪"了。布鲁马特提出了"移动资源的社会语言学"：我们不仅要承认个体使用的不同语言有不同的交流能力和功能，还要承认语言的纯粹交际使用和象征性使用之间也存在差异，例如同一语言中的相同短语（如英语或日语）在不同的场合（如伦敦或东京）使用时可能没有相同的民族志价值。

《全球化的社会语言学》强调了语言实践的异质性和规范制订者的不平等性所反映的社会经济不平等，这种不平等是由欧洲以及目前在世界范围实施的经济全球化方式对世界的殖民造成的。它们还反映了各国和世界经济在世界范围内以极不均衡的方式发展，这尤其加剧了发达国家和发展中国家经济的差距，以及发展中国家农村和城市社区之间的差距。它们在城市中心和城市边缘之间，在国家中心和国家边缘之间，当然也在世界中心和世界边缘之间制造了巨大的差距。当人们在自己的居住范围内穿行时，他们所使用的语言变体的市场价值与他们自身的市场价值一样会发生变化，因为他们的社会经济地位不断被重新界定。运用索绪尔式的共时观来审视社会语言学显然是不够的。布鲁马特主张的社会语言学把说者和语言变体都视为历史上的实体，以便说者在社会和地理空间移动时能捕捉他们及其语言社区的历史轨迹。这样，语言社区可以被看作是新兴的社区，不断被其成员的互动重塑。这是一本令人兴奋和发人深省的书，本丛书能将其纳入很是自豪。

萨拉科科·穆夫温
芝加哥大学

前　　言

我写过三部著作来阐释全球化对研究社会生活中的语言所产生的影响，这本书是第三部。第一部，《话语：批评性导论》（2005），试图勾勒出全球化对我们理解话语的影响以及对分析话语所需道德观（ethos）的影响。第二部，《草根读写》（2008），采用同样的路径，但却是观察读写文化。这里，我将同样的做法引入社会语言学领域。这三部曲的每一部都是一个尝试，古典和原始意义上的**尝试**，其间我竭尽全力描述研究问题，同时提供一些概念性和分析性的工具。我之所以这样做是因为我认为，不论我们喜欢与否，全球化在逼迫我们将我们所有的理论和方法工具**现代化**。尽管我们的行当目前广泛使用的工具绝大部分被现代主义所定义，但是，当社会向着另一种系统转型时，我们必须重新定义这些工具。不论最初看起来这对传统是多大的挑战，这种重新定义不可避免，也不能久拖不决。

因此，与前两本书一样，这本书的基调也是批评性的、示范性的。我有意迫使自己探索现有社会语言学分析工具的限制，呈现它的不足，说明修正其成分的必要。这是一个自觉的、不拘于常规的尝试，其激进的想法也可能会经常遭到诟病。在这本书中，可能会有一些段落因我想把观点说得尽可能清晰而显得言过其词，某些章节提出的理论也可能让人无法接受。然而，我希望在任何地方都不会出现讽刺和歪曲社会语言学研究全球化过程的情况。在这本书中，我以案例来直接支撑理论探索。通过细致的案例分析讨论理论问题，一方面可以增强我所提论点的清晰度，另一方面也可提供全球化某种特定模式的基础性描述。我希望，即便在理论方面做出的尝试最终被认定一文不值，在案例分析方面付出的努力仍会被赞同。

作为一个民族志的研究者，我非常严肃地看待支撑理论发展的描述性工作。我也相信，描述性工作是社会语言学可以做出的最重要的贡献。如果运用得当，我们所拥有的是一套非常精准的描述工具，可以使我们从交际行为无穷的细节中读出社会中无尽的宏观特征。我们最具说服力的话语极具实证性和描述性：当我们以理论为支撑对世界上的语言问题进行细致入微的描述时，我们对这一问题的探究便发展到了极致。全球化带来的理论挑战可以使一些学者倾向于创造更多的理论而不是描述；在我看来，这意味着我们会因此牺牲一些最好的、最有效的分析工具。

这三本书有一个共同的大的理论主题，该主题也将贯穿本书的始终。这个主题是对索绪尔共时观的批判。在索绪尔关于社会语言学事实的观点中，语言可以说是被剥得一丝不挂，决定现实社会生活中语言使用及其意义和功能的时空特征均被剥去。在我看来，索绪尔的共时观并没有真正的存在，而且，即使作为假设的理论构建也不能保持完整。语言在本质上应被认为是一个穿越空间和时间永久移动的东西，而且就是**为移动而生的**。我们需要用这种语言观替代索绪尔的语言共时观。语言之定局是其移动性，而非相反。这种观点别的学者也有，所以不是我的原创。米歇尔·西尔弗斯坦（Michael Silverstein）便是这样的学者，他在质疑这一旧范式方面做了许多。这本书即是献给他，以及另一位对历史有着独特理解的学者——萨拉科科·穆夫温（Salakoko Mufwene）的，穆夫温还为我写这本书提供了机会。然而，当甘柏兹（Gumperz）、海姆斯（Hymes）、戈夫曼（Goffamn）以及安龙·西克雷尔（Aaron Cicourel）等人重新发现民族志的理论和聚合价值时，当布迪厄（Bourdieu）、福柯（Foucault）等人对结构主义进行批判的时候，对索绪尔共时观的攻击就已经开始。无需多说，克瑞斯（Gunther Kress）的多模态分析也为批判共时观的静态和统揽特征提供了工具。我认为，共时论是现代主义认识论的一个特征，是那个时代的产物。既然时代变了，我们现在所观察的世界也不能依据清晰和透明的范畴整齐地划分，所以理论范式也应随之得到修正。在这个意义上，我的

前言

努力也是具有深刻时代特征的。

这本书直接源自2003年我在芝加哥大学的系列讲座。尽管如此,它凝聚了我十年的研究成果,其中的主要观点也受到了许多学者的影响。我不可能在此感谢所有的人,但是我必须感谢这本书一些章节的最初的合作作者,感谢他们允许我再次使用我们共同的作品:托佩·奥莫尼伊、夏琳·戴尔、纳撒莉·穆勒、玛丽·胡斯曼、艾薇塔·威尔莱特、莱斯·克里夫和利塞洛特·范德唐克。史蒂夫·斯莱布鲁克和吉姆·柯林斯在阐述本书的一些关键概念和见解时发挥了至关重要的作用。我还要感谢董洁、阿普里尔·黄、沙克·柯霍恩、马克斯·斯波蒂、莎莉·皮蒂卡宁和罗布·摩尔,他们是我过去几年做实地研究时的伙伴,他们帮助我在许多问题上形成了自己的想法(有时也帮助我阐释这些想法)。我的妻子琵卡给了我一些关于日语例子的建议,并把整篇手稿读了几遍,为我提供了大量有用的意见和建议。在过去的几年里,我的一些交流者——冈瑟·克雷斯、本·兰普顿、罗克西·哈里斯、布莱恩·斯特里特、康斯坦特·梁、大卫·布洛克、西尔帕·莱帕宁和帕伊维·帕塔——他们不断地针对我全新的思考向我灌输思想、反思和批评。

最后提一下这本书所在的《剑桥语言接触研究丛书》系列。这个系列一直出版最高质量的著作,我能成为这个系列的一个作者,与这个系列众多出色的作者联系在一起,感到非常荣幸,也有种受宠若惊的感觉。这个丛书一贯的高品质在某种程度上是萨莉·穆夫温严格细致的编辑工作的结果,在此要特别感谢她。就这本书而言,萨莉对初稿提出了几百条有见地的问题和建设性的意见,在此基础上所进行的修改大大提升了书稿的质量。

所有这些人都值得我感谢;如果这本书被认为是本好书,成绩要最大限度地归于他们。当然,如果被认为不好,自然由我承担全部责任。

扬·布鲁马特
写于安特卫普和于韦斯屈莱

致　　谢

这本书中的个别部分基于以前出版的内容。2.2节基于文章"社会语言学层级"(*Intercultural Pragmatics* 4/1: 1-19, 2007)。2.3节和2.4节源于文章"社会语言学和话语分析：指向性秩序和多中心性"(*Journal of Multicultural Discourses* 2/2: 115-130, 2007)。3.1节是"用全球化的斯瓦希里语写作的本土性：坦桑尼亚小说中的符号化空间"的修订版(In Cécile B. Vigouroux & Salikoko S. Mufwene, eds., *Globalization and Language Vitality: Perspectives from Africa*: 210-228. London: Continuum, 2008)。3.3节基于与纳撒利·穆勒特、玛丽克·胡斯曼斯和查林·戴尔斯合著的论文《边缘规范性：南非城镇学校的读写能力和本土性生产》(*Linguistics and Education* 16: 378-403, 2005)。4.2节起源于一篇论文，与托佩·奥莫尼伊合著，题为"电子邮件欺诈：语言、技术和全球化指向"(*Social Semiotics* 16/4: 573-605, 2006)。6.2节曾以"语言、避难和国家秩序"为题刊登在《人类学现状》(*Current Anthropology* 50/4: 415-441)。最后，7.2节是"重新审视坦桑尼亚的英语和斯瓦希里语"的修订版(*Journal of Sociolinguistics* 9/3: 390-417, 2005)。非常感谢德古意特(Mouton de Gruyter)、卢德里奇(Routledge)、康廷纽姆(Continuum)、爱思唯尔(Elsevier)和威利-布莱克韦尔(Wiley-Blackwell)这几家出版社允许我在本书中使用这些材料。

第1章
全球化的批评社会语言学

1.1 挑战

在社会语言学意义上,这个世界还未成为一个村庄。这个很成熟的关于全球化的隐喻并不真实,这对社会语言学来说是个憾事,毕竟社会语言学作为一门学问研究村庄比研究世界更传统和适切。全球化是一个家喻户晓的词,指一个特别的历史阶段(可以说就是现在的资本主义),而我们称之为**全球化**的过程即使在实质上并不新鲜,这些过程在强度、范围和规模方面也是前所未有的。我们描述它们使用的标签体现出它的新奇性:全球化大量繁殖了它的关于全球化的话语,并使全球化成为一个自觉又似乎自发的政治、经济、文化和智力工程(project);这是全球化的一个主要特征。关于全球化的自觉和自发问题我会进行论述,但是我现在的论述将只涉及接受全球化的挑战,即重新思考我们的概念和分析工具。世界没有变成一个村庄,而是成了一个非常复杂的网络,村庄、城镇、社区、居住点都以通常不可预测的方式通过物质和符号纽带连接在一起。我们需要考察和明白这种复杂性。

我认为这种局面是全球化带来的积极影响,因为它迫使我们思考这些镶嵌在不同层面(如全球性或地方性)并在它们之间散动的现象,迫使我们考察这些不同层面的链接形式,而不是将这些现象和事件严格局限在它们发生的情景中进行考察。换言之,全球化迫使社会语言学不沿着它经典的特质和偏爱进行思考，而是将社会语言学重新定义为一个以超语境的网络、流动和移动为框架研究移动资源（mobile resources）①的社会语言学。这种有舍有取的不思考和再思考已经姗姗来迟（Wallerstein 2001 对此有所提及），可是社会语言学还带着许多奇特的历史痕迹，例如关注静态的变化，变体的小范围分布，以及等级式的语言接触等。不仅社会语言学，其他的语言科学分支也有类似的问题，这一观点我在其他著作中结合话语分析和写作研究也曾提出（Blommaert 2005, 2008）。我们所需要的是一套新的描述事件、现象和过程的词汇，再现它们的隐喻，以及解释它们的论据。所有这些是科学想象的成分，即理论。这本书致力于发展理论，将阐述一些建议，提出研究全球化过程中社会语言学问题的一个新的理论路径。具体来讲，它将全球化作为一个社会语言学的题目来描述，也将语言描述为与全球化过程在本质上相关联。与此同时，这本书以实证为依托；我的假设以对各种语料的翔实分析为基础。这些语料在我看来代表了全球化过程的实例。

我的研究与关注全球化学者的研究联系起来，这些研究（如 Heller 1999; de Swaan 2001; Block & Cameron 2001; Coupland 2003; Block 2005; Rampton 2006; Harris 2006; Calvet 2006; Fairclough 2006; Pennycook 2007）代表了社会语言学和其他相关学科里正在出现的一个新传统。这些关注和研究，我们会马上看到，并非都是成功的，也不是都能产出漂亮的智力成果，其原因在于该放弃的东西没有被放弃，或者是放弃后用流行的理论和方法快速替补上。许多人仍然相信这个问题完全可以像我们说"语言与文化""语言与社会"一样，被说成"语言与全球化"。这样，老问题依然存在，就是语言本身没有根本上受到全球化（文化、社会等）的影响，而全球化则被看作是另一个（充其量是新的）语言镶嵌其中的语境。当然，

---

① moblility（mobile）可被译成流动或者移动，但鉴于有其他学者（Pennycook 2007）曾使用 flow（流动）一词阐述与本书类似的观点，故而在本译文中选择使用"移动"这一译法以示区别。——译者注

这也阻碍了语言本身使用模式发生变化的可能性,以及传统的"语言"概念被全球化撼动和清除的可能性。换言之,这类研究将全球化的社会语言学问题简单视为**方法**的问题,然而,如果认真地思考这些问题则还需要本体论、认识论和方法论方面的阐述——这分明是**理论**问题。

这个理论构建不能仅是另一个**语言学**理论。它应该是一个关于社会中的语言的理论,更确切地讲,是一个关于变化着的社会中变化着的语言的理论。在某种程度上,这已经涉及语言本体问题:我们需要的社会语言学不是关于语言学传统课题的社会语言学,而是更动态、从根本上更具文化、社会、政治和历史特征的社会语言学。这样的社会语言学,其研究课题不能被理解为是来自语言本身,而是来自一个更大的社会系统中的社会语言学方面,需要被当作更大课题的组成部分来研究。这种观察由来已久;在某个方面它甚至决定着社会语言学的研究路径:

> ……以语言为起点,或从标准的语言学描述出发,向外来观察社会语境,这种做法是不可取的。社会语言学路径的一个重要特点是从社会环境出发向内看语言。以语言或某个具体的语码为起点进行研究,都会陷入纯粹关联式路径的局限性之中,从而对大部分语言学现象的构成结构视而不见。(Hymes 1974: 75)

海姆斯(Hymes)继续讲到,社会语言学路径体现着一个"从重视结构到重视功能"的转变,即"从重视孤立的语言学形式到重视人类交往语境中的语言形式"的转变(Hymes 1974: 77)。我在这本书的各个章节中就是要遵循这个社会语言学路径:从社会、文化、政治、历史的语境出发观察作为其构成成分的语言现象。这一社会语言学路径认为语言不是存在于语言学系统之中,而是存在于社会语言学系统之中,这个系统的规则和动态性不可能通过考察其语言特征自动形成;而且,这一路径如此观察语言是为了理解社会(细致的讨论参见 Hanks 1996; Agha 2007; Blommaert

2005）。从这个角度看，一个基于民族志的社会语言学是一个研究语言的批评社会科学。

我们需要这样一个研究语言的批评社会科学。艾瑞克·霍布斯鲍姆（Eric Hobsbawm）最近曾提醒我们注意以下事实：

> 目前时髦的自由市场式的全球化在国家内部和国家之间都极大地加深了经济和社会的不平等。尽管极端贫困总体上在减少，但是没有迹象显示这种两极分化在许多国家会停下来。（Hobsbawm 2007: 3）

除此之外，"对这种全球化影响感受最深的是那些从中受益最少的人"（Hobsbawm 2007）："全球化的移民'劳动力储备大军'来自贫穷地区的农村"，而且，"虽然全球化的实际规模并不凸显，……它在政治和文化方面产生的影响却是不成比例的巨大"（Hobsbawm 2007: 4）。世界上大部分人现在无法接触到为（实现）全球化提供捷径的新通信技术，因而可以说过着完全非全球化的生活；但是，在他们的国家里，精英们却可以利用这些技术追求权力和机会，而这也确实影响着那些"非全球化"的大众的生活。欧洲社会那些来自"贫穷地区"的移民虽然在统计学意义上不多，但在政治上对很多欧洲国家来说却是一件大事，因为它改变了一些城市中心的面貌，引发并煽动反动的种族主义或法西斯性质的右翼群体，唤起并强化政治化的身份认同感、民族语言的优越感以及国家沙文主义。这同样也改变了多语的形态，正如下面会看到的，创造出新奇且复杂的语言和交际资源市场。这样的市场很自然地包括赢家和输者，而且许多人现在发现他们的语言资源在全球化的环境中没有什么价值。这个问题我在其他地方描述成一个声音和移动的问题，即人们在跨语境的情况下，能否表达意思；他们的语言和交际资源是否具有移动性。这不仅仅是区别的问题，更是不平等的问题，是随着全球化过程加剧而恶化的一个问题（Blommaert 2005: 第 4 章，2008）。因此，全球化就像我们身置其中的任何系统的发展一样，创造机会，也带来约束；预示新的可能，也产生新的问题；带来进步，同时也导致衰退。一个批评的路径必须首先对这些问题做出准确的诊断。

在继续讨论之前，我们需要先为这一路径找些依据。社会语言学正在发生变化，它的研究对象也是如此。我先对这种变化做概括性描述，然后讨论其如何影响我们所理解的社会语言的多样性。为此，我首先对这本书中的一些关键概念做些介绍。

1.2　两种范式

现代社会语言学把语言人为地划分为时间和空间两个维度，但是它并未彻底否定索绪尔的共时观。这种对语言的人为描述从现代语言学发展而来，将语言视为有边界、可命名并可数的单位，往往可简化为语法结构和词汇，并以"英语""法语"等名称相称（Blommaert 2006；另见 Silverstein 1998; Bauman & Briggs 2003; Makoni & Pennycook 2007）。社会语言学对于语言变异的研究，如特鲁吉尔（Trugill）、拉波夫（Labov）等人的研究所示（参见 Britain & Cheshire 2003），完全集中于语言变项在特定的横向空间中的扩散方面。空间和时间概念的发展在这些研究中非常肤浅，这也是我们认为索绪尔的共时观在现代社会语言学中残留的原因。代际相传（时间）以及变项在其发生的城市、地区或国家的区域内或跨区域传播（空间）也曾受到关注。拉波夫对纽约市的著名研究（1966）以及对马萨葡萄园岛（Martha's Vineyard）的研究（1972）是这方面的经典案例。同时，接触语言学集中关注由人口流动引发的社会语言学及语言学模式（Clyne 2003），而且由人口流动引发的多语模式也引起学者的关注（Extra & Verhoeven 1998）。这些研究中普遍存在的一个问题是，语言技能集合的使用者即使是流动的，但当他们的语言技能被研究时，却是在空间和时间上"固定的"。索绪尔的共时语言观当然与此有关。人口流动和大规模移居的现象成为文化研究、社会学和人类学理论阐述的一个对象。诸如跨文化流动、跨习语性表达以及非领土化这些概念在近期全球化过程的情景下理所当然地进入主流社会科学（Appadurai 1996；另见 Jacquemet 2005）。现在，随处可见的是，人口的流动同时带来语言和社会语言资源的移动，"跨区域"或"非领土化"的语言运用模式对"定居式"或"领土化"的语言运用模式形成补充，以及这两种模式的结合经常在社会语言学领域引发无法预测的后果。例如，经常通过电子邮件交流方式与原籍的接触可以生成新的语言创新形式，这对在移居社区中维护母语的使用有所贡献；使用人数不多的边缘语言也可以在旅游的情景中获得新的和出人意料的尊重（Heller 2003）；诸如嘻哈舞曲[①]和瑞格舞[②]这样的流行文化可以成为某一特定语言形式在世界范围传播的载体（Pennycook 2007; Richardson 2007），包括新的写作形式和信息设计（Kress & van Leeuwen 1996）。所有这些与移动相关的林林总总，在人们实际生活和交谈的具体发生场所会更为复杂；然而，就人们所掌握的技能和多种语言的使用而言，其结构和模式会更不可预测，也明显地更为复杂。下面我们讨论这一点。

这些发展变化导致我们看到两种范式的发展：一个是已经确立的，一个是正在出现的。前者称为"**分布社会语言学**（sociolinguistics of distribution）"，如上所述，语言资源的移动在这个范式里被看作是在静止的横向空间、并按时间的先后顺序移动；在这样的空间，纵向的分层只能以阶级、性别、年龄、社会地位等来划分。这一范式的研究对象仍然只是一个"快照"，里面的内容可以说整齐而有序。第二个范式可称作"**移动社会语言学**（sociolinguistics of mobility）"，它关注的不是规整的语言，而是活动的语言。这个范式涉及许多彼此相互作用、可描述

[①] 嘻哈舞曲，一种现代舞曲，包括说唱和电子乐器演奏，最初由非洲裔的美国青年发起。——译者注

[②] 瑞格舞，西印度群岛的一种舞蹈和舞曲。——译者注

为"层级（scale）"的时空框架，其立意在于在全球化时代语言模式须被理解为存在于不同的、错落的（即纵向而非横向）层级水平之上。简言之，分布社会语言学总体上是关注"语言"——语言学意义上的研究对象，而移动社会语言学关注的则是具体的**资源**。具体来讲，它是"言语（speech）"的社会语言学，关注的是在真实社会文化、历史和政治语境中被利用的具体语言资源（Hymes 1996，第 3 章）。我在本书的下一章会更充分地讨论这个话题。层级并非是可以均等进入和控制的，这是权力和不平等的问题；一些典型的资源，如一个复杂的标准语言变体或一些高级的多模态、多语读写技巧，会有助于进入更高的层级（即非区域性和非情景性的层级），当我们考虑这些资源时，权力和不平等的问题便显现出来。

当然，这第二个范式需要对空间有更深入的理论上的理解，这也是一个挑战。空间在此被隐喻性地看作是**纵向**的空间，有层次，分层级。每一个横向的空间（例如一个社区、一个地区，或一个国家）同样是一个纵向的空间，其中社会、文化和政治上存在着明显的千差万别。这些区别是**指向性**（indexical）差异，将细小的语言上的不同点投射到不同层级的社会、文化和政治的价值归属模式。他们将语言和符号上的不同转换成社会的不平等现象，因而再现一定情景中语言使用的"规范"维度（Silverstein 2006a; Agha 2007; Blommaert 2005）。我曾经仿照福柯的"话语秩序"将这些指向性过程所具有的层级化和秩序化特性称为**指向性秩序**（Blommaert 2005: 69），每个（横向）空间都有这些指向性秩序，也就是由层级化的规范性复合体将"好的""正常的""合适的"以及"可接受的"语言运用和诸如"离谱的""不正常的"语言运用加以区分。指向性秩序界定主导性规则，这些规则又决定归属感以及在社会中的身份和角色，因而构成戈夫曼"互动秩序"的基础。互动秩序是**指向性秩序**的一种（Silverstein 2003a; Agha 2007）。下一章我会再谈这个问题。

人们跨越空间的流动绝不是跨越虚拟空间的流动。这个空间一定是某个人的空间,而且这个空间充满了对语言运用是否合适、是否正常(指向性)的评判标准、期待和认知。因此,从社会语言学的角度讲,移动是一条穿过不同的、分层级的、被控制和监控的空间所留下的痕迹,而语言在这个过程中"暴露了你"。大大小小语言运用上的区别把说话人置于特定的具有指向性和归属性特征的范畴之中(如可表明说话人的身份和角色)。正如我们从约翰·甘柏兹的研究(如 Gumperz 1982)中了解到的,这非常的重要。下面,我将介绍这样的移动模式及其对我们所理解的社会语言多样性的影响。

1.3 全球化、超多样性及多语现象

超多样性

社会语言学家以前谈论的"村庄"已经发生了变化。如上所述,眼下发生的全球化过程代表了一个特殊的发展阶段,是更长时间、更广范围和更深层次全球化过程的一个部分。然而,这个发展是真实的,经济和技术在基础结构上发生的变化极大地影响了我们当下所理解的移动。人口移动在很长时间里被看作向外移民和向内移民,即某个人的生活以可接受的方式在空间组织上的长期改变。人们离开故土,在另一个国家安顿下来。在这个新的国家里,他们虽然离开原籍/故土而居,但或许(但并非一定)以族群社区的形式生活在一起。他们运用自己的语言,承载自己的文化,但是,他们与原籍的分离和移民的永久烙印很容易给他们带来融入当地社会的压力。在西方东道国社会出现了一个研究传统,关注这些相对封闭、稳定和定居的移民群体,例如,在德国的土耳其人,在法国的阿尔及利亚人和西非人,在英国的加勒比海人和东亚或南亚人;可见,来自同一国家、甚至同一地区的人通常构成了这些大移民区。

20 世纪 90 年,人口向西方东道国社会流动的性质和外表发生了变

化。斯蒂文·沃窦沃克（Vertovec 2006: 1）以英国为例这样总结这个变化过程：

> 在过去十年间，以英国为目标国的移民，其本质呈现出变革性的"多样性的多样化"，这不仅体现在移出国和民族的多样化，也体现在重要的变体更为多样，而后者影响着这些移民选择在何处、以怎样的方式以及和谁生活。

这些变体，沃窦沃克解释道：

> 包括移民身份的区分，与身份相关的享有的和被限制的权力，在劳动力市场的经历，性别和年龄的情况，空间因素，当地居民和服务提供商的反馈……这些因素的相互作用，总结起来，就是"超多样性"这个概念的含义。

这些新移民主要居住在老的移民居住点，这使得居住点发展成一个有层级的移民空间；在这个空间中，通常是老居民把空间租给新来的、多是临时或过渡的群体，与此同时，新的细分的劳动力市场也被分割出来。许多新移民的生活状况从经济和法律角度来说都很不稳定，他们中的许多人严重依赖非正式就业和诸如教堂之类的团结性网络维持生计（Blommaert *et al*, 2005; Blommaert, Collins & Slembrouck 2005a, 2005b）。在这样的居住点，语言的多样性是极端的，这也生成复杂的多语技能，往往几种（支离破碎的）"移民"语言与一些通用语夹杂在一起使用。这些社区往往中介机构密布，如社会福利和就业中心，还有夜店，外币兑换点（如西联），而且，更重要的是，有电话和互联网商店，可以低价拨打国际电话和使用互联网。

超多样性不仅引发对理论的挑战，也在描述方面带来挑战。在描述方面，这些全球化的移民社区看上去非常混乱，关于这些居民的国家、地区、民族、文化或语言状态方面的一般假设都毫无用处。普通的融入政策所提供的预设，即我们知道移民是谁，他们有共同的语言和文化，都无法再得到支持。除此之外，那些随处可见的电话和互联网商店表明，即使新的移民居住在一个特定的地方，他们也能够和包括他们原籍国家在内的别处的网络保持深度接触。迅速发展的卫星网络和互联网提供商同样允许这些新移民跟踪（并参与）他们原籍国家发生的事件，消费那里的媒体和文化产品。结果，他们的空间组织是地方性的，也是跨地域的，不仅虚拟而且现实——所有这些都影响着语言技能的结构和发展，影响着语言运用的模式。在理论方面，现存的分析和理解多语现象和语言变化动态性的框架也因此拓展了边界。我们可以通过观察我自己位于比利时安特卫普城区的一个叫作贝尔赫姆的全球化社区，来阐述这些现象的复杂性及相关理论问题。

多语技能和超多样性

新移民的语言技能往往是被"剪裁"过的（Blommaert, Collins & Slembrouck 2005a；另见本书4.1节）：由各种各样口语和书面语中非常有限的"碎片"拼凑形成的语言技能，反映出这些人生活轨迹和生活环境高度多样化和碎片化特征。因此，近来来自西非（如尼日利亚）的移民将一种或多种非洲语言与一种带有西非口音的英语混合在一起，在贝尔赫姆社区与人交流，这也是他们在社区里新建的福音派教堂里每周举行的祈祷仪式上与人交流的媒介。但是，这个社区多数其他移民的语言技能并不包括英语。例如，大部分商店的主人是土耳其人或摩洛哥人，他们讲的是德语或法语的土语，并将其作为应对"紧急情况"的通用语。这样，当一个尼日利亚妇女到一个土耳其人开的面包店买面包时，使用的语码有可能是荷兰语的某个地方土语，其中夹杂着一些英语或德语单词；很明显，这都不是双方的母语。在电话商店，方言英语用的更多一些，因为这些店的主人多为印度人或巴基斯坦人。然而，需要注意，买卖交易过程中使用的英语有着非常不同的特定变体：每种变体都不是"标准"的，但都反映出非正规的习得方式和使用时的局促不安。

在面包店使用的荷兰语是通过非正规方式习得的很小的一点语言"碎片"，是一点只限于特定交易场合使用的特殊的语言技巧，远谈不上什么熟练。这点技巧无法满足机构场合的成功交流：官方场合的交流过程需要标准的、经过努力正规习得的那种体现学问和教养的荷兰语。这样，当一个尼日利亚妇女来到她女儿的学校了解孩子的学习情况时，她就要使用她的非母语的英语了。这时，教师的英语可能是一种比利时语和佛兰芒语①的英语变体，交流一般也不会顺畅。母亲和孩子交流的媒介是一种混杂的语码，通常是荷兰语和英语的词语不均匀地分布在交流的过程中。由于孩子浸润在正式的语言学习环境中，可以接触到那种标准的比较复杂的荷兰语方言，所以有助于母亲和教师之间的交流。重要的是，这使我们注意到这类社区另一个语言运用方面的特点：语言交流的任务通常需要**合作**来完成。人们可能需要别人帮助，别人也会主动帮助翻译。这种情况不仅出现在正式场合，在街上碰面时也会出现。人们在必须完成有一定难度的交际任务时往往是倾其所有掌握的语言能力和技巧。

在家里，尼日利亚的家庭在看电视的时候会选择看BBC World或MTV这样的英语频道，有时频道也会被孩子突然调到荷兰语的儿童节目。他们对当地纸质大众媒体的消费水平很低，也很难接触到来自尼日利亚的纸质资源。与此同时，他们通过电话用自己的母语与留在原籍的家人保持联系，也用同样的方式和来自相同原籍地区、现居住在布鲁塞尔、伦敦或巴黎的移民伙伴保持接触。他们偶尔也会相互访问，这时成年人会使用非洲的某个区域性语言进行交流，而孩子们则再拾起不正规的英语相互交流。在他们所处的教育环境，授课语言是不同的（如有荷兰语和法语），这对他们使用其他语言形成限制。

这样，我们看到的是碎片化的、"不完整的"——"修剪过的"——

---

① 佛兰芒语：比利时北部的荷兰语。——译者注

语言技能集合，大部分是不同语言口语、方言和非母语的语言变体，其中的某一或某些语言的读写技能发展较好（取决于移民时的文化水平）。我们也看到许多交际任务是几个人的资源和技能加在一起合作完成的。如此这般的语言技能，其特殊形态模式是很难具体确定的，这是描述方面的挑战。对这些语言技能需要仔细观察；第4章对此进行更全面论述。这些人的社会语言学世界非常小（社区），同时又非常大，是跨区域的（包括与居住在别处的移民伙伴的网络联系、与待在原籍家里亲人的交流，还有媒体）。从语言内部来看，我们看到语言技能的变异，成人的语言技能与孩子的不同，同一地区移民过来的人生活在不同的地方其语言技能也不尽相同。

这些移民所处的环境充满着多语现象。因为尼日利亚人是一个人口数量较小的族群，他们的语言在公众空间是不被注意的。居住稍久些的群体，如土耳其人和摩洛哥人，在公众场合确实展示出他们多语能力中的正式、有文化水平的一面。我们曾在商店的文化宣传和政治活动海报上看到阿拉伯语和土耳其语。这些在公共场合使用的语言能够说明特定移民群体的规模和团结程度。最近出现了阿尔巴尼亚语的海报，说明在比利时存在

图 1.1　电话商店费率的广告

图 1.2　外币转账广告

一个阿尔巴尼亚人居住的、组织完好的移民社区。如果还没有达到这种稳定和出众程度，该群体则使用很不稳定的书面语形式，英语与荷兰语混合，并暴露一些单词的非母语发音，如电话商店显示费率的广告所示（图 1.1）。这样的群体也是用（近似）标准英语书写的全球化公告的受众，这些公告是针对经济基础薄弱新移民特定需求的服务广告，如兑换外币（图 1.2）。

图 1.3　"骗子频道"

语言资源分布不均，即某些语言比其他语言的公众使用率更高，某些获得语言资源的方式比其他方式的公众认可程度更高，这在图1.3中显示的更清楚。我们发现，在这个广告牌中，一个大的跨国广告公司的名称已经从"清晰频道（Clear Channel）"改成了"骗子频道（Liar Channel）"。这是一个戏谑的语言行为，一个"滑稽"英语的例子（Pennycook 2007: 30ff），体现出英语和文化的高超能力，以及特别的批评政治立场。将图1.3与图1.1进行比较，我们发现在地理位置相同的一个社区，人们的文化水平和对语言变体的掌控截然不同。这有历史的原因，也与这个社区特殊的社会文化混杂性有关。最近，在这个社区廉价房价吸引下，受过教育的比利时中产阶级也一拥而入。这些人普遍掌握诸如标准的荷兰语和标准的书面英语这些考究的语言变体和考究的多种语言形式。因此，高级的多语语言技能与极不完善的语言技能同时出现，导致整体上形成一幅极度混杂的图画。结果，很难确定该居民区中哪种语言是"主导"语言。荷兰土语可能是使用频率最高的；与此同时，不同语言同时指向内部和外部，指向当地社区和社区内部的小网络，同时也指向在该社区设有"分线器"的跨地区和跨国网络。语言和语言变体在特定的层级发挥效力，既有纯粹的本地层级，也有纯粹的国际层级，之间是各种各样的中间层级。在我们的例子中，福音派教堂每周举行的祈祷仪式上聚集着几百人，因此形成一个坐落在地方的跨地区层级。移民间偶尔的互访也形成这样的既具地方性又具跨地区性的层级。每当这时，不同的语言技能就会被动员起来，因为不同的层级纵横交错，对应不同的规范和期待。可用于祈祷仪式的语言变体不一定在面包店出色地完成买面包的任务，也不一定适用于和学校老师之间的交流。

层级化分布

如果试图总结以上讨论的一些要点，我们发现对这些全球化现象的社会语言学分析无法沿着既有的分布概念前行。首先，分布的**对象**就很难界定，因为我们谈论的绝不是语言，而是高度具体的语言资源（我前面提到的语言"碎片"）。其次，这些资源是**如何分布**的也需要专门术语来形象描述其不可小觑的复杂性，因为分布不是"平展"的，也不是特定资源的并列，而是呈现密集分层的、**被层级化**的分布模式，其中某些特定的语言资源在特定的而非其他的层级被利用（或可利用）；因此，我们看到，在一个情景有效的语言资源，并非在另一个情景也有效。在下一章我将更详细地讨论层级问题，现在需要强调的是：一些资源是可以跨情景和层级移动的。有声望的语言变体，如标准荷兰语，可以在很多情景中使用；声望高、体现文化水平的各种英语变体也是如此。这些是流动性很高的资源。其他的语言变体——想想上面提到的尼日利亚妇女讲的非洲语言——在流动性方面就没有什么潜力。这些语言的使用范围限定在成年家庭成员及亲戚之间，再有就是与孩子的有限交流。除此之外，这些语言没有使用的可能。在机构化的场合它们甚至不被承认是语言。

理解这一复杂模式的关键是确定什么在特定语境中**被认为是语言**：什么是有效达意且被认可和承认的有效语码。换言之，关键是确定在一定空间和情景中**特定语言资源所具有的指向性价值**。在像我描述的那个高度复杂的居民区里，复杂及被修剪的语言技能能够具有这样的有效性，至少语言技能的某些成分适用于特定的小环境，网络或情景。这样，移民们经常面对这样的情景，为了满足社会语言的交际需要，他们的语言技能也随之拓展，发生模式复杂的转换和混合。在下面几章我们会看到，这些转换和混合模式的传统研究方法（如将"语码"理解为人工合成语言的"语码转换"）将无法真实再现其复杂性。

以上已经勾勒出本项研究的主要特征，现在我可以处理先前描述的挑战了。前面说过，我正在加入一个新兴的研究语言与全球化的传统，因此，这里讨论一下相关的学术研究是有益处的。

1.4 传统的缘起

全球化这个术语是一个广泛使用的简称,指资本、商品、人员、图像和话语在全球范围的加剧移动。这种移动以媒体、信息、通信技术领域技术革新为驱动,并引发全球性活动、社区组织及文化的新模式(Castells 1996; Appadurai 1996)。因为是简称,这个术语也模糊了这一移动所呈现的高度复杂的形式,因而模糊了一些重要的区别性特征。但是,我们需要把这些区别弄清楚,否则将无法真正认识什么是研究对象。

在《帝国时代》(*Age of Empire*)这本书的开篇,霍布斯鲍姆(Hobsbawm)提出19世纪80年代的世界与18世纪90年代的世界怎样才能进行比较这样的问题。他的答案是:"首先,那时真的已经是全球性了"(Hobsbawm 1987: 13)。事实上,19世纪是一个全球化的时代,而霍布斯鲍姆实际上也使用**全球化**这个术语来描述他的著作《资本时代》(1975: 14n)中的资本主义的扩张和深化过程。这个年代符合沃勒斯坦(Wallerstein)对现代的世界—制度发展的分析。沃勒斯坦从启蒙主义、资本主义价值观和大众政治中引出"地缘文化"的概念(Wallerstein 2004,特别是第4章),认为这个现代的世界—制度自20世纪60年代末起已经危机四伏,而我们当下所称的"全球化"(包括经济的去地方化、社会结构的去稳定化、新的人口流动、扩大的穷富差别,以及"恐怖主义")则是这些危机的特征。全球化只有在历史语境中才能被真正理解——这是问题的关键所在,正如沃勒斯坦本人所言:

> 如果我们把全球化和恐怖主义当作被界定在有限时间和范围内的现象进行考察,我们所得出的结论很可能会像报纸一样转瞬即逝。因此,总的来说,我们就不会明白这些现象的意义,它们的起源和轨迹,更重要的,不会明白它们在更大的体系中的位置。(Wallerstein 2004: ix)

这一缓慢而深刻的全球化过程可以被称作**地缘政治的**全球化，它影响着不同社会中深层的社会、政治和经济结构。这是一个古老的过程。当然，我们目前使用的全球化术语还有另外一个意思，即被称作**地缘文化的**全球化，指全球化内部新近的发展变化；这种变化很大程度上是新的传播技术带来的效果，是劳动力在全球资本主义积累和分工过程加快、加剧的结果，是不断增加和日益严重的全球性不平等所造成的新的人口流动带来的后果（这又在大都市的一些地区造成超多样化）。这些地缘文化的全球化过程在一个狭窄的时间框架内发展，其范围、速度和程度，正如霍布斯鲍姆早期的观察所示，与地缘政治的全球化并不具有关联性。有些学者对地缘文化全球化的研究令人瞩目，如卡斯特斯（Castells 1996）和阿帕杜赖（Appadurai 1996），但是，尽管地缘文化全球化确实影响社会体系的结构与构成，这方面研究真正具有新意的新文献却不多。大众传播体系的发展有过类似的情况。以前，当电报、电话、无线电或电视成为世界的一部分，人们感觉到革命性的新变化。这方面最大的革命或许是书本印刷。每一次这样的发展都会影响人们交际、思维、自我组织和行动的方式。因此，当下发生的全球化就是在全球化内部发展的另一个新阶段——即使它是被冠以"全球化"名称的第一个阶段（Arrighi 1997）。这个阶段令人关注，特别是在语言学领域。我们看到，这些新的地缘文化过程影响着社会生活中语言运用的社会语言学模式，交际中出现了新的多模态形式（Kress & Van Leeuwen 1996），出现了城市多语现象中超多样模式。但是，这些过程以及这些过程发生的时间框架，必须被理解为是社会生活中更大、更缓慢、更深刻变化的一个部分。这个视角大有裨益。

在语言学领域，我们研究全球化的学术传统正在起步，但还未引人注目。我将简要评论三本最近出版的书，它们各自以自己的方式讨论了全球化中的语言问题。我希望我的评论显示出这类研究中存在的一些概念性议题和困难，同时为这本书中我自己的研究问题做些铺垫。我将讨论诺曼·费尔克劳（Norman Fairclough）的《语言与全球化》（Fairclough

2006），之后讨论路易-简·卡尔维特（Louis-Jane Calvet）的《世界语言的生态学》（Calvet 2007），以及阿拉斯太尔·潘尼库克（Alastair Pennycook）的《全球英语与跨文化流动》（Pennycook 2007）。这三本书都明确的将全球化作为题目和分析框架，但是每本书讨论全球化的视角不尽相同。

费尔克劳的《语言与全球化》[①]将批评话语分析引入全球化研究，是一个大胆的尝试。但是，问题出现在它是在地缘文化全球化的时间框架内讨论地缘政治全球化。费尔克劳观察的全球化明显地始于1991年冷战结束之时。虽然他在结论部分提醒读者"全球化不是……20世纪最后几十年才出现的现象"，而且还说，我们正在目睹的仅是"全球化在当代的一种特别爆发，这与传播和信息技术的革新密切相关"（Fairclough 2006: 163），但是，这个更宽广的视野在全书中并未提及。他重点关注的是"全球主义"，即里根、撒切尔及其追随者鼓吹的后冷战时期全球化的新自由主义版本。这个版本的全球化是全球化发展过程中极为具体和短暂的阶段。新自由主义的全球主义以广泛传播的话语出现，如（"西方"）管理技术、再层级过程、大众传播后果的加剧以及全球"反恐战争"的话语。费尔克劳主要是结合罗马尼亚的情况对这些明显是近期出现的现象进行分析，而罗马尼亚当时正等待进入欧盟，因而被卷入到向新自由主义全球化过渡的过程之中。

读过费尔克劳著作的人对他的分析路线并不陌生。他所观察的全球化过程被严格限制在话语而不是语言层面。这些过程中有新的文本和语体出现，这些文本和语体代表新的话语以及话语与话语之间的关系，而这些又体现出社会变革。因此，"新的"管理语体意味着历史的断裂和不连续，而他所分析的文本也表明历史的不连续，即他所称的全球化。这样的论证思路导致"快照"式的研究历史，因而存在严重的理论瑕疵：一切看

[①] 该书中文版由商务印书馆 2020 年出版。——译者注

上去或听起来都是"新的",因而也一定是新的。这样的表述很奇特,如果被投射到社会体制上,**似乎就可以认为话语上的巨变一定预设着社会的巨变**。这里,可见的互文性替代了历史,这也是批评话语分析方法论上的一个主要瑕疵。这在费尔克劳观察罗马尼亚的"再层级"过程时(第 4 章)非常明显。在费尔克劳看来,"层级"主要指空间范畴,而罗马尼亚的"再层级"大致是指罗马尼亚现在变成了一个更大的复杂体(欧盟)的一部分。他的观点是:罗马尼亚内部的社会制度正在受到来自欧盟的影响。新的"管理"话语的出现,以及欧盟高等教育的博洛尼亚宣言的实施,就是例证。在费尔克劳看来,这是一个新的过程;他在具体分析之前写到,"当代的全球化也涉及构建除了全球这一层级之外的其他层级",例如像欧盟这样的"大地区"的层级(Fairclough 2006: 64)。"当代"这里指 1991 年之后的世界秩序,罗马尼亚从一个民族国家的层级被再层级化到一个"大地区"层级。

当然,从变成更大空间单位的一部分这个意义来讲,罗马尼亚以前也曾被"再层级化"。在冷战时期的全球结构中,华沙条约组织完全和欧盟一样,是一个"大地区"的层级,而共产国际就像经济合作与发展组织(经合组织)一样,是一个全球化的机构。因此,罗马尼亚在高等教育方面的再层级性的变革不可能是新的或独一无二的;较高的层级总是存在的,正像霍布斯鲍姆和沃勒斯坦经常提醒我们的那样,在现代的世界体制中,民族国家不可能彼此完全隔绝。这样,现在的再层级过程不是**引入一个新的层级**,而是该层级**在操作结构上的变化**。因此,"国际环境"这个术语出现在布达佩斯大学的手册里,不是"**新的层级关系的文本表述**"(Fairclough 2006: 77),而仅仅是该术语含义的变化,"国际环境"不再指以前的共产主义的国际环境,而是指现在的欧盟。换言之,只是层级的表面有点变化,与层级相关的实践和话语有点变化,真正重大的再层级化过程并没有出现。深刻的话语变革并不能标示深刻的社会结构变革,只能相对地标示外在的文化、政治和意识形态方面的变革,也就是前面提到的所谓地缘文化全球化的进程。费尔克劳对此没有弄清楚，其结果则是他宣称是在谈论地缘政治全球化的事情，但实际上却在谈论地缘文化全球化。他犯了一个十分常见的错误，把"经济全球化的实际过程"与再现这一过程的话语方式混为一谈（Fairclough 2006: 5）。可以确信，真实的全球化过程是长期的，而再现这一过程的方式（包括使用**全球化**这一术语）则是新近的发明。这里，历史的长短被混淆了。

除了上述对罗马尼亚再层级化的描述和解释不实之外，这一"快照"式研究路径还有两个非常不好的后果。一个是把当代全球化的过程刻板地看作是崭新的、而且是新的惊人的事情，似乎我们生活在一个全新的世界。事实并非如此。第二个后果与下面的命题相关：将当代（"全球化的"）世界与历史隔绝开来是全球主义的一种意识形态，对此福山（Fukuyama 1992）在其《历史的终结》一书中曾有著名的论述。福山指出，冷战的结束标志着以不同体制间意识形态和经济竞争为特征的现代历史的终结。冷战的结束标志着一个新的世界秩序的开始，（新自由）资本主义和（美国式）民主（在"**自然而然**"的意义上）成为**普世**的价值。传达的信息为：忘记1991年前的历史吧，不要寻求过去的体制发展，那是没有意义的。因此，每当我们允许全球化的历史以互联网的出现为源头，或随着里根和撒切尔的言论而开启时，我们就相信了历史终结的论断，就相信了全球主义的论调。结果，就像沃勒斯坦预言的那样，"我们所得出的结论很可能会像报纸一样转瞬即逝。"这里可以吸取的一个教训是，讨论全球化，就所观察的现象而言，必须对所观察现象所处的历史架构有准确认识。如前所述，全球化不是一个过程，而是多个过程的复合体，它在多个层级展开和发展，在规模、速度和强度上都有所不同。费尔克劳集中关注近期发生的表面的全球化过程，却将其与更广更深刻的全球化过程混为一谈。与此不同，路易斯-简·卡尔维特的《世界语言的生态学》把我们带入另一个极端，一个时间无限、范畴无边的宏观世界，一个充满全球化语言的银河系。

与费尔克劳不同,卡尔维特没有试图分析全球化的语言如何具体运用,而是集中关注各种语言在当今世界的使用方式。他将这种方式描述为一个"生态系统",甚至说成是一个世界范围的"引力系统",不同的语言在这个系统中就像星座一样,它们的排列位置由彼此之间的关系和各自在"环境"中的功能决定。这样,有的语言处于银河系的中心,其他则处于边缘,双语使用者的存在体现着地心引力的作用。每一种语言有一个"配价",即一种栖居于数量不等(或多或少)的环境之中以及移居到其他环境之中的能力。这样,在一个星座里就有了"边缘语言""中心语言",而超出星座进入银河系就有了"超中心语言"和"跨中心语言"。生态系统创造出维持平衡的物质,这是动态平衡原则。如克里奥尔语和方言连续体显示的那样,语言生态系统处于不断的变化之中;而生态系统的变化会引发语言的变化以及与其他语言间相对位置的变化。在这些变化上面,语言实践以及对语言的再现等问题进入我们的视野:各种各样的生态力量和地心引力同样在语言与实践的界面发挥作用,而解释这个过程的则是关于语言使用与再现的政治。

毫无疑问,卡尔维特向语言与全球化这个领域贡献了一整套新的隐喻。他的书充满了具有感染力的关于语言的想象,语言移动的轨道叠层环绕,因变化的环境而做出调整,缓慢改变位置等。生态系统和银河系这两个基本隐喻曾经用在其他地方,可以想到的书有穆哈豪斯勒(Muhlhausler 1996)和德斯瓦恩(de Swaan 2001),其效果不尽相同;这两个隐喻虽然可以帮助我们想象宏大而复杂的研究对象,但是对研究对象本身的定义通常是肤浅的。卡尔维特的努力几乎没有超越"语言"的层面,如有具体名称的"法语""印地语"或"英语"。我们从费尔克劳那里了解到,全球化过程是**弥散性的**(discursive),因此在诸如语域、语体或文体这些语言的副层面发挥作用,但是这些在卡尔维特的讨论中都没出现。同样缺失的还有对真实历史、对存在于时间和空间的真实社会形态的讨论。用卡尔维特自己的隐喻来讲,他对社会语言学银河系的描述没有提出创世大爆炸的理论。语言在这里完全是与世隔绝的物体,它们不是在真实的社会、文化、政治和经济空间运行,而是在空洞的银河系中彼此围绕着转圈。动态平衡的概念也没有提供很多分析工具。像许多生态隐喻一样,这个概念仅是宣称变化是永恒的,是不可避免的。这些变化的引擎和动因以及引擎和动因内部的变化,都没有被讨论。"(超)中心语言"的改变并没有给一些边缘语言造成多大影响,这样的案例是有的。例如,第一次世界大战之后在坦桑尼亚发生的英语替代德语的语言殖民的变化,以及发生在毛里求斯的法语被英语替代的变化(Mufwene 2005, 2008)。可见,卡尔维特的著作体现了一种特别的叙述全球化的语体:该语体尝试不顾史实地归纳制约这个全球化世界的力量,并由此产生了逼真而感人的意象。我在前文将全球化过程区分为地理政治的全球化和地理文化的全球化。可以说,卡尔维特讨论了全球化的**地理政治**方面。但是,该意象不是描述,而是一个概括性的隐喻,因而其一定排除了细节、矛盾和复杂关系。可以借用隐喻达到某种美学和修辞的目的,但分析仍然是必不可少的。

可以说,卡尔维特给我们提供的理论涵盖了全球化中语言的方方面面,空间上没有边际,时间上没有参照。同样可以说,这个理论没有提供很多关于全球化的阐释,因为语言已从它们真实的"生态"惯习中抽象和提炼出来,从它们赖以存在和发挥作用的真实社会文化、政治经济全球化的世界中抽象和提炼出来。尽管如此,卡尔维特强调了关注社会语言学全球化发展大格局的必要性,而且还强调需要认识这些过程在本质上具有政治的特性,即语言的全球政治。这两个观点我将予以采纳。

阿拉斯太尔·潘尼库克的《全球英语与跨文化流动》要好得多。我们看到,在费尔克劳那里,对全球化的理解不甚清晰,在卡尔维特那里,关于语言的论述又十分空洞。但是,潘尼库克明确地阐释了他所理解的社会语言学全球化,并且充分填充了他的"超中心"语言(英语)移动的空间。潘尼库克首先准确地注意到,对当代社会语言学全球化过程的分析需要一套不同的理论及方法论工具，因此他选择了一系列的"超……"路径（"超文化的""超习语的""超地区的""超学科的""超语言的""超文本的"），而不是"后……""跨……"或"多……"路径，借此来摆脱那些关于语言的现代主义思想遗产（从而构建一个后现代或者说"超现代"的理论框架）。那些既定的概念，如"语言""文化"或"地域"，在分析新的研究对象时不再有用，因为这些对象不仅去地域化（或可去地域化）、动态和不稳定，而且一定是混杂的、杂糅的，以及带有地域特征的。更何况，这些研究对象并不仅仅是"语言的"。那些被全球化的语言碎片同样也是文化和社会碎片。这意味着，在它们变成世界的一部分时，它们仍然具有区域属性，而且在符号重组的全球化过程终端本土的用法和社会语言资源的滥用都会出现。

在这里我们看到潘尼库克的研究如何填充了全球化的空间，而不是像卡尔维特那样把这个空间弄的空空如也。为了理解语言全球化，我们需要观察更大的符号和文化集成，一个纯粹共时的分析是不可取的。需要用历史的视角考查这些集成成为特定符号的历史，用动态的视角考察它们的使用、理解以及再使用序列。与费尔克劳和卡尔维特一样（虽然与后者的相似程度弱些），潘尼库克自始至终强调这类研究工作的政治和批评的本质。考虑全球化现象就不可避免地涉及权力、误识别与识别、社会公正以及权力赋予。

嘻哈舞曲，潘尼库克的主要分析对象，可以说明这个问题。这是一个包括音乐、歌词、动作和服饰在内的多模态（或称作"超模态"更好）符号学，是政治和亚文化反霸权叛逆思想的表达，同时也表现出一种美，一种生活态度和一组特别的身份。它起源于美国市中心贫民区的非洲裔美国青年中间，但却遍及世界各个角落，形式可辨识，虽然各地均带有明显的地方特色。世界各地的嘻哈舞曲艺术家运用符号的方式类似，包括使用英语的常备术语和表达方式，但是无论在哪，嘻哈舞曲都有形成地方身份的新潜能（参见 Richardson 2007）。因此，嘻哈舞曲所带来的便是"真实性的全球传播"（Pennycook 2007: 96ff），不仅是文化形式的水平传播，而且是一个有层次的传播，地方力量与全球力量同样重要。总是有这样"一种冲动，不仅要使嘻哈舞曲融入地方，而且要用地方的特色定义真实性的含义"（Pennycook 2007: 98）；在这一寻求真实性的过程中，许多嘻哈舞曲的"全球"（包括英语）特征被采用，也有许多其他的特征被丢弃；随着非洲裔美国英语这种嘻哈舞曲语域走向世界，我们也经常看到用当地语言表演唱似的语域，有时会引发一种用新的、地方化的、成熟的方言白话演唱嘻哈舞曲的传统（如在坦桑尼亚）。

当然这是对一些流行的英语语言帝国主义论点（Phillipson 1992；Skutnabb-Kangas 2000）的有力批判，我将在本书的下一章和其他地方重谈此主题。潘尼库克没有从整体优势、置换和根除的角度讨论这个问题，而是主张从"流动的循环"方面来研究全球文化（2007: 122），在这些大的网络中，非常多样的形式在流动和被交换，而这些网络也可以重叠和混合在一起。因此，尽管嘻哈舞曲的"中心"已经由源于非洲裔美国人居住的城市中心的事实得以证明，但该中心不仅只有一个，而是多个相互重叠的循环圈共存，共同的形式和行为模式在这些圆圈中可以流动，并具有意义。这一观点需要被采纳，在下一章我将以多中心性的形式对其进一步展开（另见 Blommaert, Collins & Slembrouck 2005b），因为重要的是，它可以帮助我们摆脱费尔克劳和卡尔维特书中那些对全球化展开的统一的、具有趋同作用的想象，并且使我们集中关注社会语言学全球化过程中各种过程纵横交错、相互叠加的复合体，这些过程同时在多个层级展开，并涉及多个中心。与此同时，各种层级和中心的相互作用需要一个历史的视角（潘尼库克对此没有发声）。嘻哈舞曲起源的影响与来自嘻哈舞曲本土创作环境的影响属于不同的秩序：前者比后者更持久和稳固，例如，以广泛多样的形式出现的稳定性、交换性和认可度的各种因素。歌词提及种族和性别，不同于提及本地区的政治家或广播电台，他们归属于不同秩序。这些秩序，我认为，是历史秩序，它们在符号行为中创造出不同的层级水平。

以上评论的三本书各有优点。费尔克劳有效地使我们注意到，观察社会语言学全球化过程看的不应该是语言，而应该是话语。我们的研究必须集中在各种语体、语域、文体，而不是各种语言上面。这在某种程度上剥夺了我们清晰辨认**英语**或**法语**这些标示时享有的舒适，可也无其他办法。卡尔维特强调了语言的全球政治，即语言间彼此相互作用并具有不同（政治）地位这一事实。潘尼库克强调了那些已确立的概念工具在研究社会语言学全球化各种复杂因素时的不足。他还强调（如同费尔克劳）细致关注这些现象的极端重要性，而且他驳斥了那种认为全球化是统一的、具有趋同作用的过程的观点。所有这些真知灼见充实了我的讨论。同时，我们也看到这三部著作中反复出现的一些概念性问题，比较明显的是与全球化过程的历史维度相关的问题。这曾导致"全球化"的概念在费尔克劳的著作中模糊不清，语言在卡尔维特的著作中过于抽象，而潘尼库克的著作又对全球化过程的历史性默不作声。

1.5 再论挑战

本书提出的全球化的社会语言学，并非是**唯一的**。这是一个初步的尝试，致力于将材料和构成成分整合起来，开辟一个在范式上与众不同的研究路径，以此来研究当今社会中的语言。这是站在别人肩膀之上的努力，其中一些人的著作我刚刚作了评论。我不能确定对我在这些著作中遇见的所有问题给出解决方案，但是我会竭尽全力。我的主要研究路线前面已做过概述。在范畴方面，我选择对资源而不是对语言进行社会语言学研究，而在这一社会语言学研究中移动性是一个主要的理论关注。

移动性是一个很大的挑战：语言和语言事件从传统的语言学和社会语言学（索绪尔的共时观）赋予的固定的时空位置上分离出来，这将导致范式的转变，对此我们现在正见证其获得成功。我的主要目标是将语言嵌入人类活动的范围，这些活动并不是单纯地根据时间和空间位置来定义，而是根据时间和空间的发展轨迹来定义。为了实现这个目标，必须审视"移动性"这个概念，也必须对"地方性"这个概念加以改进和发展。这一研究路径肯定会提出一些问题，追问在这样的社会语言学中那些可移动的并在不同地区间移动的**资源**的本质，也会提出有关"历史"的问题。对资源和能力等议题的批评性历史拷问迫使我们将体现全球化时代语言特点的**不平等**及其具体形式纳入研究的视野。移动性的模式会牵出许多棘手的问题，这些问题源自不同地区的特殊结构，而资源就是在这些地区间移动。此外，所有这些不会作为理论加以阐释，而是在分析中加以说明，也就是说，作为实际的不同研究问题用适当的研究设计和语料分析进行阐释。我会提供大量的案例和分析，许多理论观点（如果不是大部分）都建立在翔实充分的案例研究基础之上。然而，全球化这把雨伞可以罩住的现象和议题太过广泛，我也不期望我的分析面面俱到和包罗万象。我对语料的处理必须是有选择的，做到兼收并蓄。我希望读者会包容我的研究方法，它尚不完美——我把这本书视作一封邀请函，请大家参与这类的研究，并希望大家会填补这些空白。

我在这一章引入超多样性的概念来描述西方（和其他地方）城市中心地区目前出现的语言使用状况，借此用最普通的词汇勾勒出全球化时代语言的总体现象。在第2章我会更深入探讨这个问题。我会展示一些在日本观察到的现象，说明语言学中那些关于"语言"的传统认识在本质和功能方面受到移动性的影响，进而需要一套不同的词汇来描述当下语言生存与实践的方式。我将提出三个理论概念："社会语言学层级""指向性秩序"和"多中心性"。与这些概念同行的是一个描述框架：语言（即前面提到的可移动的资源）需要被看作是一个出现在（或有潜能出现在）不同层级水平上的现象。跨层级的移动性引发功能、结构和意义上的重要转变；而且因为全球化把全球作为一个相关层级引入，我们可以预计这种转变会经常发生。这些转变涉及规范性秩序重组（reordering of normativity）的转变：语言资源在不同的指向性秩序（orders of indexicality）之间移动，而且每次移动都涉及这些资源不同的指向性潜力。在一个情景中有好的使用效果的语言资源可能在另一个情景中就没有任何效果。其原因在于这些指向性秩序需被看作有组织地存在于多中心共存的体系之中。这些巴赫金（Bakhtimian）称为"超受话人（super-addressee）"的中心是实际的或被感知的规则的源头，它们共存于复杂（通常是隐晦）且实时的关系之中。

这一理解语言与全球化的框架与诸如"语言帝国主义"这些更常见的框架不同。在很多关于语言权利和语言帝国主义的话语中，地方中心主义是一个重要的概念，但这个概念需要被检视，而且要放在研究移动资源的社会语言学的对立面进行检视。我提供的框架以移动性和实际使用的语言"碎片"为基础，我将通过一个对用美式口音讲授的互联网语言课程的小型研究来说明如何购买语言。这些课程利用定义全球化的技术（互联网），建构出非常严格和具有惩罚性质的指向性秩序，与（国家的）教育体系的指向性秩序共存。印度人在学校学过英语，而且这些英语足以使他们胜任所从事的工作。但是，如果他们想从地区／国家层级跳入国际层级，例如，在印度非常景气的国际客服中心谋求一份工作，他们就需要通过一家互联网公司进入"私塾"学习美式口音。在学校学习英语的规则和学习美国方言的规则是不一样的，但它们共存于一个学"英语"的多中心的环境之中。

出售美式口音即出售一个关于美国、世界以及一个人在世界中所处位置的意象，对此，第 3 章将从边缘的视角通过集中讨论与本土性相关的话题进行详述。这个世界从边缘看与从中心看是不一样的，我试图用两个案例说明这一点。我首先分析在一部"全球化"的坦桑尼亚小说中，人物和情节如何以本土社会结构和相关的特征为背景展开。这些人物在坦桑尼亚的物理和社会空间之间移动，作者在小说中巧妙地运用地名和地理位置的指向性特征。作者本人写了一本带有强烈本土色彩的小说，用斯瓦希里语写成，尽管他的写作是完全全球化的。作者本人是一所美国大学的教授，他的小说在很大程度上体现出全球化的林林总总：跨越时间和空间的符号在移动，这其中夹杂着强烈的本土意识。移动性是规则，但这并不阻碍本土性成为组织意义的有力框架。本土性和移动性共存，每当我们观察移动方式的时候，我们必须考察这些方式所在的地方环境。

这一点在第3章我的第二个案例分析中也很清楚。基于从南非一个边缘城镇的中学收集来的语料，我认为那里的英语教学不应该从全球标准来理解，而应该理解为是在具有明显本土特色的语言文化经济内进行的。如果用北美或英国的规范严格而绝对地评判，教师和学生在书写时都经常犯严重的错误。但是，同样的错误教师和学生都犯，说明这些错误是系统性的，属于一个"边缘规范"系统，其历史根源存在于直到最近还主导南非社会的阶级和种族隔离制度，而且这些都是在当代社会极度不平等的背景下发生的。这一分析证实本土性具有权威。世界没有成为一个村庄，却变成了村庄网络，其组织结构与个体村庄的组织结构并无两样，遵循各自为政和自我生成的规则和准则。在我看来，这样的观察对那些狂热地认为全球化首先和最重要的是"全球本土化"的人来说是一个警示，他们将全球变成某种意义上面目相同的不同地方（即所谓的麦当劳化）。不可否认，来自全球的影响是存在的，而且本土也在发生变化，但是本土也是很有弹性的，本土的标准和规范对变化的过程是有限定性的。本土性生产可以生成情景，而全球化是其中的一个部分：它们是本土社区为自己构建社会、文化、政治、经济环境所采用的方式的一部分（Appadurai 1996: 187）。

然而，这种情境生成维度的本土性运作所使用的实际语料发生了变化，第4章将详细探索资源和能力问题。我们会重提对那个城镇中使用的英语文化资源的讨论，并发现大部分英语的交流都有"不彻底性"的特点，而传统的多语研究方法（它们认为"各种语言"会通过彼此协调而共存）对这个问题的复杂性无法充分认识。为此我提出被"修剪"的多语现象这一观点，认为语言技能由特殊的但发展不充分不均衡的资源构成。我们对一个语言不会知其"全部",一般的情况是我们只知其只言片语。我们的"母语"是如此,我们在一生中学习的语言也是如此,这很正常。我认为,这些被"修剪"过的语言技能可以更好地说明多语能力在全球化时代的含义,因为它们解释了交流的不彻底性,以及移动过程中可能出现的许多问题。这些被修剪的语言技能取决于人的生活经历及其形成的区域的历史环境。它们是"植根于地方"的资源,其中有的是可以移动的,有的则不能,对这些技能进行分析可以发现,当人们带着他们的语言行李,姑且这么说,四处移动的时候,当他们表达的意思四处移动的时候,什么事情会同时发生。

我们大家会非常熟悉这样一个已经被全球化的语体,就是告知我们将收到很大一笔钱的邮件。我将详细分析这样的语体来说明上述过程。这样的邮件信息发自世界体系的边缘地带,如尼日利亚,发给居住在世界体系中心的人,如像我这样的人。这些邮件的构思与写作引发了许多和全球化时代相关的语言能力的重大问题;很清楚,评判这些邮件作者的语言好与不好说明不了什么问题。创造这些信息的人显示出不同的语言能力,而且这些能力的发展并非均衡——用我的术语,就是被裁剪过的。邮件的作者显示出对计算机硬件和上网技术超强的、令人吃惊的全面理解,可以找到免费和匿名的邮件服务商以及接受者的邮箱地址。分析这一语体的特征,会发现这些人在我们所称的文化能力方面有一定水平;而且他们也清楚地意识到邮件接受者希望看到哪些语体特征,即使有时候这种意识并不完整。邮件的语体结构是权威的,反映出商务信函的语体结构,个人叙事等方面也很得体,这都说明其语体在接受者那里是被认可的。但是,(对发件人来说)用流利的英语来实际落实这些语体却问题重重。我们一方面看到一个高度发达的技术能力,一个相对发达的文化能力,但是另一方面,在很多这样的邮件里我们看到的是一种很弱的语言能力。这些能力的具体表现形式之间的差异似乎反映出他们获得不同交际资源在难易程度上的区别,技术资源最容易获取,文化资源次之,语言资源再次之。因此,邮件信息中的这些差异体现出不平等，对此我将稍后再述。

现在，我们需要更充分地展开历史这个议题。移动性具有空间以及时间的特征，而可移动的文本则具有在时间和空间移动的特征。在第 5 章，我会强调并阐释在前几章多个地方谈到的一些观点。当我讨论本土性问题时，我认为我们需要把世界看作是一个相对自治的本土体系，我们也应该认识到这些体系有它们自己的历史性。这一思想对于理解当代全球化是至关重要的，因为在所谓的世界"麦当劳化"的文化全球化现象中，人们通常看到（并强调）的是表面上的形式统一。即使类似的特征出现在世界的各个角落，它们所进入的地方，历史也是根本不同的，因而产生出不同的结果、意义和功能。这是海姆斯（Hymes 1966；另见 Blommaert 2005: 70）称为"第二语言相对性"的一个事例：即使语言结构相同，它们的功能也因语言资源在语言技能中的位置不同而各异。我举了两个相似的高尔夫图片的例子，讨论我们应该从地方历史的状况和环境来理解这两个图片的方法。这引发我对长短历史（悠久历史和短暂历史）——布劳德尔（Braudel 1949, 1969）对缓慢、中速和快速时间做出区分想必大家还记着——以及共时化进行反思。我认为社会语言学的现实绝不具有共时性，却总是被赋予共时性。事实上，在"共时"的社会语言学研究中我们看到的是一个混杂物，其组成成分的起源完全不同，进入人们语言技能的轨迹也完全不同。将社会语言学研究对象理解为这样一个形状交错的事实可以使我们更好的描述变化。这一章的结尾将举一个大众旅游的例子，说明其如何影响芬兰北部一个小镇的社会语言环境。

讨论历史，也就讨论了这本书中的大部分理论观点。唯一没有涉及的就是视角问题，即某种指引社会语言学研究的东西，它决定着为什么要做一种特殊的社会语言学。不平等是第 6 章的主题，而前五章所说的大部分内容都要透过不平等这个镜头再审视一遍。我们已经看到，霍布斯鲍姆曾经告诫我们注意全球化在社会内部和社会之间加剧不平等的种种方式，我们也知道沃勒斯坦认为当代世界体系是由不平等驱动的。我们还知道，有广泛流行的话语把全球化说成是在全球范围内传播繁荣,而这种繁荣的代价据说是文化趋同。第 3 章和第 5 章提出一些造成文化趋同的条件,认为变化的过程首先需要从地方性的角度加以理解,而第 6 章则对全球化带来繁荣和创造机会的论断进行回应。同时还回应另一个广泛传播的关于全球化的印象:全球化削弱民族国家的权力。这一章提供对两个案例的分析,我们将看到全球化对许多人来说是问题,也是威胁,这些问题在很大程度上是因现代国家的运作而产生和恶化的。

这两个案例分析都涉及移民领域。我首先分析一个卢旺达成年人向英国提出避难申请的案例。这个人的申请被驳回,原因是他的社会语言学简历与英国内政部所认为的卢旺达人"正常"的简历不符。我的分析表明,这个申请人的社会语言学简历是完全真实的,至少当人们放弃对国家秩序的天真想法,接受内战造成的混乱、流离、死亡时,他的简历是真实的。申请人从定义上看就是一个跨国界的、去疆域的主体,我的分析表明他被置于内政部对民族国家强烈的现代主义臆想之中。他被认为应该讲卢旺达的"国家"语言(例如卢旺达语和法语),应该知道一个"正常"公民应该知道的关于他/她的国家的情况:国旗、地标等。这样,从本应稳定和平静的国家秩序内部来看,这个难民应该像一个有祖国的人那样回答问题。在此案例中,英国内政部对超多样性这个典型的"后现代"现象以构想的方式做出非常"现代"的回应。

将现代民族国家的框架不断套用在跨国界的背井离乡的移民身上,这本身就是不平等,而且是许多位于世界体制中心的国家对待移民现象的普遍反应。臆想着存在诸如一致性、可分类性、透明性和固定性的现代主义官僚机制,构成了或接受或拒绝以及是否将移民"融入"他们的主流社会的基础标准(Blommaert & Verschueren 1998)。这一点我们从第 6 章的第二个插图可以看到:这是来自比利时的一个浸入式荷兰语学习班的语料。移民的孩子进入这类班级,他们的多语技能是被修剪的,往往暴露出他们以前学习过程的重要轨迹。例如,他们会讲几种语言的变体(往往是标准的），而且他们是有读写能力的。然而，基于现代主义对单一语言国家非常理想化的认识，这些资源是远不能胜任的：你不懂荷兰语，你就不懂**任何语言**，因为除了荷兰语没有任何语言允许他们"融入"他们的东道主社会。前面我们已经看到，在这类孩子居住的超多元化社区中，多种多样的语言均有用武之地，但是，对单语现象和社会一致性的现代主义主观臆想主宰着教育体系。结果，学习过程被放慢，因为语言学习被认为是任何其他学习的条件，而儿童通过语言交流其（移民）经历的方法/方式却未被用到这样的学习过程之中。

两个案例分析都表明全球化是一个过程，尽管有人从中大受裨益，但也有人深受其害，对他们来说全球化无疑是另一个生活中的障碍。分析还表明国家是造成这类问题的一个关键因素。国家用明显带有现代主义特征的术语想象自己的功能，越来越把现代主义关于语言的意象用作工具，区分和歧视移民（参见 Bauman & Briggs 2003）。

到此为止，这本书的关注点已从移动性和本土性带转到资源和能力，之后又转到历史和不平等。我们可以看到移动性如何开始重新构想社会语言学的经典主题：地方性、资源、能力、不平等这些主题在社会语言学中都很重要。然而，从移动性的角度看这些主题，它们可以形成一个理论领域。对这个领域我们至今还没有勾勒出一幅完善和详细的图景。在第 7 章我试图画这样一张草图，统观前面的讨论，总结对全球化社会语言学有用的观点，指出一些对学界的影响和启示。我的提议将被应用于"世界的英语"这一可定义全球化的主题上面，以此测试其可行性。我将采用社会语言学目前研究这个问题的框架，在语言权利的范式内讨论坦桑尼亚的英语问题。这又是一个处于世界体系边缘的国家。我首先强调坦桑尼亚这个国家作为一个层级被挟裹在其他层级之间的复杂地位，然后观察在达累斯萨拉姆出现的一些不同的英语表达形式。我们会看到，英语非但不是一种压制性的力量，而且它还使人们能够构建新的、具有创造性的意义和功能。与此同时，他们的英语具有地方特点，在地方层级内发挥作用，并且在本土层级上发挥作用。这个例子应该展示出一个新的社会语言学,它具有对老问题提供新的,或许是更好答案的潜能。迄今为止,这些老问题都是在压迫和帝国主义的框架下解答,例如,与"大"语言相对的"小"语言的地位,语言的丧失与语言的复兴等。社会语言学对那些可能危及个人的语言问题给出了合理而准确的答案,这一点至关重要,尤其是从第6章的内容来看。我认为,只有一种特别的社会语言学可以做到这一点,那就是资源社会语言学。

我已经描述了我将如何面对我为自己设置的挑战,我已经做好迎战的准备。我将立即开始,首先定义我们生活其中的社会语言学世界,……啊!……这是一个混乱、复杂、而且不可预测的世界。

第 2 章

混乱的新型市场

社会语言学把语言视作一种综合体，其中包括资源、价值、分布、所有权和效应。它不是对抽象语言的研究，而是对具体语言资源的研究，人们在这些资源中进行不同的投资，并赋予这些资源以不同的价值和有用程度。在全球化背景下，语言形式可能比以往更具移动性，因此这些价值和使用模式变得更难以预测和预设。布迪厄（Bourdieu 1991）提出的经济隐喻对全球化的社会语言学尤其有用。回想一下，布迪厄将语言视为一个象征性资本和权力的市场，人们竭尽全力想要获得利益，还有些人在结构上比其他人拥有更少的资本。布迪厄与他同时代的人，如伯恩斯坦（Bernstein 1971）以及海姆斯（Hymes 1980, 1996），都让我们注意到同样的现象：语言世界不仅存在差异性，也存在不平等性；有些不平等性是暂时的，并且视情况而定，而有些不平等性则是结构性的和持久性的；这种不平等性的模式影响口音、方言、语域和特定的文体（如叙事）技巧这些实际且具体的语言运用形式，并以这些形式表达出来。

布迪厄等人所描述的象征性市场（symbolic marketplace）是一个区域性的、相对封闭的市场。它的价值归因模式和经济博弈的逻辑对大多数参与人来说都清晰明了——来自外省的说话者非常清楚，他的发音"不如"巴黎本地人的发音，这种意识解释了他倾向于过度纠正（hypercorrection）的原因。然而，当我们提及全球化问题时，我们指的是跨地区的、移动的、边界灵活且多变的市场。这就是现在在理论上面临的挑战：构想出获取移动资源、移动说话者和移动市场的方法。全球化的社会语言学必然是关于移动性的社会语言学，因此，我们试图理解的新型市场是一个不太清晰透明甚至是有些混乱的市场。现在让我们来讨论这个问题，看看它从理论上将把我们带向何处。

2.1 妮娜的臀部

几年前，我去东京市中心的一家高档百货商店，在会员专享且非常昂贵的食品区，我注意到一家巧克力店，名字叫"妮娜的臀部（*Nina's Derrière*）"。

图 2.1　妮娜的臀部

有艺术化效果的字体和法语的使用流露出对**范儿**（*chic*）的渴望，而出售的巧克力价格也坐实了这种渴望。但这家店的名字，这么说吧，是一个相当不明智的选择。我希望不会有太多的日本顾客通过懂一些法语来理解这个名字的意思。我承认，我自己也觉得给别人一块妮娜屁股上的巧克力的想法非常有趣。但它也非常有用，让我明白了一个重要的观点。**这不是法语**。至少可以这么说：虽然"derrière"明显来自法语，这个词在商店名称中的使用是引用了法语非常**有范儿**的指向（indexicals），但这个词并没有起到语言符号的作用。从语言上讲，它只是最小意义上的法语，即作为一个单词，它的起源来自于一种在规约上称为法语的语言词汇。这种法语（Frenchness）具有**符号学意义**（*semiotic*），而非语言意义：重要的不是它作为一种外指符号的语言功能，而是它在传达一种复杂的、具有联想意义的**象征性**（*emblematic*）功能，它让我捕捉到了法式的**范儿**。这就是为什么尽管有着明显不合适的名字而巧克力店仍在营业的原因：这个符号在东京百货商店的语境中并没有发挥其语言上的功能——法语语言知识在东京是一种非常罕见的商品——但其象征性功能发挥了作用，而且效果很好。只有当像我这样有法语能力的人，**把它看成是法语语言并当作法语阅读**时，这个象征性符号才会突然变成**语言符号**。在此之前我们所说的符号不是"法语语言"而是"法语"，至少在这个特定的环境中是如此。也就是说，只有当它被"引入"像我这样的人所在的环境中时，它才会发生变化。

图 2.2　京浜快铁电话

世界上到处都是这样的例子：符号的功能会随着使用者、地点和用途的不同而发生变化。我们在图 2.2 中看到了相同的现象，这是一张东京的电话卡，它宣传了连接羽田机场和东京市中心之间的京滨快速铁路。

这个简单而普通的物件（也是一个包含众多随处可见、"不重要的"语言表征的典型实例）在语言学和符号学上都异常复杂。我们看到三种书写系统——日本汉字、片假名和罗马字体——以及三种"语言"——日语、英语和法语。法语 *LeTrain* 旁有片假名的音译，提示日本消费者要读成 *rutoren*（［ſətorɛn］）。有趣的是，法语在这里是作为语言用来发音的，而且发音正确。英语只有 *with* 一个单词，它起到连接两个日本汉字的作用，如果我们翻译整个短语，它读起来是 "Haneda with Keikyu"。这里的英语十分奇怪。对于 *with* 这样的功能性词汇，在日语中有完全合适的对等词，甚至使用像箭头这样的图标也可以。然而，他们选择了英语，因此 *with* 就出现在了那张电话卡上。但问题是，除非你知道 *with* 两边的日语汉字，否则 *with* 既没有意义，也没有作用。这不是语言意义上的英语，因为你的英语能力不足以让你理解 *with* 在这里到底是什么含义。你需要懂日语才行，所以，有点挑战的是，可以说 *with* 在语言意义上不是英语而是日语。就像"妮娜的臀部"只是具有象征意义的法语一样，这里的英语也具有象征意义，而非语言意义（虽然希望看上去是语言）。

在这两个例子中，我们看到语言材料在移动时是如何改变意义和功能的。这里的法语和英语元素是移动的**符号资源**，而不是**语言资源**。这里涉及两个空间。在一个空间里，语言使用者的语言能力足以将语言功能投射到符号上（如在法语例子中的法国），在另一个空间这样的语言能力是无法预设的（如日本）。当符号从前一个空间移动到后一个空间时，它就从语言符号转变为象征性符号。它不再产生语言意义，因为消费它的人无法从符号中提取这些意义。只有当像我这样的人在日本遇到这些符号时，它们才会重新成为语言符号。

图 2.3 "冰冻咖啡（Lced Coffce）"

或者说符号可以旅行。全球化涉及包括印刷业在内的主要行业中去本土化的生产，图 2.3 显示了一个去本土化印刷产品的实例。这张照片是在伦敦唐人街拍的。我们看到一个双语海报，用中文和英文宣传一系列的冷饮。

虽然中文书写正确，但英文却有相当惊人的错别字："iced"写成 Lced，"drink"写成 dlrink，"coffee"写成 coffce，等等。既然书写符号是人类活动的痕迹，那么我们可以推测出产生这张海报的过程。想象在一家中国的打印店，一份手写的文本被传递给排字工人。排字工人不懂英文，所以，虽然手写的汉字识别起来没有任何困难，但手写的英文对于他来说**不是语言，而是一种毫无意义的设计**，一套要印出来的形状。这个手写体很糟糕，比如 coffee 中的第一个 e 没有封口，这会导致它被看作 c 而不是 e，从而打印成了 coffce。**只有当这些文字被传到伦敦**，贴在唐人街一家杂货店的橱窗上时，**它们才会变成英语**。只有在伦敦，人们才可以发现拼写上的偏差，要么质疑它们，要么觉得它们很有趣。这种价值判断在中国打印店是不可能出现的。当然，与此同时，对于许多唐人街的顾客来说，海报上的汉语只是一个毫无意义的设计。在移动到伦敦的过程中，汉语不再是一种语言表征，而是一种体现汉语语言的形式，因此它出现在唐人街也很合适。

我在这里故意夸大了我的案例，因为我想强调一点：符号的移动性对移动过程中涉及的符号有各种各样的影响。这些过程需要进行解读，因为它们作为一种社会语言学现象处于全球化的核心。在全球化的背景下，语言资源会改变价值、功能、所有权等，因为它们可以嵌入到移动的模式中。为此，我认为，我们需要一组特定的概念工具。在本章的其余部分，我将介绍三个中心概念：层级（scales）、指向性秩序（orders of indexicality）和多中心性（polycentricity）。

2.2 社会语言学层级

我们在讨论费尔克劳（2006）的著作时已经看到"层级"的概念是如何被用来特指空间范畴的。同时也发现它是如何引发了一些问题，其中最重要的问题是这个纯粹用来表示空间的术语把它本应包含的过程去历史化了。因此，我们需要为"层级"这个概念找到更好的用途。上面说过，当人在移动或信息在移动时，他们其实是在一个充满法规、规范和期望的空间中移动。层级就是一个我们可以用来想象这种移动的隐喻。

层级这种隐喻是从历史学以及社会地理学等学科借鉴而来（Swyngedouw 1996; Uitermark 2002）。层级和层级过程是**世界体系分析**（World-Systems Analysis）理论体系的重要组成部分（Wallerstein 1983, 2000）。根据**世界体系分析**，社会事件和过程在一个层叠的层级连续体上移动和发展，这个连续体严格地以区域（微观）和全球（宏观）为两级，且在两者之间有几个中间层级（如国家的层次）（Lefebvre 2003; 以及 Geertz

2004）。全球化事件和过程发生在不同的层级上，我们把不同层级之间的互动视为理解此类事件和过程的核心特征。阿帕杜赖（Appadurai 1996）关于"土语全球化（vernacular globalization）"的概念就是一个很好的例子：全球化的形式有助于形成新的本土化形式。然而，由于受到来自更高层级的影响，这种本土化并不稳定，移民社区看上去也并不像"传统"社区：移民和移民社群、社区多语现象，以及在消费经济和公共认同中的故土情节都随处可见（Mankekar 2002）。

出发点：横向隐喻和纵向隐喻

以下研究的出发点是社会语言学现象的非统一特征。我们经常注意到：交流行为都是独特的语境化现象，也是即时现象；然而，我们之所以能理解它们，是因为它们明显缺乏自主性：它们与之前既有的、生产意义的传统保持一致，它们与共享的、持久的（即历史的）理解模式（如框架）产生联系。语言实践具有双重属性，既是一种个体、单次、独特现象，也是一种集体的相对稳定的现象，并常常被贴上"微观"和"宏观"的标签。这些层次之间的联系常常被描述为复杂的、困难的、深不可测的。然而，有几个非常有用的理论工具，它们可以清晰地识别交流中出现的从一个层次到另一个层次的瞬时移动：甘柏兹（Gumperz 1982）的"情景化"概念、戈夫曼（Goffman 1974）的"框架"、巴赫金的"互文性"概念（被费尔克劳 1992 的著作进一步发展），以及布迪厄（Bourdieu 1990）的"惯习"——这里只是举几个最广为人知的例子。

在所有的例子中，这些概念识别了**从一个层级到另一个层级的跳跃**：从个体到集体，从暂时时空到更为稳定的时空，从独特到普遍，从标记（token）到类型（type），从特殊性到普遍性。**这种层级之间的联系是指向性的**：它存在于特定的交流之中，是被指向性解读的过程，是一种"框架式的"、可理解的交流，它可以被理解为指向社会和文化中的规范、语类、传统、期望这些更高层级的现象。在交流中实现理解的能力是把瞬间互动提升到共同意义的能力，而指向性的两个方面（预设——检索可用的意义——和蕴含——产生新意义；Silverstein 2006a：14）是这些过程的核心。

回顾当前关于层级现象的理论化过程，我们发现有许多关于这些联系和移动的思考，产生了诸如"互文性"和"使文本化（entextualization）"等精湛的概念。然而，就理论阐释而言，究竟是什么将两个层级联系起来并在二者之间移动，并没有得到一定的重视。这会产生一个结果，就是"情景化"（转换的过程）的概念比"情景"（情景化在其内部和彼此之间产生的空间）的概念发展得更完善，对此汉克斯（Hanks 2006）最近做过综述。我一直在用**层级**这个术语，试图通过这种隐喻至少提供一个暗示，即我们必须想象存在一些**不同顺序**的东西，它们是按等级排列和分层的。它暗示空间意象（images）的存在；然而，这些意象是**空间的纵向隐喻**，而不是**横向隐喻**，它们暗含在**分布**、**传播**，甚至**社区**、**文化**等术语中。层级为我们提供了空间的纵向意象，即空间是阶层化的，因而是被赋予权力的；但它们也暗示了时空特征之间的深层联系。在这个意义上，层级可能是这样的概念，它允许我们将社会语言学现象视为非统一现象，**与那种分层的、不统一的社会结构意象形成关联**。引入"层级"并不排斥空间的横向意象，这一点需要注意；相反，层次顺序和权力分化的纵向维度可以用来补充横向维度。让我们更详细地看看这些层级。

层级：符号化的空间和时间

可以肯定的是，诸如"层级"这样的概念建构了一个分析性意象，这种意象，如沃勒斯坦（Wallerstein 1997, 2001：第10章）所告诫的，是来自社会科学的传统思想的一种发明。尤其是，我们目前试图将社会语言学理论"空间化"的做法会因社会科学分类过程中不可避免的制度问题而具有瑕疵：把时间和空间作为社会生活和社会现象的不同方面分开。为避免这种分离，沃勒斯坦提出了**时空**（TimeSpace）概念，用一个"单一维度"把时间和空间合二为一（Wallerstein 1997: 1; Fals Borda 2000）。每一个社会事件在空间和时间上都是同步发展的，通常是在多重想象的空间和时间框架中。因此，这里有一个关键的限定条件：层级指的是在**时空**中产生的现象，而不仅仅是一个空间隐喻。

然而，谈论"时间"和"空间"是不可靠的，我们必须加上第二个必要的限定条件。在**时空**中产生的现象是社会现象，它们所产生的**时空**因此是一个由"客观"（物理）情景**产生的社会情景**。这是一个经常被重复的论断：人们把物理空间和时间变成可控的、可管制的物体和工具，他们通过符号实践做到了这一点；符号化的**时空**是社会、文化、政治、历史、意识形态的**时空**（Lefebvre 2003; Haviland 2003; Goodwin 2002）。第三个必要限定与前一个紧密相连。将**时空**符号化为社会情景往往不仅仅涉及空间和时间的意象。正如我们将看到的，通过社会和文化建构（符号化）的隐喻以及时间和空间的意象，从一个层级到另一个层级的移动可以唤起或指向**社会意象**。这些移动的一般性方向可表述如下：

	较低层级	较高层级
时间	瞬时的	永恒的
空间	本土的、情景的	跨本土的、普遍的

这样的**时空**移动乌特马克（Uitermark 2002: 750）称其为"层级跳跃（scale-jumping）"，它们在社会交往中转换为不同的互动模式，分别指向规范、期望和地位普适性程度。换句话说，它们被转换成**表示社会秩序的陈述**，而且，这种**时空**意象为真实或想象的社会秩序的各个方面提供丰富的（有时是形象的）表述指向。以下导师和博士生之间的互动是构想出来的，借以说明这个问题：

> 博士生：我的论文开篇将以一章的篇幅报告我的田野调查。
> （I'll start my dissertation with a chapter reporting on my fieldwork.）
> 导师：我们在这里要以文献综述作为我们的论文的开篇。
> （We start our dissertations with a literature review chapter here.）

导师在这里进行了层级跳跃,他从本土性和特定性移动到跨本土和"普遍性"上,调用超越此时此刻的实践活动——**规范的有效性**。这种"升级"是通过从个人和特定性到非个人和普遍性的变化来表达的——比较学生对于**我和我的**以及将来时态 will 的使用,以及导师对于**我们和我们的**以及一般现在时的使用,还有指示词"这里"的使用:这是一个远大于师生的社区。学生的言语仅围绕着他自己的工作和计划展开,而老师的回应把它们重新置于一个更高的层级之上:在更大的学术团体和机构环境之中,这两者都是其中的一部分。学生的个人计划与普遍性规则和规范相悖,而这些规则和规范在**这里**是有效的(即对特定的学生也是有效的)。导师的移动是在一个分层的、等级分明的系统中进行的纵向移动,在这个系统中,更高的层级(制度和群体的规范和规则)胜过较低的层级(学生的个人关切)。当然,这是一种权力的移动,在这个过程中,更高层级的相关性、真实性、有效性或价值取代了学生提出的建议;在这个过程中,个人被制度上限定的角色所取代;也还是在该过程中,**特定**事件根据事件**类别**进行衡量:从标记到类型,从情景化到去情景化。由此产生的层级跳跃是一个复杂的过程,在这个过程中会发生各种各样的符号转换:

较低层级	较高层级
瞬时的	永恒的
本土的、情景的	跨本土的、普遍的
个人的、个体的	非个人的、集体的
情景化的	非情景化的
主观的	客观的
特定的	普遍的、类别的
标记的	类型的
个体	角色
多样化、变异性	统一性、同质性

所有这些都是在说话时通过对语法、文体和语体的简单操作形成:形

式上的微小线索释放出密集的指向性意义。

当然，这些操作是由导师而不是学生来做的，这并不偶然。正如乌特马克（2002）所指出，一些人或群体可以跳跃层级，而另一些人则不能，并且"超越层级（outscaling）"是一种常见的权力策略：将某个特定问题提升到另一个人无法企及的层级，就像律师转换成法律术语或医生转换成医学术语一样。在层级间跳跃依赖对话语资源的获取，因为这些资源可以指向和图像化特定层级级别，而这种获取无疑是不平等对象。康利和欧巴（Conley & O'Barr 1990）对小宗债务法庭的研究表明，在某一层级（如以案件为中心的情感话语）被赋予权力的话语资源，在更高层级（以法律为中心的理性话语占主导地位）可能会被削弱权力。权力和不平等性是层级化的特征，是在解读行为时援引特定层级的不对称能力的特征；层级为情景提供了获取规则的可能性。

因此，导师所进行的简单的词汇和语法操作，引发了一系列的指向转换，并重新定义了情境、参与者、话题，以及与话题相关的"可接受的"陈述范围等；他们还坚决地将该事件设置在规范的、具有普遍意义的以规范为导向的框架之中。这种复杂的指向移动现在可以被描述为**在一个分层的、具有社会意义的体系内的一种纵向移动**，而不是一系列的个体操作。这种移动不仅可以产生带有指向性意义且秩序重组的陈述形式，还可以让这些形式发生移动。在交际行为中引入"层级"这样的概念来描述当前的现象，其优势在于可以引入一个层次性的、分层的社会模式作为解释这些现象的框架。因此，权力和不平等性被整合进我们想象这些现象的方式中，而不是把它们看作是社会生活中的一种独特的失常之举（就像许多权力研究那样），它们可以被视为每个社会事件的必要特征。正是在导师的陈述中所引入的社会新意象组织了新的指向秩序：他引入了一个严格的、规范性导向的、跨个人的社会空间——这对互动来说是一个不同的权力体制，它重塑了参与者彼此互动的"立足点（footing, Goffman 1981）"。

总而言之，层级需要被理解为"层次"或"维度"（Lefebvre 2003: 136-150），规范的特定形式、语言使用的模式以及对语言使用效果的期望都在上面有序排列。层级化过程就是这些层级之间进行转换的过程，而且需要注意，这些转换涉及对**时空**进行复杂的再符号化：时间和空间的新意象，以及基于它们所产生的新的行为模式。在这个更复杂的理解中，"层级"的概念可以让我们理解在第 1 章以及本章前面给出的例子中讨论的本土和跨本土力量之间的动态变化。不同的层级可以相互作用、协作、重叠，也可能相互冲突，因为规范性问题一直存在。下面我们讨论这些问题。

2.3 指向性秩序

不同层级组织规范性的不同模式，也就是语言。这可能很快就会变成一个混乱和碎片化的意象，很多后现代主义文献也做出这样的解释；然而，出于某种原因（本书后面要讨论），这样的解释是无益的。我们看到的过程不是混乱的，而是有序的，尽管它们相当复杂。规范性本质上是一种组织和秩序的形式。因此，我们需要寻找概念工具来帮助我们想象这种复杂的组织和秩序形式，为此，我将提出"指向性秩序"的概念（参见 Blommaert 2005: 69ff）。

出发点很简单：尽管指向性在很大程度上体现在语言/符号结构的隐式层次上，但它是**有序的，**并非无结构性可谈。它有两种排序方式，而且这些指向秩序（indexical order）解释了符号学中的"规范性"。第一种排序是西尔弗斯坦（Silverstein 2003a）所称的"指向秩序"：指向意义以模式的形式出现，提供对相似性和稳定性的感知，这些感知可以被视为符号实践的"类型"，具有可预测的（可预设或蕴含）方向（另见 Agha 2003, 2005）。"语域"就是一个很好的例子：以某些集群以及模式化的语言形式可以指向特定的社会形象和角色，且这种语言形式不仅可以用于组织交流互动的实践（如交谈中的话轮、叙事），也可以呈现出一种表面上的稳定性，这种稳定性有时可以用于类型化或刻板化（例如"时髦的"口音——参见 Rampton 2003）。通过这些语域进行说话或写作涉及可识别的（标准的）"声音"的插入：这样一个人说话才会像一个男人，一个律师，一个中年欧洲人，一个寻求避难的人等；如果插入适当，此人将被视为**就以这样的身份**说话（Agha 2005）。因此，指向秩序被普遍认为是在语言"语用性（pragmatics）"背后的元语用组织原则。这种指向秩序的形式有时有着漫长而复杂的演变历史（Silverstein 2003a 和 Agha 2003 提供了极好的例证）。这些历史往往与民族国家的形成历史及其文化和社会语言工具有关——"标准语言"的概念及其派生概念，即一种特定的"民族性"民族语言学认同（Silverstein 1996, 1998; Errington 2001）。然而，它们也表现出显著变异和变迁，如在资本主义消费时尚这种宏观发展的压力下它们可以爆发和消退，这从西尔弗斯坦（Silverstein 2003a, 2006b）的酿酒学案例中得以印证——这是当代葡萄酒鉴赏家的语域（另见 Agha 2005, 2007）。这种指向秩序是一种积极的力量，它产生了社会类别，产生了为群体和个人所识别的符号性象征，产生了或多或少连贯的符号性栖息地。

然而，这种指向秩序产生的产品只在一种分层的通用语言技能的范围内实现，在这种语言技能中，特定的指向秩序与其他秩序存在相互评价的关系——较高或较低、较好或较差。在此，我们就要提及另一种指向秩序，一种在社会结构的更高层面上运作的秩序：在具有意义的符号普遍性系统中，在任何给定时间内，对某群体有效的秩序。这种秩序产生了我所说的指向性秩序（orders of indexicality）——一个明显受福柯"话语秩序"启发而产生的术语。回想一下，福柯对话语产生的一般规律很感兴趣：它们的积极出现，以及它们的消解和排斥。他从假设出发，认为

> 在每一个社会中，话语的产生都是由一定数量的程序同时控制、选择、

组织和重新分配的，这些程序旨在防止权力和危险，控制偶然事件的发生，避免其沉重和可怕的物质性。（Foucault 1984［1971］：109；另见关于"档案（Archive）"的概念，Foucault 2002［1969］：第5章）

如果解释一下福柯的假设，我们会发现有序的指向性在大的层次复合体中运作，在这种复合体中，一些符号形式被系统地认为是有价值的，另一些被认为不那么有价值，还有一些则根本没有被考虑进去，但所有的符号都受流通规则和规章的制约。这意味着，这种指向性的系统模式也是权威、控制和评估的系统模式，因此也是**真实或可感知的**包容和排斥的系统模式。这也意味着每个语域都容易受到准入机制（a politics of access）的影响。这还意味着有交换经济（an economy of exchange）的存在，一些人附加给某种符号形式的价值可能不会被其他人认可：内罗毕的中产阶级人士所说的英语可能不会（也不太可能）被视为伦敦或纽约的中产阶级的特征。

"指向性秩序"是一个敏感的概念，它应该表明（"用手指向"）符号学领域中权力和不平等性的重要内容。如果某种符号形式在社会和文化上受到重视，那么这些评价过程就应该显示出权力和权威的痕迹，显示出赢家和输家斗争的痕迹，以及在这种斗争中，通常赢家群体比输家群体要小。这一概念引发不同的问题，如关于指向性的社会语言学问题，而且对指向性的思考不应停留在实证分析上面，而应上升到更高层次，对诸如社会语言技能、特定语言或符号资源在不同地点、情境和群体之间的（非）交换性等内部关系进行思考。总之，它引起了这一领域关于权威、获得权力及权力等不同问题的思考。

2.4 多中心性

一个这样的问题是：我们如何想象这些权威和权力的模式？回答这

个问题的一种方法是表明权威来自真实的或被感知的"中心（centres）"，当人们在符号中产生指向性轨迹时，他们就会向这些中心靠拢。也就是说，每当我们交流时，除了真实和直接受话人之外，我们也在向巴赫金（1986）所说的"超受话人（super-addressee）"靠拢：他们是包括规范和公认的适当性标准（appropriateness criteria）在内的综合体，实际上也是一个更大的社会和文化权威体，那些面对面的交流以及相关的直接受话人被镶嵌其中。通常来说，这些权威体都有自己的名字、外表和实际情况；他们可以是个人（老师、家长、榜样、班上最酷的人），可以是集体（同辈群体、次文化群体、群体形象如"朋克""哥特式"等）、抽象的实体或理念（教堂、民族国家、中产阶级消费文化及其时尚、自由、民主），等。这是日常世界的宏观和微观结构。而重点在于，我们经常通过与直接受话人的互动来表达评价性权威的存在，我们参照这种评价性权威行事，我认为可以将这种评价性权威称为"中心"。

中心的权威具有评价性，它经常作为符号特征群的权威出现，包括主题域、地点、人（角色、身份、关系）和符号文体（包括语言变体、行为方式等）。因此，提出特定的话题将触发特定的符号文体，并暗示出参与者之间的特定角色和关系，以及特定类型的交际事件需要适当的地点和场合——**不是这儿！不是现在！不要当着孩子们的面儿！**（Scollon & Scollon 2003; Blommaert, Collins & Slembrouck 2005a）。每个人的说话方式不同，每个人在谈论汽车或音乐时其说话方式也会与谈论经济或性时有所不同。在某种情况下，人们可以通过使用特定语域把自己指向专家群体而使自己像专家；在另一种情况下，他们可以像一个新手似的说话；人们可以在特定的话题上从一个非常男性化的声音（如谈论性或汽车时）转换到中性的声音（如在讨论伊拉克战争时），每次转换也会转换语域，经常也会转换口音、节奏、语调和节奏（一个话题用陈述语气，另一个话题用犹豫语气）。话题、风格和身份属于特定领域，并可以被排除在其他领域之外（这一点在科学会议的会后活动中变得很明显）。每次转向都会指向其他权威中心，或提供规范的理想类型，或提供适当性标准。这些中心在语用学中被称为关于这些话题的"好"话语产生之处。

正是话题、地点、风格和人的组合构成了交流的指向方向：某些话题需要特定的符号模式和环境，并依此组织身份和角色（Agha 2005）。正如我们已经看到的，戈夫曼（1981）将这种模式称为"立足点的转移"：说话者位置的微妙变化伴随着语言和符号模式的转移，并重新定义了互动中的参与者角色。我们现在可以从实证上"细细分析"立足点，使之符合社会生活的更大的组织特征。

很明显，即使地点限制了交流中可能发生的事情，人类聚集和交流的每一个环境几乎都是多中心的，即可辨认出不止一个中心。在这个过程的任何阶段都可遵循或违反规范，这有时是故意的，有时是因场合的不同偶然发生的，还有一种情况是因为不可能以特定的方式行事。戈夫曼为普通交互场景的多层结构的描述提供了丰富的信息。例如，戈夫曼区分了在同一事件中发生的"焦点"活动和"非焦点"活动——当学生在课堂上对老师的问题做出冒犯性的反应时（焦点），会（给老师）留下负面的印象，也会给他的同学（对那些努力避免被归类为"书呆子"的同学）留下正面的印象（非焦点）。在对寻求庇护者的叙事研究中，我们经常发现申请人的"真实"描述被问询官解释为"难以置信"（即不真实），因为真实地描述混乱且自相矛盾的现实往往会导致混乱且自相矛盾的故事。例如，被问询者倾向于把"真相"定位于被特定且密集地情境化的现实，如一些非洲国家发生的事情，而问询者则倾向于特定的文本性（官僚的）理想，即包含可以去情景化的文本连贯性、线性和真实性（Blommaert 2001a；以及本书第 6 章）。在这个具有多中心性质的问询场景中，这两个中心都是存在的，尽管问询者的"中心"往往是"非焦点的"，被置于问询的背景中。因此，在说"实话"的时候，被问询者往往会被问询者"错误定位"；在现实世界中，指向性的主导秩序由问询者及其官僚机构所确定。

多中心性是人类环境互动机制中的一个关键特性：尽管许多互动

看起来"稳定"且具有唯一的中心性（如考试、婚礼），但是，通常会有许多——尽管不是无限的系列——规范存在，人们可以根据这些规范来确定方向和行为（就像新娘在对新郎说"我愿意"时向他眨眼）。这种多样性以前曾被称为"复调（polyphony）"或"多声部（multivocality）"。而"多中心性"这样的术语把问题从描述层面转移到解释层面。我的目的是让人们认识到，在"复调"等术语背后，具有权力特征和不平等性的社会结构在起作用。这种结构——指向性秩序——解释了这样一个事实：某些形式的复调从未出现过，而其他形式的复调却奇迹般地呈现出相似的形式和方向。新娘可以对新郎眨眼睛，但袒露乳房是不可能的。某些声音，例如难民庇护系统中的官僚主义声音就系统性地压倒了其他声音，因为某些权力中心的影响大于其他权力中心的影响。现有的一系列准则的多样性并不意味着这些准则是等价的，也不意味着可以平等地获取商谈的资格或平等地进行谈判。指向性秩序是有层次的，会赋予不同的符号模式不同的价值，并系统地使某些模式优先于其他模式，也可以排除或取消某些模式。

因此，"指向性秩序"和"多中心性"这两个概念都暗示着一个不那么单纯的语言、社会和文化多样性的世界。在这个世界里，差异性很快就会转化为不平等性，潜在行为与实际行为对抗的复杂模式也会发生。它们还使我们能够超越通常的社会语言学单位——同质性言语社区——并考虑把各种"大型"社会语言学系统纳入研究领域的画面，如当人们在全球化背景下移动，或当在相同的背景下，信息开始在大型空间中移动。在这两种情况下，人们不仅仅是在空间中移动，而且，如上所述，我们还认识到他们在不同的指向性秩序间移动。因此，在交流中发生在他们身上的事情比在"他们自己"的环境中发生的事情更难预测。全球化时代的社会语言学需要超越言语社区，研究社会语言学体系以及它们之间的关联和联系。如果我们想理解语言中的小事，弄清楚大事就显得很重要了。

2.5 移动资源的社会语言学

权力和移动性

我们现在有了"层级""指向性秩序""多中心性"这些词汇作为基础，可以用一种不同的方式谈论全球化中的语言。这三个概念有几个共同点。首先，它们都强调权力：所有的概念都暗示了在价值的等级体系中符号资源具有层级特征。在任何一种社会互动中，只有**特定**的符号形式才会被期待成为和被评价为是"最好的"资源。在语用学中，这种偏好性的选择现象在过去几十年里被描述为"适切条件"或"适当性标准"（参见 Levinson 1983），这类研究的一个热点还包括对"礼貌"的研究（参见 Eelen 2000）。同样，海姆斯关于"交际能力"的概念也常被描述为在特定的社会环境中"适当的"语言表现的能力。然而，在我们现在不得不想象的复杂多变的环境中，要想理解这种充分性和恰当性的可能形式是什么，需要一个新的词汇。因此，我在这里提出的三个术语就有些用处了。

这三个概念的第二个共同特征是它们的时空敏感性。它们需要按顺序阅读才能被清晰地理解。换句话说，全球化背景下的社会语言学现象需要被理解为在几个不同的层级上发展，其中指向性秩序占主导地位，从而形成一个多中心的"语境"，在这个"语境"中，交际行为同时受到不同方向的推力和拉力。京浜快铁电话卡上的法语严格来说既是本土的（东京的符号），也是跨本土的（法语的符号）；然而，并不是认识所有符号的消费者都能平等地进入跨本土层级。对于按照指向性秩序行事的当地人来说，法语语言作为"法语"的象征意义是很好的，因为它有**范儿**的内涵意义。而对于像我这样的一个拥有法语语言能力的人来说，它产生意义的方式极为不同：这是用"典型日语"方式使用法语的过程，也就是说，它脱离了规约意义上的"法语"（跨本土和语言）功能并被重新安置在了具有本土化的东京符号经济体之中。简而言之，它变成了**一种奇特的**法语形式，并且"奇特"的资质是在一个特定层级和指向性秩序内作出的评判——即跨本土层级。如果将这张京浜快铁电话卡从本土的东京语境重新设置到跨本土的"法语"语境，那么这个过程就涉及符号的重新符号化，涉及不同的意义归属过程。这个符号在被动地移动，它随全球化的特征而**移动**：一个游客（我）在它的原产地（东京）看到它，并用我自己（法语）的"阅读"和"解码"过程来处理它。这样做，我将该符号从它的**时空框架**中提取出来，并将其带入一个完全不同的**时空框架**，一个于它原本无意**时空框架**，一个它因此可以获得"奇特"含义的**时空框架**。

很明显，我们与传统社会语言学的语码混杂和语码转移之间的距离相对遥远。传统上研究语码转换的方法无法告诉我们更多关于符号的信息，比如上面给出的"Haneda with Keikyu"或者"LeTrain"的示例。首先，在这里发挥作用的不仅仅是"语言"（从"日语"、"英语"和"法语"的角度来说）。正如我在一开始所指出的，京浜快铁电话卡包含三种这样的"语言"（即使是最小的、只有一个单词的形式），以及三种书写形式和一个飞机和火车的复合图像。当然，它是一个多模态符号，这里的移位发生在一个比"语言"本身复杂得多的领域。此外，我们所观察到的显然不仅仅是一个**语言**问题，而是一个**符号**问题。因此，我们需要关注资源，真实的人在真实的环境中部署真实情景中的资源，以及被其他真实的人（比如我自己）再情景化的资源。我们在这里看到的是由传统意义上定义的"语言"的片段组成的语言技能，具体说它们由语域和语类的形式构成，是以**特定**语言模式进行交流的形式，如电话卡、海报或商店标志。我们分析的目标是资源，即使这些资源可以传统地标记为"属于"语言甲或乙，但最好记住，这一切都是为了将这些资源从它们的传统来源中剥离出来。京浜快铁电话卡上的法语之所以成为一个问题，不是因为它的语言特征——不是因为它是"法语"——而是因为它以特殊的方式渗透到东京人的言语符号库中，并在那里获得了意义和功能。我想说，这是关于移动资源的社会语言学，而不再是研究静态语言的社会语言学了。

第 2 章 混乱的新型市场

被锁在空间里：论语言权利

当然，这种理论立场是有代价的。我们现在应该反对一种说法，即语言间相互渗透的这些形式经常出现在关于一个（或多个）语言的全面而舒适的话语之中。到目前为止，社会语言学中有一个根深蒂固且非常受人尊敬的分支，它通常基于特定的生态性隐喻，从语言帝国主义和"语言消亡（linguicide）"的角度来描述全球化的世界（Phillipson 1992; Skutnabb-Kangas 2000）。这些方法从研究社会语言的分布出发，并奇怪地假设，任何"大"而"强"的语言，比如英语，一旦在外国领土上出现，本土的小语言就会"消亡"。如此想象社会语言学的空间，一次只能有一种语言。这种想象空间的方式总体上似乎有一个严重的问题。此外，在该过程中实际产生的社会语言细节也很少被阐明，例如，语言可以在土语或通用语变体中使用，从而为相互影响创造不同的社会语言条件；英语有时会"威胁"其他前殖民语言，如法语、西班牙语或葡萄牙语，而不是土著语言（这种现象主要出现在从前的剥削型殖民地地区，在定居型殖民地并不太明显；参见 Mufwene 2005, 2008）；或者，有时对土著语言的"威胁"可能来自占主导地位的本土（"土著"）语言，而不是英语，正如我们将在本书中进一步看到的那样。因此，关于语言权利的文献存在几个主要问题。

一个主要的问题是，作者们似乎假定人物、语言和地点的空间是"固定"的。关于少数群体权利的话语通常意义上是严格的本土话语。**联合国人权宣言在论及属于民族或族裔、宗教和语言少数群体的权利**的第一行写道："各国应保护**其领土内**的民族或族裔、文化、宗教和语言少数群体的存在，并应鼓励促进这种身份认同的条件"（引用自 Skutnabb-Kangas & Phillipson 1999）。该宣言是各国之间的一项协定，这里国家的呈现形式是由领土界定的空间实体，其内在特定政权可以而且应该同"少数群体"一起发展，这里"少数群体"的定义同该特定（"国家"）领土内的少数群体的定义是一样的。该宣言所赋予的权利是受领土限制和有组织的权利，各群体之间的区别是按照领土—文化—语言这一典型的赫尔德三位一体（Herderian triad）演变而来（Blommaert & Verschueren 1998）。

关于本土性的话语通常用环境—生态的隐喻来表达：每个地方都具有自身的特征，从气候到生物多样性以及到人、文化和语言。这些不同组成部分之间的关系被视为一种协同作用的形式：正是通过人类的多样性，环境的多样性才得以维持，因为当地人的语言和文化提供了对这一环境的独特看法，并有助于维持这一环境。例如，请参见最直言不讳的语言权利倡导者所阐述的观点，来自**语言多样性联盟**（*Terralingua* 1999，网站网址 http://cougar.ucdavis.edu/nas/terralin/learn.html）：

> 我们知道，物种的多样性有助于世界生态系统的稳定和恢复力。语言多样性联盟认为，语言的多样性对世界文化也有同样的作用，而且这些生命多样性的表现是相互关联的。

因此，这种多样性总是被视为需要保留的东西。字面上讲，它确实需要"保持在适当的位置"。借用斯库特纳布-康格斯和菲利普森（Skutnabb-Kangas & Phillipson 1995: 84）的话说："语言多样性的延续可以……被看作是对所有个人和群体都享有基本人权的承认，是地球生存的必要条件，就像生物多样性一样"（另见 Skutnabb-Kangas & Phillipson 1999; Nettle & Romaine 2000；参见 May 2001, Blommaert 2001b & Mufwene 2002 的不同意见）。

这里有一个语言意识形态的维度，在这个维度中，我们假定语言在社区中起作用是因为它提供了**本土意义**：这些意义为理解本土环境、对（严格来说的）本土世界进行分类和分析提供了框架。对于这些语言中所包含的独特世界观，也经常围绕着本土功能展开：世界观是用语言和语法关系来表达的，这些语言和语法关系涉及或阐明了本土性对世界的诠释。让我们回到斯库特纳布-康格斯和菲利普森的观点（1995: 89）：

第 2 章 混乱的新型市场

本土语言的多样性是对少数"国际"语言霸权的必要制衡。"世界语言"就像道路和桥梁一样,应该被视为交流思想和物质的工具,但真正有创意的思想和产品(不是大众产品)在大多数情况下都是在本土做得最好。

世界观总是本土性的(或领土性的 territorialized),与特定的区域环境有关。一个民族的语言使这些人本土化,它将他们置于一个特定的、界限分明的生态环境中。

正是这种本土性功能的观点支撑了上述强有力的主张,即少数族裔语言的生存对地球的生存至关重要,因为随着每一种语言的消失,与该环境相关的一套具有独特功能的本土意义就会消失。语言被视为知识的本土存储库,而这种知识的本土形式对于理解(本土)世界至关重要。因此,当人们被转移到一个不同的环境,语言可能会失去它的(部分)功能。相反地,当另一种语言被引入到特定的环境中时,它也可能是功能失调的,因为它不能清楚地表达维持这种环境所需的特定本土含义。这种观点反过来又支持了语言帝国主义的观点,它总是被认为是一种非本土语言(通常是前殖民时期的语言,而且通常是英语)渗透或侵入本土空间,扰乱了介于当地人、语言和文化以及他们的环境之间存在的生态平衡(Skutnabb-Kangas 2000; Skutnabb-Kangas & Phillipson 1995, 1999 以及 Heugh 1999 均有例子佐证)。

总之,我们在这里看到的是语言功能是如何被领土化的,与特定的本土环境相关联,而这些建构出来的环境显然是静态的。语言在它自己的原生地能够充分发挥作用,而一旦语言和地方之间稳定的、原始的、"土生土长的"(或"本地的""土著的")联系中断,语言就失去了功能。因此,一项旨在刺激或促进这些本土语言(显然是只会一种语言和单一文化民族的母语)的方案把说这些语言的人同地域联系起来,并加强人们与其环境之间假定的固定联系——这是对索绪尔共时性的一种鲜明的反映。

所有这些听起来或多或少都是可以接受的,至少当现实的某些方面被合宜地忽略时是这样。正如我们所知，当代现实中一个相当令人不安的方面是**移动性**。在当代社会结构中，人们往往在现实的地理空间和象征的社会空间中活动。所有这些移动过程似乎都与语言有着复杂的联系（Rampton 1995, 1999），包括语言态度和语言规划。

语言作为一种社会事物，即人们进行投资并赋予其价值的事物，似乎与空间有着复杂的关系，因为空间的坐标轴是领土化（territorialization）和去领土化（deterritorialization）。领土化是将语言作为一种本土现象来感知和归因价值，将人们与当地社区和空间联系起来。习惯上，人们的母语（L1）被认为是"领土化的语言"，与口头语和方言的使用一样。所有这些语言形式都具有本土性。相反地，去领土化则代表对语言价值的感知和归属。这里提及的语言不属于某个地方，而是跨越地域轨迹并组织更广阔的空间（在本章前面提及的术语中称为"层级跳跃"）。第二语言或其他语言（L2）以及通用语和移民社群的各种语言变体、标准化的语言变体和识字能力均被视为"去领土化语言"，这种语言并不专属于某个地方（Jacquemet 2000, 2005; Maryns & Blommaert 2001）。

语言变体允许、限定和组织空间轨迹。读写能力允许文本在自然意义上跨世界空间移动，也允许文本在象征意义上跨社会领域和层级移动。一种标准的语言变体本身可被用于邻近社区，在那里人们说着相似的方言，也可以跨越社会空间，进入精英阶层。像法语或英语这样的国际语言可以被用于大型的跨国空间和网络，并接触到精英阶层。简而言之，不同的语言"类型"可以触及不同的层级。所有这些移动性的层级模式都是真实的，它们往往围绕在生存机会和机遇周围，因此人们可以经常清晰地表达语言或语码选择与空间之间的关系。对于草根阶层来说，在教育中选择学习英语或法语，而不是土著语言，往往是受到"离开这里前往大都市地区"这类话语的驱使——至少从这些特定的中心向上的社会移动看起来是可能的。

在不同层次的教育中移动，往往涉及在有层次和层级的语言制度中移动,每一次都被视为可以实现去领土化,从而实现社会和地理上的移动。对于某个特定社区的归属感往往与特定语言变体的产生(或再产生)相伴而生,这种变体把人们同该社区绑在一起;而与此同时,这也指示了语言移位性和去领土化的产生。例如,作为乡镇和贫民窟的一种语言,"冈斯特式(Gangsta)"英语在非洲城市中心广泛使用,在这些地方,青少年文化往往充满想象性暴力(参见第 7 章更详细的讨论)。这种语言意识形态把语言的多样性同本土性和移动性动态联系起来,在民间和制度层面上都很活跃,这经常助长对推广土著和少数民族语言的抵制——田野调查工作人员经常报告这一点,但却很少在出版物中写出来。

尽管对此会感到遗憾,但给出的理由却通常是充分的。象征性边缘化往往只是真实的物质边缘化的一个相关因素(Fraser 1995,Stroud 2001);推广母语是对被边缘化的资源在象征意义上提级的一种形式,而对它的抵制往往是基于对真正边缘化持续存在的深刻认识。如果母语推广在一种单语言的战略范围内实行(这一战略的目的是建构"完全单语制",将双语制视为导致语言损耗或语言消亡的途径加以抵制),那么它就被视为一种工具,可以**防止**人们脱离真正的边缘化,从而使人们停留在被边缘化的地方,并被限制在"本土"这个层级上。想象一下,在南非非常边缘化和贫穷的东北部,有一个家庭说着文达语。只要良好的白领工作岗位和高等教育集中在约翰内斯堡这样的地方,并且需要英语和/或南非荷兰语,那么文达语的教育很可能被认为是将人们限制在边缘地区。如果家庭想让孩子向上层社会移动,那么它就需要给他们提供地理上的移动,因此也要提供语言方面的移动。在这种情况下,语言转用(language shift)是一种生存策略。在语言使用者的眼里,与创造机会获得真正有威望的语言相比,提高被边缘化的象征性语言的地位可能不那么有吸引力。穆夫温(Mufwene 2002: 377)很好地抓住了这个"坏问题"的核心:"有时候,这可以归结为一个选择,是帮助说这门语言的人脱离经济困境,还是拯救这门语言。"

问题的关键在于，我们需要把语言的不平等性等问题看作是围绕在具体的语言资源周边的问题，这里的语言资源不是一般意义上的语言，而是指特定的语域、变体和语类。这些具体的资源与语言使用者的困境如影随形：当语言使用者在社会中移动时，他们的资源将追随这条轨迹；当他们处于社会边缘时，他们的资源也就不合格了。在这两种情况下，所面临的挑战都是将语言看作是由具体资源组成的移动综合体。如果做不到这一点，我们就会冒着把社会现实画成漫画的风险，并对这种漫画感到非常不安，这毕竟不是对社会进程的精确复制。不用说，这是毫无意义的练习。这件事很重要，也很容易被人误解，所以我在这里要特别强调一下。我们一直在谈论全球化背景下具体符号资源（而不是"语言"）的移动性，接下来我将试图对此做出清晰的阐释。我们马上就会看到，在意识形态上感知的"语言"和社会语言学上感知的"资源"之间，总是存在着一种角力；而全球化的经济力量会加剧和利用这种角力。

2.6 出售口音

语言政策聚焦于语言使用规范的产生和实施，其成功与否取决于政策所提倡的规范被接受和传播的程度。传统上，国家是语言政策领域的主要参与者。它规定哪些语言和读写形式是"官方的"和"国家的"，并制定规则来约束国内语言和文字的使用。通常情况下，国家过去和现在都关注标准化的"语言"，即关注语言变异的一个层面。然而，国家总是必须与其他行为者分享规范定义和规范行为的空间——家庭就是这样一个非常重要的行为者，而教会等民间社会行为者则是其他行为者。总的来说，媒体在传统上支持国家树立的"官方"规范。方言和口音这些中继语（intralanguage）的变体过去在、现在也在公民个体或群体用来标记特定身份的范围之内。在国家层面，它们常常被视为国家认同和本土（亚国家）真实身份的构成成分，并因此受到珍视（参见 Elmes 2005）。

第2章 混乱的新型市场

我必须在这里言简意赅，但我的观点是（1）国家传统上是语言规范领域的一个非常强大的行为者，并且在制定正式政策方面拥有垄断性；但是（2）国家从来就不是语言规范领域的唯一参与者。它一直是主要的参与者，但从未是完全具有霸权的参与者；在复杂的语言监管（language policing）网络中，总是存在着一种多中心性，即国家和该领域的其他行动者之间存在分工，正式的语言政策与其他行动者的语言政治展开相互竞争。（3）国家的语言政策传统上只针对"语言"；当涉及在其领土上多种方言和口音的共存时，国家通常是宽容的。例如在比利时，即使教育系统大力推广法语、荷兰语和德语等语言的标准变体，即使对传媒界的地域主义和方言使用存在着一种适度的抱怨文化，国家也没有尝试消除这些语言的区域性差异。

我将依托这些总体的介绍展开如下观点的论述。国家政策对方言和口音等中介语语言变体都是比较宽容的，这与全球化的私营企业行为者的语言政治不相匹配。在国家注重语言的同时，语言商品化的新行为者则注重口音和发音的差异，从而创造了一个清晰区分发音正确与错误的市场。这种区别基于全球化的指向性秩序，这是个全球性成功和失败意象的规范性复合体，而英语——定义全球化的语言——当然是这种秩序的核心。这不仅导致了英语竞争市场的产生，也导致了英语口音竞争市场的产生，它打破了国家政策的传统性宽容，也打破了大众（和学术界）认为口音能产生真实感的看法。它创造了一种新的商品化的方言学，并提出了相当复杂的规范和身份问题，以及在全球化时代正式的语言政策和同样正式的语言政治之间不断变化的平衡关系。这是福柯提出的"监管（policing）"——秩序的理性生产——的一个例子，它通过对行为无限细致的关注发挥作用（作用于福柯（2005, 2007）所称的"自我关注"，即主体性的永恒微观实践）。口音学习课程产生了一个受"正常"言语规则约束的严格管制的主体，但鉴于这种言语的统一性和同质性，它是不可见的。现在让我们来考察一下主体化的实现过程。

互联网和口音的商品化

在某种程度上,互联网取代了函授课程这一较老的行业,为语言学习提供了一个广阔且几乎不受控制的空间。它们的规模和形式各不相同,我将专注于提供美式口音课程的网站。我之所以这么做,显然是因为他们依赖于两件不同的事情:(1)全球范围内的"英语热"(de Swaan 2001),这是受到来自全球对英语这种被定义为向上移动轨迹的语言的认知的影响而产生的一种现象;(2)对美国和美国文化符号的一种特殊意象,它处于全球化和全球向上移动的前沿。换句话说,我们处于一个所谓"麦当劳化"(McDonaldization)的世界,因为我们获得了一种英语变体,它让我们听上去像美国人。当然,被传播的不仅仅是产品,还包括用来限定它的形容词;语言不仅是语言结构,还是一种密集的意识形态载体;它不仅仅是一种语言,而且是一种可获得的自我"存在于世"的意象。

我从一开始就指出,虽然美式口音网站可能为我们提供这种密集的意识形态包装最为直接的例子,但使用其他语言和变体包装的网站也做了同样的事情,只是没有那么明显。它们都提供了语言以及语言可以提供或开放的社会轨迹。美式口音网站并不是唯一的,但它说明了一种更广泛的对商品化的语言、语言变体的意识形态包装模式。我们也应该从一开始就注意到,这些网站从来没有在整体上提供"一种"语言。他们提供的是一种**语域**——一种专门针对客户的直接需求或愿望量体裁衣的语言。网站这样做会让人觉得语言中的语言能力的语用和元语用成分可以指向性地传播正确的意识形态。这里的关键不是**学**美式英语,而是要**听起来**像个美国人。语言监管在这里作用于子语言对象。

请注意,真正的美国社会当然是一个"多口音"的社会。除了著名的地方口音(如德州口音、阿巴拉契亚口音),去美国的任何一家大酒店都能告诉我们,拉丁、东欧和亚洲口音是公认的美式英语的工作口音变体。我们在这里讨论的互联网公司销售的"美式口音"通常是基于美国中西部(密歇根州、伊利诺伊州)的口音,这里却被公司展示为中性的、"没有口音"的美式口音。这本身就值得需要更多的篇幅加以讨论。重点是：互联网公司销售一种"标准（化）口音"，一种带有标准（化）语言所具有的意识形态特征的地区性口音（"美式"）。考虑到这两点，现在让我们转向网站本身。

> Just check off all the ways your non-American accent prevents you from achieving your professional and personal goals.
>
> People think I'm less smart than I am.
>
> I have been denied a job promotion.
>
> I find it very hard to socialize with Americans in personal and business settings.
>
> People sometimes laugh at the way I talk.
>
> My clients (or patients or colleagues) often misunderstand me.
>
> I failed to get a job I was qualified for.
>
> My boss (or teacher) doesn't give me the respect I deserve.
>
> I make less money than less experienced people who have better pronunciation.
>
> What do you believe is the single biggest problem with your accent?
>
> OPTIONAL: To be added to our Newsletter/Email list you may include the following.
> Your name:
> Your email address:
> Your native language:
>
> Submit
>
> You will be returned to this page after submitting your survey. Thank you!

图 2.4 "现在就学美式口音"

请看图 2.4，来自一个叫作"现在就学美式口音"的网站（www.American-accent-now.com）[1]。

51 　　我们在这里看到了一些东西。当然，首先，我们看到两个形象：一个明显快乐的年轻白人男性，一个明显沮丧的亚洲女性。我们可以假设这个男人已经习得美国口音（或者从一开始就有），而那个亚洲女人没有。她沮丧的原因可以从选项中看出，"非美式口音会阻碍你实现职业和个人目标"。调查对象——即潜在客户——被要求找出"你口音的最大问题"。图片中的选项表可分为以下两类：

职业方面：
- 我被拒绝升职
- 我的客户（或病人或同事）经常误解我
- 我没能找到一份我能胜任的工作
- 我的老板（或老师）没有给我应有的尊重
- 我挣的钱比那些发音更好但工作经验不足的人少

个人方面：
- 人们认为我不如看上去聪明
- 我发现在个人和商业场合很难与美国人交往
- 人们有时会嘲笑我说话的方式

　　我们现在发现我们进入了一个陌生的世界。在这个世界里，语言的指向性价值和社会效应——通常是语言使用的隐性意识形态特征——在文本和图像中都非常明显。得到一份应得的工作和挣到应得的工资，其关键是发音。这个推理之所以可能是因为引发了一个个性形象：潜在客户已经很优秀，他们有资格获得更好的工作和更高的收入，也有资格获得上级的尊重。因此，可以这么说，习得这种口音会释放所有这些品质并让每个人都能看到。在说者看来，习得美式口音会让你成为实际的自己。

　　当然，并非所有人都是潜在客户。正如我们在"现在就学美式口音"的图片中看到的，沮丧的是亚洲人，而快乐的是在美国被称为"白人"的

人。网站对"浓重的外国口音"做了大致的针对性陈述:

> 浓重的外国口音会阻碍你实现职业或个人目标,阻碍你充分发挥潜力。人们不应该要求你重复你说过的话。在当今竞争激烈的企业环境中,清晰的发音和正确的语法是必须的。("**精准英语**"www.accurateenglish.com)

在这些网站的问题解答页面(FAQ)或感言页面上,经常可以看到上面有记载解释什么是"浓重的外国口音",而且几乎无一例外的都是通过与"本国口音"对照来表达的。一些欧洲口音,如法国口音、德国口音甚至英国口音被认为特别容易产生误解;亚洲口音,如印度口音、中国口音和日本口音,就自然进入了全球范围难以理解的危险区域;而中东口音则彻底成为一个问题。这些问题是在与"母语人士"的接触中产生的:

> 我们的口音消减课和美式发音课程将教你如何创造标准美式英语的发音,并让你在与以英语为母语的人交流时更加自信。("**精准英语**")
>
> [一名"伊朗牙科学生"的感言]嗨,我叫萨纳兹。大约一年前,当我来到美国时,我非常困惑。我受到了文化冲击。感谢上帝,我遇到了非常可爱的人。他们给了我处理所有新事物的勇气,也帮助我提高了我的英语,给了我说英语的信心。其中有两个人对我来说非常特别——雪莉和马克(口音工作坊的培训师)。他们不仅是很棒的老师,还是非常乐于助人的朋友。你总是可以相信他们的意见。我永远不会忘记雪莉和马克对我英语的巨大影响。我真的很高兴见到他们。("**美式口音工作坊**"www.accentworkshop.com)

萨纳兹一到美国就经历了"困惑"和"文化冲击",美式口音课程给了他说美式英语的"勇气"和"信心",这种能力显然帮助他克服了最初的感觉。注意经常提到的诸如"自信"[2]这样"感觉良好"的因素。用美式口音讲话使人们在与以美式英语为母语的人交流时更加自信:

> [一名西班牙男性实验室负责人的感言]对于所有因外国口音妨碍清晰

交流的职业人士来说，精准英语课程中的口音消减课应该是"必须的"。参加这些课程极大地改善了我的美式英语发音，我讲话也发生了很大的变化。我的业务演示变得好多了。我说话更有信心和权威。（"精准英语"）

[一位以色列男性电脑顾问的感言] 在我开始上课之前，我不能正确地发某些元音。丽莎（培训师）发现了这些问题，并教我如何听英语，并以一种地道的方式表达自己。她为我定制的方法使我能够看到每周的进步。相对较短的一段时间之后，我注意到我说话的方式有了很大的进步。我在交流时信心大增，这是个意外的收获[原文]。我强烈推荐**美式英语发音**课程。（"精准英语"）

口音修正的好处就是你的！
- 清晰、可以理解的讲话
- 高效的沟通
- 职业发展机会
- 改善工作表现
- 成功的公众演讲
- 更多的信心

（"高级美式口音训练计划"www.advanceamericanaccent.com）

53 这些例子中承诺或报告的"信心"是个人和职业特征的混合体。总体上看人们显得更有信心，他们在上完课程后感觉更好，他们在工作中也表现得更好。这位西班牙实验室负责人报告说，他的业务演示有了显著的进步，**高级美式口音训练计划**不仅可以提供"更多的信心"，还可以"获得职业发展机会"以及"改善工作表现"。其中隐含的形象是"专业人士"，他们的工作是生命的中心部分，对他们来说，职业上的不快乐等同于个人的不快乐。因此，大多数网站会暗示他们的口音课程是职业获益和个人获益的混合，而且我们在这里看到一种连续性，一些网站更强调口音课程带来的职业获益会比个人获益要多。来看看下面的例子，来自"口音消减研究所"（www.lessaccent.com），该网站的口号是"28天让你扔掉口音！"：

第2章 混乱的新型市场

口音消减研究所（Accent Reduction Insititute, ARI）是美式口音培训行业的领导者，为英语不是母语的人士提供经过验证的快速掌握英语发音的技巧。ARI 提供工具帮助人们保持他们独特的文化身份，同时：

消除语言障碍和沟通障碍
提高销售和赢利能力
向客户传达专业知识
建立强有力的团队
增加效率
提高自信

"自信"在这里已经退居幕后，而主要的广告宣传都是关于职业目标的。但是请注意，客户可以"保持他们独特的文化身份"。我将在下面讨论这个问题。与此同时，另一家培训机构"交流说（Communicaid）"（www.communicaid.com）的事务性导向功效更加明显：

为什么要训练美式口音？随着海外业务在印度、菲律宾、南非和中国等地的迅速发展，企业需要确保其海外员工能够有效地与客户和同事进行沟通。对于海外员工来说，成功沟通的一个重要因素是他们说英语时的口音。

母语影响（First Language Influence, FLI）对海外员工口音的影响不可低估。来自"交流说"的**美式口音培训**将帮助您的海外员工最大限度地减少母语的影响，同时通过中性口音最大限度地与客户沟通。无论是通过在线**美式口音培训**课程、虚拟**美式口音培训**，还是面对面的口音指导，"交流说"都为您企业的海外业务提供弹性的美式口音培训解决方案。

"交流说"的一个美式口音培训课程将为您的海外员工提供以下能力：
- 通过减少母语对口音的影响让员工与客户和同事进行更有效的沟通
- 通过更成功的沟通，建立融洽和同情心，并加强与客户和同事的关系
- 提高客户体验和满意度

目标群体在这里显然是不断增加的国际客户呼叫服务中心的劳动力，而且大多数美式口音的网站都或明确或含蓄地把呼叫服务中

心作为目标或成功的案例。下面的例子来自"发音工作坊"（www.pronunciationworkshop.com）的感言页面：

> 这是迄今为止我所见过的**最有效**的**英语发音**课程。我是一名在印度的美式口音培训师，已经培训了 22,000 名学员。在上完这个课程后，我希望有一种方法可以回到过去，重新开始（奥尔瓦克斯·博伊斯，美式口语培训师，来自印度）。
>
> 我是印度世界第二大呼叫服务中心公司的培训部部长。我们的足迹遍布全球 40 多个国家，包括美国的许多中心。我在印度的呼叫中心行业工作了 8 年。由于我们要迎合美国人的品味，多年来我们一直在寻找一种经济有效的训练方法来学习美式英语发音，然而，却没有成功……直到我们发现了**发音工作坊**。有一天，我在谷歌上搜索的时候，偶然发现了**发音工作坊**的网站，并看到了免费的演示……我们发现这个演示**简直太棒了！！！！！！** 没有图表展示，没有视觉化的语音音标，只有保罗……**一个活生生的培训师**……**展示他的嘴形和获得更清晰的声音的技巧**。我很快把它拿给我的 CEO 看，他也很惊讶。保罗这门课的独特之处在于它非常简单……看上去也很有趣。我的员工一直期待着参与这个课程。每次我们看到一个新视频时，我们似乎都能学到一些新东西，而且它使我们的口语和英语技能发生了显著的变化。我们大约在 6 个月前实施了这项培训，以提高我们的客户满意度得分。我们不仅在分数上有了显著的提高，而且在过去的 4 个月里，由于话务员不需要重复自己的话，每个客户的平均通话处理时间减少了约 29%。为了了解我们中心的课程是否成功，我们也请保罗开发一个认证项目。我本人和我的员工都和保罗进行过一对一的电话培训。保罗让学习变得如此**有趣**，并且改变了我们说**英语的方式**！！今天我很自豪地说，整个培训部都通过了**发音工作坊的认证**。我对这门课再怎么赞扬也不为过（……）这真的是一个很大的成就，我知道你也会为此而非常高兴的。（乔伊·德布·穆克吉，培训部主任，来自印度）
>
> 保罗（培训师）项目真正了不起的地方在于，它让一切变得是多么简单和有效……他迷人的外表真的能吸引你。在印度，通过这个项目，我们可以让一个在海外蓬勃发展的呼叫中心行业**找不到工作**的人，**找到一份薪水不错的好工作**，让他成为一个合格的雇员，就在不到两个半月的时间里……这就是保罗课程的**力量！！！**他正在改变世界另一边的生活！（桑杰·梅塔，管理主任，来自印度 Teleperformance 公司）

不仅如此,"美式发音"网站(www.americanaccent.com)看到其在线教学方法和潜在客户(呼叫中心的员工)之间存在直接联系:

> 它真的管用
>
> **快速、容易且全自动**
>
> 鉴于高资质和行之有效的方法的强大组合,指派的学员可以很容易且快速地掌握口音。
>
> 人们过去认为课堂培训是最好的方法,但对于理想的呼叫中心候选人,你想要的是一个完全适应虚拟环境的人——从最初的培训到长期工作的满意度。

成功的全球指向

美式口音、个人幸福和自信、与美国人顺畅有效地沟通、工作满意度、商业机会和金钱:这些是网络公司销售的一揽子想象。这套包装包括"语言"本身(或语域),以及它的表征形式;包括为说话者提供一些信息,甚至在一个非常含蓄的层面上,对"美国"的描述;包括美国是一个什么样的社会,以及"美国人"的社会文化偏好和期望[3]。根据西尔弗斯坦(2006b: 485),我们可以称之为"符号的同质性(semiotic consubstantiality)":你的说话方式一般决定你是(或将变成)什么样的人,而一旦这么说就会(不可思议地)将你变成言语所指向的那种人。供应商把这些同质性表现卖给处于全球化进程中心的人:渴望成功、机遇和金钱的海外(即去领土化或漂泊的)专业人士,以及那些处于"去本土化"和流动领域的呼叫中心的操作员。他们通过定义全球化的技术——互联网——来销售这些产品。这些网站的目标受众不是来自世界各地的大量贫困移民,也不是成为菲律宾的主要出口行业之一的家政工人,也不是跟随丈夫外派出差的家庭主妇,而是那些将全球化作为成功故事体验的层级跳跃者。在具有当代全球化特征的流动人口中,他们是非常小的一部分。这些材料的优势之一在于,它们开始向我们展示一幅图画,即在全球化的意象中,"成功"到底意味着什么,因为这些网站所做的就是大量标示西尔弗斯坦（Silverstein 2006b: 486）所称的"语域提示"（这相当于词典中类似"俚语"或"污秽语"的标注）。这类提示"提供了词素在其出现的文本（语境）中有效以及适合该语境的规范性指向特征：在哪里使用它，以及从社交的角度看使用它会发生什么"。如果我们将"词素"替换为"口音"，我相信，就能准确地描述这些网站想要实现的目标：从规范性的角度公开地指明伴随该语言而来的丰富指向；总的来说，也就是为了明确地描述使用这种口音的指向性秩序：如果你想成为你想成为的人，你**必须**使用这种口音。当然，这其中也有等级化的问题：并不是每一种言语都能胜任，只有这一种才行。

我们可以清楚地看到，网站不仅限定了他们希望从客户那里得到的训练方式，而且还限定了为客户提供这种训练方式的培训。首先，这不仅仅是习得一种新的口音，更重要的是**扔掉**另一种口音（"28天内改掉你的口音！"）。因此，他们经常使用"口音消减"这个标签来描述所提供的课程。现有的口音是错误的：

> 我们首先注重纠正你最大的口语错误。第一节课后，你会对自己的语言更加自信。（"**精准英语**"）
>
> 没有人能告诉我我的语言到底出了什么问题，直到我参加了精准英语口音消减课。仅仅上了几节课，我的语言就有了明显的不同。我认为这门课是对我未来的一项投资。我学会了如何训练我的"中国舌头"来发出漂亮的美式英语发音。（"**精准英语**"的感言页面）

正如我们在上面的几个例子中看到的，口音也是个人和商业成功的障碍，是挫折的来源（回想一下那个亚洲女性的形象！），这种挫折感会阻碍个人和公司的雄心壮志。因此，最为紧要的是，我们可以这么认为，语言的净化是为全球化世界做好语言准备的第一步。在这个净化过程的中心，我们看到了一个被管制的主体形象，他能够面对来自后现代及全球化现实的挑战，但前提是投身于这个净化过程，并因此牺牲他们的个人能动性来追求统一和同质。

就此而言，我们在关于方言和口音的流行话语、政治话语和学术话语中还远没有碰到本土性和真实性的问题。通常与"口音"的标签形影相随的归属感和真实性在语言符号上几乎没有体现。或者至少是：不同的口音可以清楚地体现**不同的**价值。一方面外国口音是值得注意的，可听的，有问题的，因此需要减少或消除；另一方面美式口音本身是不显著的，不值得注意的，不引人注意的。一旦你学会了美式口音，你说的话就会变得"正常""隐形""不引人注意"，从而成为一种"有效""流畅""清晰""自信"和"令人信服"的交流工具（见"**精准英语**"网站的横幅图片："帮助外国专业人士以**自信**、**清晰**和**准确**的方式进行交流"）。例如，美式口音并不像德国英语或印度英语那样是一种真正的"口音"，它是一种中性的工具，一种纯粹的语言交际工具。因此，在上面的例子中，我们看到了"交流说"是如何将经过培训的员工描述为"通过中性口音最大化地与客户沟通"，同时将"母语的影响"降至最低。在他们的常见问题解答部分，美式口音可以让客户放心，如下所示[4]：

> 这是俚语吗？
> 不，当然不是。标准美式英语发音不同于书写形式，但它不是俚语。

因此，美式口音就是"之前被指定的（exnominated）"口音，这是巴特（Barthes 1957）创造的一个术语，用来表示中产阶级。巴特说，中产阶级是如此的霸权主义，以至于他们不再被认为是资产阶级，也不再被称为资产阶级；他们只是"人民"。美式口音，是一种不再是口音的口音，是一种做事的工具。它只是一种"正常的"、可预期的、习惯的和有效的**语言**。（我们可以看到美式口音在意识形态上是如何被再现为一种标准（化）语言的。）如果你好好使用它，它会帮助你实现你在生活中设定的目标：繁荣，成功，幸福。同时，正如**口音消减研究所**所宣称的，客户可以"保持自己独特的文化身份",但如果他们希望成为自己渴望成为的全球化参与者,他们就需要做出改变,在社会语言学的意义上变得隐形。他们"独特的文化身份"不应该从他们的语言中显露出来。至于美国的文化身份,可以在网站提供的课程中学习:

美国人的心理
典型的文化片段试图让受训者了解关于美国的事实。这些信息在媒体和互联网上随处可得,一旦学生有了标准的口音就很容易获取。但是,**美式口音训练(AAT)**提供的文化片段则涉及美国人的心理。受训者学习美国人的思维方式,了解美国人看重什么,以及如何最大限度地让他们以期望的方式回应。("美式口音")

因此,你是"印度人",但听起来是"美国人"。从某种程度上说,口音泄露了说话人的生活历史,尤其是制度化和世俗的语言使用和学习的历史,听起来像美国人意味着这一切都必须退居幕后。印度口音的英语是在印度学习语言的结果,这种口音显示了我们所知道的所有社会语言学的区别性特征:年龄、性别、阶级、教育背景等。一个美式口音课程消除了所有这些身份认同上的独特性,取而代之的是一种之前被指定的、跨地区的、假定为中性的、统一的口音。

受训者应在这一替换过程中付出相当大的努力。除了在注册课程时大举投资外,他们还将购买书籍、光盘和录像,与培训师进行电话辅导,录制并仔细听自己的讲话,寻求与"母语人士"进行非正式交流的机会,甚至专心看电视:

当你看电视时,要看说者口型的变动。重复他们所说的话,模仿他们说话的语调和节奏。("**精准英语**")

但正如我们在前面的例子中看到的那样,这种努力是有回报的:"在过去的4个月里，由于话务员不需要重复自己的话，每个客户的平均通话处理时间减少了约29%"。我们还在前面给出的几个例子中看到，当提到他们在这类课程中的经历时，学员们会把这些经历描述为使他们获得自信、获得同辈或上级的尊重以及向上层社会移动的事件。这从意识形态上看是一个成功的标志：努力改变自己的想法不仅会带来象征性的回报，也会带来物质上的回报。在这里，美国梦被投射到这些企业推销的美式口音这一象征性货币上面。

综上所述，我们看到如下情景。购买这些课程的顾客买到的不仅是语言，还买到对语言、社会和自我进行再现的一系列描述。他们希望通过"消减"他们英语中非母语的口音来改变自己，并且通过投入巨大的努力学会美国口音，以使自己在社会语言学的意义上不惹人注意，进而使自己的言语不再带有旁路"噪音"（他们的"外国口音"），成为一种正常、统一、不奇怪、因而不再分散注意力的交流工具。这种努力是有回报的，因为它将消除由于他们言语中的"噪音"导致的（重复的）误解所带来的挫折感。因此，它将让美国人看到他们真正的样子，这将为他们提供向上层社会移动的机会。我敢说，这就是这些课程的文化语义，它是有序的指向复合体（ordered complex of indexicals），它把美式英语口音课程视作一种通往全球成功的途径。

讨论

当然，这种文化语义有点令人不安。我们生活在这样一个世界里：语言学习环境，尤其是英语，现在变得高度多样化，包括纯粹的正式环境（国有官方课程和学校课程）以及纯粹的非正式的环境（全球媒体和流行文化帝国），还有如网站这样的混合形式混入其中。在这个高度多中心的学习环境中，一些参与者受制于正式的、有时甚至是相当严格的国家政策——正式的学习环境通常是这样的——而另一些参与者则逃避这种强加的规范形式。这里讨论的网站，我认为，包含一个非常清晰和透明的语言监管，虽然非正式（从"不受外部当局控制"的意义上来说），但它是稳定的，可预测的和霸权的。它利用了以美国为中心，围绕英语、企业文化、个人空间和社会移动树立起的广为传播且非常强大的全球化形象。这些形象显示出阿帕杜赖（Appadurai 1996）所述的一个"意识形态景观（ideoscapes）[①]"的痕迹，即它们是分布在全球的社会文化和意识形态场景，这也是费尔克劳（2006）"全球主义"概念的所指。毫无疑问，这些网站目标受众的构成特征造成了这一结果：如前所述，潜在客户不属于全球化的"输家"，而是"赢家"：他们是充分利用全球化进程提供的机会进行全球移动的职场人士。但其惊人的一致性暴露了这些网站用户群体所持有的观点的霸权性。

当然，这也警示我们不要对全球化中的语言进行快速的概括。我们面对的不是大规模新全球性话语秩序的出现，而是一种**小众**（niched）的生活现象，它**影响**相对少数的群体。而且，这是更大、更缓慢的全球化进程的结果——国际商业活动和劳动力的管制放松，虚拟交流空间的开发、商品化和学习，如互联网，以及像全球主义这样更为普遍的意识形态和话语带来的权力。社会语言学意义的全球化并不是全球化背后的引擎，而是一种更大进程的附带现象，这种进程具有更为根本的性质和更深远的历史深度。世界上大多数人都**不想**花钱学美式英语口音。这实际上表明，大多数人都不在意它。

话虽如此，但我们现在所研究的现象仍然教给我们一些关于全球化中语言的知识。首先，我们能看到，在全球范围被商品化的产品是**口音**，而不是**语言**。这是一门被商品化的方言，不只是语言。这里提及的研究为我们提供了一个关于研究社会语言学全球化进程更为细致的视角。这些进程绝对不是统一的，但也不是以独有的方式统一语言：它们

[①] 此处英文原文为 idioscapes。经向布鲁马特教授求证，应为 ideoscapes，原文存在拼写错误。——译者注

是在多个不同的层级上生成的分层过程。英语的全球化买卖——德斯万（de Swaan 2001）称之为"英语热"——是一种发生在某个层级的现象，一种非常普遍的现象，因此，在实际的社会语言实践中，它似乎是一种相对传播广泛但表面化的现象。相反，美式英语口音的营销围绕着针对特定（相当小）群体的特定社会语言语域展开。我们可以假设，这些群体已经"懂英语"了，但他们需要一套更具体的语言、语用和元语用技能，即听起来像美国人。这类进程的层级远小于"全球英语"，但这类进程似乎更为发达，影响更为深远。考虑到把我们见证的那些网络英语的"符号同质体"进行同质化，我们可以说这是真正的"麦当劳化"（而不是"帝国主义式"的**短时间内**的英语扩张）：顾客不仅要购买语言，还要购买它所包含的整个指向性（即：意识形态）包装，而且这种行为是基于狭义的"全球主义者"世界观。当然，这些是不同的过程——也许是互补的，但遵循的**秩序不同**。我认为，一个健全的全球化社会语言学想要有实证基础的话，不应该只看世界和它的语言，还应该看世界和它的语域、语类、语言技能和风格。在小规模的、小众的现象中，比如这里所谈及的现象，我们看到了真实的语言：由真实世界的利益投资的语言和对真实的人有重要意义的语言。当然，它不再是"语言的"语言，也不再是官方语言政策中使用的语言，而是社会语言学的语言和日常语言政治的语言，它由众多（往往是短暂的）参与者在一个多中心的环境中产生并表达出来。

这就引出了关于全球化的第二个观点。鉴于学习环境的高度多中心性以及全球化进程在几个不同的层级上发展的事实，**规范性**问题变得相当复杂。语言规范的地位是什么，是谁产生的，又是谁实施的？要回答这些问题，现在需要对行为者、手段、目标和资源进行详细地研究。美式英语口音网站迎合的是一个不受国家正规学习系统约束的市场。在学校学过英语并在全球呼叫中心求职的印度人需要接受美式口音的再培训，因为他们在学校学的英语带有太多我们例子中所谓的"浓重外国口音"的痕迹。国家提供（带口音的）"英语"，互联网公司提供另一种（**更好的**）口音。因此，我们能看到在相互依存的行为者复合体中，行为者是如何合作生产语言规范的：学校系统使用自己的教学方法和指向性秩序来生产"英语"；但是，为了学习能够在全球化经济中带来工作岗位的特定种类的英语，人们需要求助于私人供应商，而私人供应商又给他们强加了另一套规范和规则来规范恰当的口音。这些私人供应商不受国家秩序的约束，他们的活动本质上是"打破边界"的，有趣的是，他们的文化语义围绕着统一、同质和服从——这是对全球化和后现代压力的一种非常现代性的回应。

全球化进程的一个重要特征是，它们将本土和跨本土混杂在复杂的网络之中（Castells 1996）。因此，本土的社会语言系统被跨本土的语言系统的痕迹和碎片所击穿，但其本土的特征依然保留（我们将在第 3 章中看到）。在本土的社会语言体系中"好的"语言在跨本土的体系中可能不够好——这就是为什么印度呼叫中心的工作人员需要学习**美式**英语，而不应该使用他们的本地口音。因此，我们看到不同的指向性秩序在同一个多中心环境中运行，通常没有明显的重叠或者困惑之处，而是产生"小众的"且受限制的特定交流任务。高技能的个人，如美式口音营销人员瞄准的全球化职场人士，获得且必须获得使他们能在这些不同的指向性秩序之内和之间发挥作用的资源。可以预见的是，语言因此成为一种需要使用者不断投入更多资金的东西，而语言学习（更具体地说，针对特定的交际任务学习特定的语域）将日益成为正式学习过程和非正式学习过程之间的一种平衡行为。事实上，用福柯（Foucault 2005）的话来说，它变成了一种永久的"自我关怀"，一种通过关注语言行为的小细节对秩序展开永久的追求。高度专业化的供应商，如这里描述的那些人，能够以可操作的（语言的）和意识形态（指向）包装的形式提供这些主体化的微观定义性语域，也许会在这个美丽的语言新世界中茁壮成长。

2.7 结论

那么，这个新型的全球化市场现在有多混乱呢？在这一章中，我们已经从一些奇怪的现象开始，进行了充分的讨论。在这些现象中，我们看到"语言"是如何在移动模式的作用下放弃（或至少是大大改变了）其惯用功能的。移动性对语言有一定的影响，这毫无疑问。为了构建我们对这种移动模式的理解，我随后提供了一个词汇表，包括层级、指向性秩序和多中心性的概念。我认为我们应该将交流沟通现象理解为在不同层级上的发展。在这些层级上，不同的指向性秩序在发挥作用，从而导致了这种交流沟通现象的多中心环境——也就是说，在这个环境中，多个规范性复合体同时发挥作用，但各自具有不同的秩序特征。在本章给出的各种例子中，我们看到了这种多中心性的形式，特别是网络语言学习提供商推销美式口音的方式：他们创造了一种指向性秩序，这种秩序与在正规教育体系中有效的国家组织的规范综合体一起运作，但不一定冲突。本土性和跨本土性一起出现，成为作用于同一对象——语言——的不同力量。

这样作用的结果便是复杂性，但并不混乱。我们很难将后现代的、被全球化的世界看作是一个秩序消失殆尽且被无序、分裂和混乱取而代之的世界；也很难将这个世界看作是单一权力工具能够完全支配并将规则强加于领域的地方。当然，权力工具现在以复杂的权力共享模式共现（就像我们在网络美式口音提供商的例子中看到的那样），而且，现代主义者对世界的简单理解再也无法维持。但秩序仍然存在——虽更为复杂，但却真实存在。国家现在在语言规范领域与许多其他行为者竞争，这一事实并没有废除国家作为相关权力阶层的地位；它将国家置于一个更广泛的权力关系领域。在这种关系中，它的指向性秩序如今与许多其他秩序在多层次、多层级、多中心的环境中共存。我们将在第 6 章中讨论国家的权力问题。现在的分析任务是描述和解释多中心性，而不是描述和解释哪个处于主导地位这样的简单问题。我们必须接受诸如"微霸权"这样的概念：在多中心环境中与其他霸权共存的有限的、"小众的"霸权。这种观点可以有益地取代旧的霸权观点，例如，在语言权利话语中，一个单一的（英语）霸权和一个单一的行为者（国家）被视为定义了社会语言生活的模式。在这个全球化的时代，恐怕这些观点已经没有什么可取之处了。

第3章
本土性、边缘地区和世界意象

世界已成为一个复杂的场所——这是前一章的主要论点。为了理解这样的场所，我们需要探究当地居民是如何想象、再现（represent）和表现（enact）该场所的。本章将探讨在全球化研究中处于核心地位的概念复合体，它依赖于诸如中心和边缘、本土性、移动、层级、网络、全球经济等概念。上述概念皆指向空间以及在空间内（间）的运动，特别是"流动"的概念已经在社会语言学中得到了有效的应用。正如我们前面看到的（Pennycook 2007）从理论上讲，人类学、社会学或社会语言学等学科面临的主要挑战在于松动文化与特定领土之间的联系。如果说较为传统的研究似乎很技巧地假设了社会及其特性"属于"一个特定的地理区域（想想我们在前一章讨论的语言权利），从而认为文化具有**绝对**空间性，那么突出情景依托性（situatedness）则强调流动、轨迹、移动，进而赋予文化以**相对**空间性。海纳兹（Hannerz 1991: 116—117）对此有如下总结：

> 我们应该提醒自己，文化进程和领土之间的联系只是偶然的。文化作为由社会构成的意义，主要是一种互动现象，而且，只有当互动与特定的空间捆绑在一起时，文化才具有这种意义。

因此，尽管海纳兹认为传统人类学把文化视作"意义在非移动的人的面对面交往中的移动"（Hannerz 1991: 117），然而全球化研究涉及的一个主要假设是多种文化可以存在于一个空间，而且一种文化也可以产生于不同的空间。空间和地点的主题化（thematization）（这里的地点指的是社会化的空间，人类在这样的空间里进行社会、文化、政治和历史的投资），对于论述全球化（Crang 1999）、全球本土化，以及"土语化"全球化（'vernacularizing' globalization, Appadurai 1996: 10）而言，是一个至关重要的成分。

这一基本文化活动以沃尔夫式（Whorfian）的视角在语言结构和话语中得以阐释。我认为，这样做可以显示某种语言的"活力"，这是就语言资源能够产出全球化意义而言。上述观点将引出一系列值得我们注意的问题，如"大"语言和"小"语言及语言选择等其他问题，正如我们在前几章中所看到的，它们经常被卷入"语言帝国主义"和"语言消亡"的言论之中。我将通过对斯瓦希里语的论述提出我的论点。对于全球化的文献而言这似乎有些偏离，因为这些文献集中关注英语、法语和（越发受到关注的）汉语等"大的"全球化语言，以及电子大众媒体和流行文化等交流渠道。我们不应忘记，许多（实际上是非常多的）"小"语言实际上也是全球化的，斯瓦希里语就是其中之一。我们将在下文看到这一点。

3.1　本土化书写：一部全球化的坦桑尼亚小说

我将考察一种特殊的文化形式：来自"边缘"的书面文学。其中重点关注加布里埃尔·鲁昂比卡（Gabriel Ruhumbika）的小说《爱国者的隐形事业》（*Miradi Bubu ya Wazalendo/The Invisible Enterprises of the Patriots*）是如何承载各种空间符号的，这些符号指向本土那些显著的中心—边缘模型，指向流动和跨本土化交换。这些模型让我们想起了沃勒斯坦（Wallerstein 1983）的世界体系分析。它基于这样一种观点：世界被划分为中心、半边缘和边缘，在它们之间存在着复杂的劳动分工（在沃勒斯坦的分析中，这就是全球资本主义）。在小说的微观层面，空间被用作强大的文学文体手段，它赋予角色以身份；用一种可识别的本土社会符号描述角色的行为和生平；空间—符号特征组织起坦桑尼亚后殖民政治的元故事。因此，空间是文化土语化和生产本土性的一种形式。在宏观层面（写作本身的文化行为层面），这部小说展示了当代文化和政治进程的去领土化、网络化和跨本土化的性质，以及当代文字"回归"意义的能力（Appadurai 1990: 307）。这后一维度对那种认为非洲文学（这里指斯瓦希里文学）必然产生于非洲并与某个特定的地方相连的传统观点提出挑战。尽管到目前为止，非洲文学是一种流散文学的观点仍有市场，但这种新观点的理论意义是很深远的。正是小说这种全球化的维度使其具有强烈的本土特色，并展示了斯瓦希里语作为一种全球化的、生机勃勃的语言的活力。

首先，我介绍一些小说的背景信息，随后分析小说中的空间符号，以展示一个国家特定的社会和政治地理在中心／边缘轴中如何主导对角色和事件的架构。最后，我将回到写作行为本身的去领土化性质，以及它对我们看待"本土"文学作品和文学行为者方式的影响。

《爱国者的隐形事业》

《爱国者的隐形事业》写于 1992 年并由坦桑尼亚出版社于坦桑尼亚达累斯萨拉姆（Dar es Salaam）出版。该作品以坦桑尼亚的民族语言斯瓦希里语书写，以此也为语言本身增加了现代文学的新内容。在后殖民时期（尤其是乌贾马（Ujamaa）社会主义），用斯瓦希里语书写是一个密集的象征性行为：因为它不仅承载了指向爱国主义意义的元意义（meta-meanings），还承载了对国家的忠诚和其政治学说，以及民主的（社会主义的）态度（参见 Blommaert 1999b，第 4 章）。用民族语言进行文学创作本身是一个政治声明，这样做意味着在生产文化产品的同时，也在实施一种文化政治。这种文学规范和形式的强烈政治性无疑促进了坦桑尼亚独立后其语言的生命力：它驱使知识分子和艺术家有意识地"发展"语言，并赋予他们作为国家知识分子的发言权,让他们成为坚定的,通过塑造语言来塑造人民思想的先锋。作者加布里埃尔·鲁昂比卡在很大程度上是这些先锋中的一员。他于1938年出生在英托管坦噶尼喀的维多利亚湖的乌凯雷韦岛(Ukerewe),在1970年至1985年期间是达累斯萨拉姆大学的文学教授,也是该国领先的激进知识分子之一(参见 Mbuguni & Ruhumbika 1974)。1985年后,他移居美国,成为弗吉尼亚州汉普顿大学的英语教授,之后又成为佐治亚大学的比较文学教授。《爱国者的隐形事业》写于美国,但出版于达累斯萨拉姆。

从书名即可看出,这本书是一本政治小说。"爱国者"(wazalendo)是坦桑尼亚乌贾马社会主义的一个关键术语,是被坦桑尼亚首任总统朱利叶斯·尼雷尔(Julius Nyerere)作为国家意识形态推广和传播的一种特殊的社会主义[1]。如果不了解坦桑尼亚的**乌贾马社会主义**时期,那么就很难读懂鲁昂比卡的小说,因为它是对乌贾马政治制度及其对该国的影响的回顾性评论。坦桑尼亚于1964年脱离坦噶尼喀和前英国保护国桑给巴尔的联盟。坦噶尼喀在朱利叶斯·尼雷尔的塔努党(坦噶尼喀非洲民族联盟,Tanganyika African National Union,简称 TANU 塔努党)领导下于1961年经过一段和平过渡后赢得了独立;桑给巴尔于1963年独立,但英国人建立的苏丹国很快被一场人民革命推翻,其革命领导人寻求与社会主义坦噶尼喀组建更紧密的联盟。该联盟导致了坦桑尼亚新共和国内部的社会主义激进化,而这种激进化在1967年被写入所谓的《阿鲁沙宣言》(Arusha Declaration),宣布"**社会主义和自力更生**"(斯瓦希里语 Ujamaa na Kujitegemea)。这种国家意识形态的主要特征是平等主义、没有剥削、政治和经济不结盟、泛非主义以及作为经济支柱的自给自足的小规模农业发展(在"**乌贾马村(Ujamaa villages)**")(参见 Pratt 1976)。

毫无疑问,在《阿鲁沙宣言》发表后的几年里,**乌贾马社会主义**深受年轻知识分子的欢迎,他们大多在达累斯萨拉姆大学,鲁昂比卡也是其中一员。大学不仅是国内而且是国际上激进政治活动的中心(Othman

第 3 章 本土性、边缘地区和世界意象

1994），许多年轻的知识分子认为自己是社会主义革命的先锋（参见 Shivji 1996）。因此，许多知识分子积极支持塔努党（已经成为国家的唯一政党），尽管他们所强调的社会主义激进策略并不总受塔努党领导人的欢迎（Blommaert 1999b，第 2 章）。坦桑尼亚**乌贾马社会主义**经济在二十世纪七十年代崩溃，而七十年代末与伊迪·阿明（Idi Amin）领导的乌干达爆发战争，使该国进一步陷入贫困。从那以后，人们对塔努党和社会主义的幻想破灭了。尼雷尔在 1985 年自愿辞去总统职务，他的继任者姆维尼（Mwinyi）随即与国际货币基金组织签署了一项重组协议。随着一种新的官方的经济自由主义意识形态取代了"自力更生"，**乌贾马社会主义**被抛弃，多党制在坦桑尼亚建立。

《隐形事业》的故事即以此为背景。作为曾经的乌贾马社会主义的激进支持者，鲁昂比卡的作品反映了坦桑尼亚社会主义国家的权力滥用、不平等性、阶级决定论和不公正现象。小说通过讲述两个坦桑尼亚人赛迪（Saidi）和纳佐卡（Nzoka）的故事来反映这些现象。他们是小说中的主要人物。赛迪的故事还涉及另外两个人，姆兹·贾比里（Mzee Jabiri）和穆努比（Munubi），他们的故事在小说中是次要情节。

该小说的情节由五部分组成，概述如下：

第一部分：

姆兹·贾比里　　姆兹·贾比里住在坦噶尼喀南部的马萨西（Masasi）。他有两个孩子，但他的女儿和妻子死于一种未知的疾病。他带着唯一活下来的男孩赛迪离开了马萨西，去了北部的坦加，在一个白人的剑麻种植园里找到了一份卑微的工作。姆兹·贾比里在地里干活时受了重伤。监工穆努比强迫白人种植园主开车送姆兹·贾比里去医院。贾比里在他们到达医院之前就死了。种植园主把姆兹·贾比里的尸体扔在一个污水坑里。

第二部分：

监工穆努比　　穆努比和赛迪一起离开种植园，前往蒙博（Mombo）的一个亲戚家里。在那里,他安排赛迪去达累斯萨拉姆他的亲戚那里。穆努比在坦桑尼亚中部莫罗戈罗的一个剑麻种植园找到了一份工作。种植园为南非白人所有,穆努比作为一名监工,理应可以对工人进行体罚。然而,当他这样做的时候,姆兹·贾比里的鬼魂出现在他的睡梦中。穆努比逃到另一个地方,其后不断更换地方,直到坦桑尼亚独立。独立后,他在基洛萨的一个英国人的农场找到了一份监工的工作,并在那里娶了老婆,在农场外面为自己盖了一所房子。农场主不同意这一点,解雇了穆努比。姆兹·贾比里的鬼魂煽动穆努比纠正这种不公正。穆努比杀死了农夫,并因谋杀受审并被绞死。

第三部分:

恩杜古·赛迪　　赛迪想办法到达了达累斯萨拉姆,他和穆努比的一个亲戚住在一起。他在一个印度家庭找了份做家仆的工作,然后在印度人聚居区附近做了九年的店主。业余时间,他是塔努党的志愿者,那时塔努党是主要的独立党。一段时间后,他被塔努党雇为信使。虽然工资低于从印度人那里赚的钱,但他致力于塔努党的事业,也接受恶劣的工作环境。赛迪住在卡里亚库(达累斯萨拉姆的市场区)的一套一居室公寓里。当尼雷尔在1962年成为总统时,赛迪作为信使加入了他的私人团队。同时,赛迪让他的朋友兼同事纳佐卡搬进了他的房子。赛迪和池库(Chiku)结婚,并在1962年到1967年间有了三个孩子。1967年,随着《阿鲁沙宣言》的颁布,塔努党设立了许多官方委员会,纳佐卡成为其中一个委员会的领导人。他任命赛迪为委员会的信使。1970年,赛迪决定在曼泽斯(Manzese)建造一所自己的房子,一家人搬进了没有电和自来水的半成品房子。到1981年,赛迪已经有了9个孩子,生活拮据。国家的经济受到严重破坏,在1985年和1986年自由化之后,情况变得更糟。赛迪的两个大女儿成了妓女。他的大女儿伊达亚(Idaya)因杀害自己的孩子被关进了监狱。1985年尼雷尔下台时,赛迪也被裁掉了。他虽然得到了少量钱财和爱国主义的赞扬,但他永远在曼泽斯过着贫穷的生活。

第四部分：

执行主任纳佐卡 纳佐卡出生在坦桑尼亚北部的姆万扎（Mwanza）地区。他没有资格参加国家考试，也没有资格出国留学。但是，他组织了一个工会，并凭借自己的组织和宣传技巧给尼雷尔留下了深刻印象。尼雷尔雇佣他来争取公众的支持。1956年，他加入达累斯萨拉姆的塔努党总部，搬进了赛迪的公寓，成为尼雷尔的私人助理。纳佐卡与比阿特丽斯（Beatrice）结婚，且他的收入足以使他们搬到牡蛎湾的欧洲区。尼雷尔把他送到多所国际学院学习。他先后去了加纳和以色列，以及牛津大学罗斯金学院，莫斯科卢蒙巴大学和苏塞克斯大学。到1967年，纳佐卡已经有了5个孩子，并成为**国家计划、财富、储蓄和进步委员会**的执行主任。但这也结束了他与赛迪的友谊以及与比阿特丽斯的婚姻。纳佐卡犯了通奸罪。他再婚和离婚好几次，包括和一个叫罗斯玛丽（Rosemary）的德国女教授，和一个印度女人（她使他皈依伊斯兰教）。他成为武装部队的首领。他爱上了一个妓女，但却娶了她的女儿并皈依了天主教。到1985年，纳佐卡已经有32个孩子，有的已经全部完成学业，有的还由保姆照顾。他生活奢侈，而他的国家却成了世界上最穷的国家之一。

第五部分：

尾声 赛迪决定在一个仪式上公开他所经历的不公，这个仪式本来是为了感谢他多年来为国家的付出。他走到尼雷尔面前，手里拿着别人送给他的告别礼物，但是尼雷尔并没有认出他来，尽管他们有多年的接触。纳佐卡也在场，他意识到赛迪的计划，并告知尼雷尔，赛迪打算把他刚刚收到的礼物送给他（尼雷尔），以感谢他为国家所做的一切。赛迪因他的爱国主义而受到赞扬，但是他没有机会说出他想说的话。

坦桑尼亚空间的社会符号

人们将意义归于他们所知道和使用的空间（参见 Feld & Basso 1996, Low 2001）。这些空间充满象征符号和属性，使用它们可以创建与它们的指向关系。象征符号和属性不仅指客观的场所，还指与之相关的特定的氛围，包括居住在其中的人，以及他们的阶级和其他文化特性[2]。因此，伦敦口音（Cockney）不仅能识别出一个人来自伦敦，还带有阶级、性别和其他文化指向。语码转换可以指向某个地方的特定风情，因此可以"让人说那个地方的话"（参见 Rampton 2001, Maryns & Blommaert 2001; Blommaert 2005，第 8 章）。特定地区的居民会区分"好"与"坏"的社区或国家的部分地区，而向上的社会移动性往往与从"坏"地方向"好"地方的迁移有关（实际上是受其影响）。某些地方的特色建筑，如巴黎的埃菲尔铁塔或纽约的自由女神像，"可以用来捍卫当地的身份，出售开发用地，讽刺地评论当地的转型，或仅仅为电影的某个情节提供场景"（Wong & McDonogh 2001: 98）。因此，也可以成为小说某个情节场景。显然，有些地方的指向意义对"本土人"有意义，但也有些对外地人有意义。

鲁昂比卡使用的地点和空间轨迹对坦桑尼亚人具有明显的指向意义（参见 Lewinson 2003）。研究它们可能会让我们对中心和边缘事物产生一种本土性的感知，即把世界体系模型倒置于某个特定区域。回想一下，沃勒斯坦的模型是在全球层面上运作的，而我们在这里看到的是这个模型在相对较低的国家层级上的"分形"复制。这种分形现象可能将我们引向某些文化和社会模式，在这种模式中，社会行为似乎是基于对机会（通常位于"中心"）、社会移动性以及付诸移动的决心的理解组织起来的。例如，关注机会和社会移动性如何被理解可能会将我们指向可理解的跨国移动形式：也就是阿帕杜赖的"景观（-scapes）"（1996）。现在我们将研究这种模式在《隐形事业》中的使用方法；我们首先将阐明与坦桑尼亚流行意象中特定地点和地区有关的一些广泛属性和联系。

坦桑尼亚是一个以农村为主的国家，官方首都为多多马（Dodoma），是坦桑尼亚中部的小城市。但坦桑尼亚所有主要服务集中在达累斯萨拉姆这个唯一的大城市：港口、国际机场、议会、政府部门、大使馆、大学、最著名的学校、企业和国际组织的总部、大型国际酒店，等等。达累斯萨拉姆还拥有一个由来自西方的外籍人士组成的小社区，以及一个传统上控制着零售企业和部分当地工厂、国际贸易和银行业的较老的印度裔社区。这座城市是坦桑尼亚文化生活的中心，也是大多数著名乐队、作家和艺术家的故乡。达累斯萨拉姆在坦桑尼亚是一个有威望的地方：那里总是有很多白领职业，钱以及赚钱的机会也都汇聚于此。这座城市与上流社会（包括它的欢乐和罪恶）、国际交往和权力联系在一起：这是一种已经深入人心的意象，在歌曲和通俗小说中都有表达（Blommaert 1998, 1999b：第4章）。简言之，它就是自身层级的缩影。

没有其他城市能与达累斯萨拉姆竞争。北部的阿鲁沙（Arusha）是一个重要的城市，维多利亚湖的姆万扎也是，但是在上面的描述中，它们都比不上达累斯萨拉姆。总的来说，北部维多利亚湖和乞力马扎罗山地区是经济较为繁荣的地区。这些地区的居民，特别是查加族（the Chagga）、哈雅族（the Haya）和苏库马族（the Sukuma），在大众的印象中经常被视为精明的商人和有能力的组织者，往往拥有相当大的权力。南部和中部是"糟糕"的地区。这些地区的人民经济上非常贫穷，政治上也不如他们的北方同胞有分量。南部和中部地区的马孔德人（Makonde）、马库阿人（Makua）、黑河人（Hehe）、戈戈人（Gogo）和其他居民经常被认为是最贫穷和最没有权利的坦桑尼亚人。从世界体系的角度看，我们得出这样一种模式：达累斯萨拉姆是该国的绝对中心，北部地区是半边缘，而中部和南部地区则是边缘。

如前所述，达累斯萨拉姆是坦桑尼亚最负盛名的地方，但达累斯萨拉姆本身还被划分成几个区域，其中很多区域给人们的联想与（半边缘）地区带给人们的联想相同。这座城市坐落在一个有着天然港口的潟湖上，市中心自身就与这个潟湖接壤，历史悠久。市中心经济发达，有许多高层建筑的银行和酒店。达累斯萨拉姆的周围环绕着人口稠密的老城区，中心城区的边界是一条基本上干涸的河床——这是从北向南流淌的姆辛巴济河

（Msimbazi Creek）。市中心的主轴是两条大道：一条是阿里哈桑姆温尼路（Ali Hassan Mwinyi），北起巴加莫约（Bagamoyo），止于湖滨；另一条是莫罗戈罗路（Morogoro），在湖滨与阿里哈桑姆温尼路相连，向西通往莫罗戈罗和塔博拉（Tabora）。北轴线和西轴线是城市的主要交通干线，也是城市的主要社会地理轴线。

西轴线属于城市中下层大众的轴线。从湖滨向西，靠近市中心，是乌欣迪尼区（Uhindini）——印度街区，到处是东方风格的古老石头建筑、清真寺、小型企业和商店。再往西一点是乌斯希利尼区（Uswahilini），它与乌欣迪尼区之间隔着马纳齐莫贾公园（Mnazimoja Park）。乌斯希利尼区是斯瓦希里语区，它是由来自全国各地的非洲人居住的有着波纹铁皮屋顶的小房子构成的巨大聚居区。这部分城镇的中心是卡里亚库市场。这是一个相当贫穷但非常热闹的地区，有很多商店、酒吧和餐馆，小型私人巴士还会造成交通拥堵。卡里亚库是上流社会和流行音乐的中心。沿着莫罗戈罗路穿过姆辛巴济河，有一些非常拥挤的平民区：马格莫尼（Magomeni）、曼泽斯和乌本戈（Ubungo）。曼泽斯是其中最穷的，在达累斯萨拉姆居民中，曼泽斯经常与暴力、犯罪和赤贫联系在一起。

北轴线上居住着城市的精英和上层人士。最负盛名的街区是牡蛎湾，这是一个美丽的湖滨区，集中了宽敞的独立封闭式住宅、大使馆、高级酒店和餐厅。牡蛎湾传统上是外籍人士和富裕或显赫的坦桑尼亚人的家园。该地区受到一定程度的庇护，并与达累斯萨拉姆市中心由姆辛巴济河隔开。同样享有盛名的还有往北走的马萨尼（Msasani），近几年还有沿着阿里哈桑姆温尼路再往北走几英里的姆贝兹湖岸（Mbezi Beach）。姆温格（Mwenge）位于阿里哈桑姆温尼路和几条连接莫罗戈罗路的道路交叉口，是一个受欢迎的社区。这条连接西部和北部轴线的纽带贯穿了辛扎（Sinza）这个有一定威望并以酒吧、餐馆和酒店为标志的中产阶级社区。在这条纽带的另一端就是达累斯萨拉姆大学的校园，这是另一个颇有声望的地区，也是知识精英的家园。

第3章　本土性、边缘地区和世界意象

我们现在可以回来看看这些本土社会和社会文化的空间符号是如何在《隐形事业》中体现的。我们可以根据空间联想和轨迹勾勒出小说中主要人物的两个侧面。在此过程中，我们还将看到特定的活动、工作和属性如何被附加到特定场所的。

赛迪和他的父亲来自坦桑尼亚南部的马萨西地区，他们马孔德人的身份决定了他们来自边缘群体。疾病袭击了他们的地区，他们被迫到别处寻求庇护。赛迪作为一名外来务工者来到北部的坦加（一个富裕地区），在剑麻种植园找到了一份通常被视为"最低贱"的工作。坦加的剑麻种植园是严重剥削和虐待的地方，为了拯救赛迪，监工穆努比把他送到达累斯萨拉姆，他和一户马孔德家庭住在一起。穆努比本人前往坦桑尼亚中部，在莫罗戈罗和基洛萨找到了报酬微薄的和具有剥削性的工作。赛迪首先在印度雇主那里找到工作。书中完全没有提到教育，所以他从一份低收入、无资质、低贱的工作起步。赛迪是作为信使被塔努党雇用的。后来他搬到了卡里亚库的一套公寓，后来又搬到了曼泽斯。他的一生都在当地度过，也没有什么旅游，除了从坦桑尼亚当地的边缘地区搬到当地的中心地区。即使在这个中心（达累斯萨拉姆），他也住在生活艰难的曼泽斯贫民窟这个边缘地区。

纳佐卡来自北部的姆万扎地区，是来自半边缘的苏库马人。虽然他曾在一次重要的国家考试中失败，但他毕竟接受过一些教育。他似乎是一个优秀的组织者，这给了他一张去中心——达累斯萨拉姆——的门票。他游历广泛，去过很多久负盛名的地方，无论是政治游历（加纳、卢蒙巴大学），还是学术深造（牛津、苏塞克斯大学）。他在旅行中获得教育资质的同时也获得了声望。纳佐卡先是和赛迪一起住在卡里亚库，后来搬到了牡蛎湾。纳佐卡的一生都是在中心区度过的，在那里他有两种生活方式，一种是与他的原籍地区相对，另一种是当他出国旅行时相对于整个国家而言。

我们看到赛迪和纳佐卡是如何在这些充满符号和属性的空间中移动

的。我们还看到特征集群是如何出现的，它们的出现方式使得有相关背景知识的读者对人、地点、活动和价值属性进行各种有意义的推断。我们下面用一种非常概要的方式来展示这些推论：

赛迪：

    坦桑尼亚南部，马孔德人＞贫困，没受过教育，下层阶级

    剑麻种植园＞卑微的工作

    达累斯萨拉姆，印度区＞仆人，下层雇员

    卡里亚库＞下中产阶级，信使

    曼泽斯＞贫穷、卖淫、犯罪

纳佐卡：

    坦桑尼亚北部，苏库马人＞相对繁荣、雄心勃勃、受过教育

    政治激进主义＞权力、教育、技能

    卡里亚库＞下中产阶级

    四处游历＞精英、政府官员、知识分子

    牡蛎湾＞上流阶级、政府官员

    多重婚姻（包括外籍配偶）＞财富、地位、世界主义

这里所建立的连接是空间、活动和属性以及状态或价值之间的连接。我们可以在这组连接中确定两个方向，大致可以定义为"边缘方向"和"中心方向"：

> 边缘方向：南方、缺乏教育、为某人提供非技术工作、低工资；在达累斯萨拉姆：曼泽斯；无国际接触。**本土化**。
>
> 中心方向：北方、教育、合格的白领工作、国际交往；在达累斯萨拉姆：牡蛎湾；国外：知识分子和出色的政治中心。***移动性***。

在确定一个人是处在社会边缘还是社会中心时，教育和国际交往（或跨本土化交往）这两个特征非常重要。两者也紧密相连。纳佐卡的成功似乎在

于他口齿伶俐，国外接受的教育也给他带来了相当大的威望。纳佐卡能够"四处走动"，要么作为一名职场人士到国际知名的地方旅行；要么在私人生活中跨越民族、种族和宗教的界限，还可以同那些外籍人士一起住在牡蛎湾区。然而，这似乎不仅仅是个人的成就：这是由他的背景**决定**的。纳佐卡来自一个已经接近社会经济中心的地区。作为一个北方人，他似乎从一开始就得到了一手好牌。相比之下，赛迪没有受过教育，在恶劣的环境中长大。因此，他的一生都在"固定"的地方度过：在他的族群中，在社会经济的边缘，甚至在达累斯萨拉姆。他来自该国最贫穷的南部地区，他似乎注定要留在边缘。

通过这一切，我们看到对中心—边缘的感知出现在三个层面，这种方式很有趣。在每一个例子中，我们都能看到一些属性在起作用：

> 在达累斯萨拉姆，严格意义上的本土层面：曼泽斯与牡蛎湾的比较。赛迪的身份认同以及他家庭的遭遇——贫困、长期的生存斗争、卖淫和谋杀——都是意料之中的事情，这是由曼泽斯这个地点决定的；相反，纳佐卡的财富、权力和世界主义都来自于他牡蛎湾的出身。曼泽斯是边缘，牡蛎湾是中心。
>
> 国家层面：国家的各个地区和人民所遵循的轨迹允许对地位、社会阶层和机遇作出假定的推论。南部是边缘，北部是半边缘，达累斯萨拉姆是中心。教育在南方不容易获得，在北方容易些；这些差异会影响人们在达累斯萨拉姆获得的机会。
>
> 跨国层面：坦桑尼亚与世界其他国家的比较。能够离开坦桑尼亚并访问非洲以外的有声望的地方和机构，从而获得声望；在国内度过的没有机会旅行的生活则指向了贫穷和失败的意义。

从这些角度，我们注意到这种对中心—边缘的感知是如何强劲地组织起角色描述和情节结构。赛迪和纳佐卡的生活史深深扎根于一系列有意义的空间关联中，这些关联与坦桑尼亚世界中人们所拥有和能够拥有的机会有关。当一个人跨越民族、种族和宗教的边界，他可以成为一个成功的故事，因为他能够"搬出去"，首先到达累斯萨拉姆那些有声望的地方，然后到欧洲和美国的著名地方，以及在这两者之间的地方。他的跨地区和社交能力在很大程度上是由他的地区背景（预定）决定的。另一个角色仍然是个穷人，因为他的背景阻止他"搬出去"。赛迪沿着一条轨迹从一个边缘到了另一个边缘，他从曼泽斯带来的低下地位和权利被剥夺的状况一直伴随着他。在某种程度上，他从未"搬出去"：他从未离开贫穷、苦难、暴力、他的国家、他的种族和社会群体。这些角色在阿帕杜赖的"意识形态景观（ideoscapes）"中发展：作为一种意识形态，它把移动性和对世界体系中心（欧洲和北美）所确立的标准的适应作为成功的关键。相反地，本土性和本土主义在这里代表贫穷和失败。这是一个广泛存在的社会和文化脚本，它可以解释当代非洲的许多社会进程。

这些空间和空间轨迹的社会属性显然具有深刻的政治意义。实际上，鲁昂比卡所描绘的轨迹构成了他对坦桑尼亚**乌贾马社会主义**批判的重要组成部分。**乌贾马社会主义**的承诺是建立一个没有阶级的社会，在这个社会里每个非洲人都有平等的机会，**乌赞古**（Uzungu，"西方的方式"）不再是社会成功的典范。他的两个主人公都投身于**乌贾马社会主义**，积极参与争取独立的斗争，并成为尼雷尔的助手。尽管他们的原籍地区和社会轨迹非常不同，但他们都说象征乌贾马的标准斯瓦希里语。但是，这个国家独立前的特点——财富和机遇的地区差异，以及阶级差异——在独立后依然存在。那些以前很少有机会向上移动的人仍然是失败者；那些没有那么贫困的人，那些跟随教育和国际化的脚步的人（比如选择了**乌赞古**），仍然是成功的人。阶级在所有这些裂痕中都有体现，贯穿于整个**乌贾马**，而爱国主义不足以实现公民平等。因此，尽管**乌贾马**是作为一种本土化的政治策略而发起的——一种强调非洲根源和价值观的非洲社会主义——但只有那些融入到跨本土的、全球化的教育和移动轨迹中的人才能成功。世界体系赢了。因此，全球化的形象和坦桑尼亚融入全球化进程的方式是组构《隐形事业》这部小说的有力原则，我们可以看到用非洲语言写成的小说是如何被完全全球化的。全球化话语已经成为鲁昂比卡使用的斯瓦希里语文体手段的一部分，虽然小说中的空间符号大量借鉴了本土的空间形象，但这些形象似乎充满了全球化的本土性和移动性。语言的资源发生了变化。

批判的回归

发生变化的不仅仅是资源：语言也可以在不同的网络中使用。现在我们讨论另一个问题：《隐形事业》本身就是一种非常典型的全球化现象。在上一节的讨论中，我们指出全球化是小说的一个重要主题。然而，除了"本土"之外，很难把这部小说描述成其他任何东西：它是用坦桑尼亚的民族语言为坦桑尼亚读者写的，并使用了很多只有坦桑尼亚人才能获得的背景信息。我们也注意到鲁昂比卡在美国当教授时就写了这本小说。所以我们手上的是一本在世界体系中心产生，让处于世界体系边缘的坦桑尼亚读者阅读的小说，语言的选择以及用斯瓦希里语表达的空间文化符号为这一点提供了证据。

因此，这部小说是当代全球化文化进程的典型产物，在研究这类文化产物时，我们应该听从汉纳兹（Hannerz 1991: 126）的建议，"考虑地域之间以及地域内部的移动"。汉纳兹补充说，文化产品生产和流通的社区越来越"普世化"，这些社区由跨本土的网络组成，往往在观念和框架上存在深刻差异。因此：

> 通过文化进程的各种框架的运作，以及它们之间的相互作用，一些意义和有意义的形式变得比其他的更加本土化，与空间的联系更加紧密（Hannerz 1991）。

显然，《隐形事业》的创作和流通社区是全基督教和侨民社区：我们有一位移居国外的作者，其读者群多半是政治上和艺术上敏感的知识分子，他们大多数在自己的家乡或东非。所以所谓的全基督教是受限制的。这本小说用斯瓦希里语写成，它大量借鉴了坦桑尼亚"本土"有意义的形式，用汉纳兹的话说，这些形式与空间紧密相连。因此，这个社区可以明智地从两方面界定：一方面是鲁昂比卡（也许还包括在美国和欧洲开设的非洲研究课程项目的一些学生，我也在内），另一方面是坦桑尼亚（或东非）的一小部分知识分子。从这个意义上说，《隐形事业》是一部注定要在一个网络中流传的"本土"小说，这个网络仅限于那些了解《隐形事业》中出现的错综复杂的本土符号及写作规范的人。这是一本坦桑尼亚小说。

但事情显然没有那么简单，因为本土性和移动性是并存的。在上一节中我们已经看到，鲁昂比卡将全球化意想成中心与边缘的模式，并以此为背景获取本土意义。他对**乌贾马社会主义**的"本土"批评是通过"跨本土化"的方式完成的，即通过论点和修辞的方式——不合时宜地——将**乌贾马社会主义**的失败定义为未能认识到现代世界体系的动态性。这是一种建立在世界主义世界观基础上的批判，这种世界观认为社会组织中的本土主义是一种错误，而"中心—边缘"模式是一种现实。因此，要建构一种对坦桑尼亚的本土性批判，就必须把坦桑尼亚从它的外壳中解放出来，去本土化，并将其置于世界体系之中。纳佐卡是个关键：他的移动性以及由此产生的威望和成功证明，嵌入了权力和威望的跨国渠道以何种方式塑成在坦桑尼亚社会的成功。因此，有趣的是，我们会看到，如果读者无法同时触及场所、人物和活动的本土符号，那么这部小说就很难读懂，因为它把这种符号进行跨本土化转移，同时也将其置于世界体系的坦桑尼亚语境中。

也许在这一点上，我们可以开始理解全球化及其对文学的作用。它们涉及符号的本土化和去本土化的动态性，也使得汉纳兹的空间（他认为意义被绑定在该空间）可以被视为**弹性**空间，这个空间可以逐行地或逐段地减少和扩展。鲁昂比卡既站在坦桑尼亚**内部**讲话，也站在坦桑尼亚**外部**讲话。我们可以从来自坦桑尼亚的内部视角**以及**来自世界的外部视角看坦桑尼亚南部到底意味着什么：本土性的边缘也是全球的边缘，因为边缘和中心在不同意识和活动水平上运作时相对稳定。因此，坦桑尼亚的边缘意义**在世界体系中也具有意义**，这种将本土意义延伸到跨本土意义的方式可以使我们更好地理解边缘地区的贫困及其权利被剥夺的状况。

然而，这个信息主要是让坦桑尼亚人接受。从阿帕杜赖的理论角度看，鲁昂比卡流散式的交流行为应该被遣返，从而在西尔弗斯坦和厄本（Silverstein & Urban 1996）的意义上也就是被再情景化（recontextualized）和再使文本化（re-entextualized）。但遣返并不一定意味着本土化。在坦桑尼亚境内和境外产生移动动机的力量、该移动与成功和失败的联系，以及对**乌贾马社会主义**的评价，都使人们很难读懂这本书，而只能把它看作是坦桑尼亚历史的跨本土化。就像所有流散文学一样，这可能正是小说的阿喀琉斯之踵。在回归的过程中，书中信息的本土化可能会受到来自它必然具有的跨本土维度的挑战：即一个局外人从远处提出了批评，而他在书中所批评的生活状况却并没有给他带来痛苦。因此，尽管这本书以各种标准来看具有坦桑尼亚特征，但它作为"坦桑尼亚"的地位可能会永远受到坦桑尼亚评论家的挑战。移居国外的人所产生的意义的回归一直是一个政治问题，甚至在这个层面上，汉纳兹所说的文化产品和空间之间的绑定联系也会突然出现。

全球化的文化语码

鲁昂比卡选择斯瓦希里语（而不是他在美国当教授的工作语言英语）来编码这种复杂的符号。就其本身而言，选择用斯瓦希里语写小说是一个意义明显的行为：它极大地将读者范围限制在了前面讨论的范围，这就损害了小说的销售数字、国际声誉以及其他涉及作者的各种评奖。在某种程度上，它把小说"隐藏"在世界的角落里，把它锁在一个狭窄的流通和接受空间里。毫无疑问，即使对许多对非洲文学有着浓厚兴趣的人来说，我在这里的讨论（当然是用英语写的）也将是他们第一次接触到鲁昂比卡的小说。从这个意义上说，本土化和跨本土化的动态性总是有代价的：避免选择使用全球通用语言似乎会立即使文化产品边缘化，并使人们从文化生产过程中获得的象征性红利最小化。

然而，不争的是，人们认为全球化是一个统一化的过程，文化全球化的过程就是生产全球单一文化。当我们用本书前面概述的术语来看待全球化时，情况就不同了：全球化是一种更为"小众"的复杂过程复合体，在几个不同的层级上发展，其中一些是真正的全球化，另一些是区域性的，国家性的，甚至是次国家性的。阿帕杜赖的"土语化全球化"，我认为，是在某特定层级上的全球化，它要低于全面全球化：这也是卡斯特斯（Castells 1996）描述的一种网络，它是位于世界不同地区（和"本土"）的小群体之间的联系，他们共享文化产品，参与共同的文化生产过程。鲁昂比卡的书就是在这样一个网络中被全球化的，也可以说是在上文描述的次全球范围内的社区中被全球化的。在这一层级上，可以不出意外地听到强烈的本土化声音，同时斯瓦希里语的选用以及空间的本土社会符号对此作出了巨大的贡献。如果一个人理解这种文化产品的设计所针对的特定交流网络的性质和范围，那么这一点就没有什么矛盾之处了——这似乎是直白的本土化和直白的全球化的奇怪结合。它既是为一个弥散的全球网络而设计的，也是为共享产出意义的指向体网络而设计的，在这个网络中，本土性在政治、文化和艺术上具有意义。

让我总结一下到目前为止我们的观察。我们看到了斯瓦希里语这种非洲语言是如何在一种复杂的平衡中成为跨本土话语和本土话语的载体，这种语言的使用方法也反映了一种特殊类型的全球化：在一个特定的交际网络人群中的亚全球的、小众的全球化。像斯瓦希里语这样的非洲语言可以成为全球化文化生产在特定层级上的文化代码，它甚至是这个特定网络的**最佳**文化语码。我想说，这是其具有旺盛生命力的一面：在全球化中使用这种语言的机会相对较新（他们在离散网络中遵循不断增加的联系）。这样的机会有很多，看一眼互联网你就会知道，它们是被许多人用来表达土语全球化的新文化形式。鲁昂比卡使用后殖民时期斯瓦希里小说这种"旧"的形式，来表达对（本土）过去的一种新的（跨本土）批判。因此，形式变得新颖，而语言则对这种创新进行了编码。我发现这对非洲语言来说是一个非常有希望的信号，并且认为这是使社会语言学全球化观点更为普遍化的必要条件，在社会语言学全球化中，英语被视为一种导致语言消亡的力量。毫无疑问它的确如此，但也许只在某些特定的、而非其他的层级上。只有把全球化看作是在不同层面上的运作，才能帮助我们理解非洲语言的真正活力及其遭遇的危害。

这对其他不属于社会语言学主要考察的语言也很重要。音乐、艺术、电影和（在较小程度上）文学等文化产品似乎为语言开辟了生存的新途径，否则这些语言的命运将相当黯淡。例如，我们看到嘻哈音乐似乎为"小"语言提供了新的机会，以一种全新的、始终创新的文化语类表达全球化的含义。皮蒂凯宁（Pietikäinen 2008）提到了萨米语（Sami）说唱歌手阿莫克（Amoc），他制作了销量巨大且流行广泛的萨米语唱片——这种语言（乐观地说）大约有300人在使用，而且只在芬兰北部的一个城镇使用。因此，伊纳里萨米语（Inari Sami）通过嘻哈的全球化媒介获得了新生。在非洲及许多其他地方也可以观察到类似的现象，我们看到说唱音乐中使用本土语言和各种语言变体，并通过这种媒介向无法接触到这些语言的听众传播。在这一过程中，语言会发生变化，它们所表达的本土化意义也只有在语言所涉及的符号和意义进行跨本土化传播的语境中才能够被理解，但是，全球化的文化形式的传播，以及全球化的消费群体的出现，仍然为语言的传播创造了新的、积极的机会。

3.2 本土性和边缘地区

我们在鲁昂比卡的作品中看到的世界意象实为本土形象，是来自和关于世界体系边缘的形象。鲁昂比卡绘就了一幅本土的社会地形图，里面的地点和人物活动轨迹不仅获得意义,也将事件和主题分层级组织在一起,就如同那种社会地形图,里面的"巴黎"或"白宫"这些地名具有比其地理意义更多的意义。这种地形图属于本土的文化符号,是本土意义的综合体,为场所的名称提供了丰富的指向意义。它们所指向的空间构建起归属性话语的结构,而在这些话语中,事件和人获得了附属于这些地点的特征。

这对于研究全球化进程来说是个内容丰富的领域,因为只要人们交流,他们都与特定地点相关联。他们作为交际者所具有的语境情境性(situatedness)也包括时空情境性。这与时空固定性(fixedness)不同,因为与全球化相关的移动性模式显然会在这一层面引发预期和超出预期的现象。我的一个坦桑尼亚朋友曾在英国的兰卡斯特学习,他把自己坐在暖气片旁的照片寄回了家——对兰卡斯特的人来说,这是一件很常见的东西,很少有人会觉得它值得摄影记录。但是,这张照片(照片中他把自己裹在一层又一层的衣服里)讲述了一个故事:兰卡斯特非常冷,冷得以至于房子要安装暖气系统,而且即便有暖气,来自坦桑尼亚的人还得穿毛衣戴围巾——**真的**很冷。我这个朋友在和人交流关于兰卡斯特的事情,但他是从坦桑尼亚的视角,站在对坦桑尼亚人来说有意义的框架内。正是在这个框架内,他房间里的暖气获得了在照片中所具有的象征性价值。因此,他是在一种移动的过程中,把一种形式的本土化翻译成另一种形式的本土化——把本土的英语实践传输到本土的坦桑尼亚空间,并在坦桑尼亚获得了本土化的解读。因此,交流总是涉及将附着在一个地方的符号或物体传输到另一个地方,在那里它们可以被重新解读。交流总是涉及意义的移动。

这就是"跨本土化"——我更喜欢这个术语(如 Appadurai 1996),而不是更常见的"全球本土化(glocalization)",后者有点误导人,因为它暗示着"在本土进行全球化"。我理解这是本土性之间的传输过程,虽然这种过程确实可以定义符号全球化过程,但本土性并不一定会因这种跨本土化模式而变得更加"全球化"或"去领土化"。即使一些来自于更高（跨本土的）层级的要素被引入（我们可以说是"再领土化"），它们仍然与以前一样具有本土意义。意义主要被导入当地的意义系统，并在这些系统的基础上进行改变和解读——比如兰卡斯特的暖气在坦桑尼亚成为英国北部气候的象征性符号。这一点值得强调，因为虽然目前我们已经很好地描述了全球移动的过程，但是对它们的解读到目前为止还没有得到很好地理解，而且需要从本土性的角度来理解这种摄取形式。如果我们想要理解全球化，我们需要清楚地看到本土性意味着什么。在关于全球化的观点中，有一种观点认为本土性具有稳定和传统的特征，对此我并不同意；我也不同意那些认为本土性是去领土化的"场所制造"的产物的观点（参见 McKay & Brady 2005；以及 Bubinas 2005; Mankekar 2002）。目前对全球化在本质上主要具有流散性有所强调，但以上观点太多地受其负面影响，而对于更具体的符号移动性——就像从兰卡斯特到坦桑尼亚的暖气照片——则无人问津。

当我们考虑从中心到边缘的全球化进程时，这一点尤其重要。在那里我们不断地看到全球形象、话语和行为模式如何被再本土化从而进入已有的强势和持久模式之中。即使这些边缘的地方社区被全球化"触及"到了，它们在结构、自我表现和形象上仍坚定地持有本土特色。变化是循序渐进的、一步一步的、缓慢的，事物的"旧秩序"会一直存在，而新秩序的元素则会悄悄进入。这是我们在坦桑尼亚小说中看到的：本土的空间符号被用于一种跨本土的、全球化的交流行为，然后被再本土化进入坦桑尼亚的读者之中。斯瓦希里语也因承载这一新旧交融过程而成为文化创新的载体。语言和话语四处移动，但它们是在充满规则、规范、习俗和惯例的空间之间移动，它们在沿着轨迹继续前行之前，会适应这些场所的规则、规范、习俗和惯例。这种本土化、去本土化和再本土化的动态性对我们理解社会语言学全球化进程至关重要。当我们接触到下面的例子时，这一点也将变得更清楚，在这些例子中，我们将看到全球化的社会语言象征——英语——进入到南非乡镇新的民主教育环境之中。

3.3　边缘地区的规范

以严重不平等性为特征的社会产生不同的层次和小众领地，其中不同的生活方式根据其独有的规则、规范和机遇发展起来。这些空间内部的动态性使人怀疑它们相对于更广泛的体系具有一定程度的自主性；但是，它们通常也被视为只与更广泛的体系**相关**："边缘""边际""落后地区""贫困社区"等。有一种符号等级的政治理念，它假定存在一个统一的体系，可以对"好"和"坏"的地方进行排名。这种机制是同质化的，并经常以一种标准、"常态"和单中心的话语出现，在这种话语中，"中心"（通常是中产阶级）的规范和习俗被认为是唯一有效的，是保证社会向上移动和成功的唯一规范和习俗。没能符合这些标准就被视为不符合**既定**标准——未能进入被认为是唯一可能通向社会成功的轨迹。而那些未能符合标准的人，就会被立即认定为有问题、"异类""边缘人"，等等（Foucault 2003）。教育作为一种为文化和社会再生产而设计的制度，就是一个佐证。

我要证明的是，在不平等的社会中，以这种同质化的方法处理各种差异将削弱对该体系某部分存在的本土动态性的准确认识和评价。可以说，"边缘地带"并不一定是人们**无法符合规范**的空间，它完全可以被看作是**产生不同但彼此相关的规范**的空间，这就如同对本土的可能性和局限性作出"生态上"的回应。当然，在更大的框架里，这些规范并不怎么重要。脱离了本土语境，它们就会撞上在大多数社会中占主导地位的同质化单一规范，并被轻而易举地取消存在的资格（Blommaert, Creve & Willaert 2006; 以及 Milroy & Milroy 1991; Silverstein 1996; Bonfiglio 2002）。然而，这是一个值得特别注意的过程，因为它通常不是从自己的角度，而是从同

第3章 本土性、边缘地区和世界意象

质化规范的角度被如此认定。取消"异常"规范的存在资格几乎会自动地把这些规范从现有的、具有社会和文化价值的、尤其是可以解决问题的**生产性**工具中抹去。这是社会科学领域关于霸权的一个经典问题：强调少数范畴和概念会导致其他范畴和概念被忽视，即使它们对于准确理解导致其视而不见后果的排斥和消除这种社会过程至关重要（参见 Irvine & Gal 2000）。因此，考查异常（这是对福柯的回应）就是考查权力。

我将集中考察威斯班克中学（Wesbank High）的读写实践，这是一所在南非开普敦的城镇学校。在这所学校的读写课上，语言中的"异常"规范——具体地说就是拼写"错误"——成为一种**生产性**工具，使教师能够与不同背景、能力和技能的学习者一起学习。我认为，对于本土规范性存在一种特别的共识，这种规范性与社会和文化环境（换句话说，规范性的一种"现实"形式）有关，因此为学习轨迹的"现实"评价创造了机会。我们必须从受本土限制的、与读写能力相关的语言技能角度来看待它，这是一种与其他经济并存的城镇读写能力经济，因为在其他经济中可以获得更多样化和更广泛的语言技能。因此，这些特定规范既不违反主流（课程）规范，也不会被主流规范取消资格，而是表明在一个本土级别的组织中，针对本土问题开发不同的解决方案。在这个意义上，我们将看到，本土性异常规范的产生既是一个问题也是一个解决方案。说它是问题，因为它在主导规范方面仍然做得"不够"；说它是解决方案，因为它促进在学校进行生产性教学实践，促进一定程度的社区发展和身份构建。

对这些过程的冲突和矛盾特征进行详细解读，对于理解像当代南非这样的社会中存在的不平等模式可能非常重要。把读写规范想象成一个生态的、经济的本土化对象，而不是一个统一的对象，这是以对本土语境、使用和功能更为敏感的方式进行分析的重要的第一步。对于全球化的社会语言学来说，重要的是要看到全球化的语言材料——规范的英语读写能力——如何进入并适应本土的社会语言学环境，并开始作为一种本地资源发挥作用，而与其全球化出身只是松散的联系。当然，这种本土资源属于

一种语言——英语,但把它看作是一组专门的、本土化的符号资源,与本土的符号和意义经济相关,这样做会更有成效。下一章将进一步阐述该主题,但首先我们需要具体说明我们将要在这里谈论的内容。接下来,我将首先提供一些一般性的背景介绍,随后将从威斯班克高中的田野调查中提出一些问题,首先关注"异常"读写特征的发生密度,然后关注当地人对语言资源的功能和价值的看法。最后,我将勾勒一个本土性在威斯班克高中产生的模式,阐释通常被视为违反某个特定规范的"错误"如何被转化为构建边缘规范——与边缘社会相关的规范——的生产机制。所有这些要说明全球化过程中的本土化、去本土化和再本土化的动态性,显露出社会语言学全球化过程的核心。

实地考察和问题

按所有标准衡量,威斯班克定居区是一个边缘社区,与邻近地区隔绝,并受到各种社会和经济问题的困扰。威斯班克是种族隔离结束后的首批住房项目之一。在住房项目开始之前,该地区是一个非正式的定居点(即贫民窟),称为卡米洛特(Camelot)。1995 年 9 月,西开普省行政当局作出决定将威斯班克设为"最高补贴"(即最低收入)家庭搬迁区,而以前居住的地方、肤色或其他具有区别性特征的社会特征都不是入住搬迁区的标准。建筑工程于 1997 年开始,由于开普地区住房问题的严重性,在预算有限的情况下,建筑工程进展迅速。建筑材料以砖墙和波纹铁皮为主,没有隔热。每所房子都有厕所和洗衣台。这些房子是统一的,结构过于简单——人们称之为"火柴盒房"。它们被涂上鲜艳的颜色,很快就有了另一个绰号:"玛氏镇",得名于玛氏公司的"M & Ms"彩色巧克力豆。

1999 年起陆续有居民搬入威斯班克,在 2004 年进行田野调查时发现,该社区大约有 2.5 万人,居住在 5145 套住房中。由于选择居民的主导标准是社会经济条件,威斯班克的人口在过去和现在都是非常多元的:威斯班克为居住在开普敦地区其他城镇的人们提供住所，也为大量城市非正式定居点的居民提供住所，这些非正式定居点如雨后春笋般出现在城市各处，还有来自东开普省和更远地区的新移民。居民中既有黑人、有色人种，也有（一些）白人。其中多数是有色人种，讲南非荷兰语；25%的居民是黑人，讲科萨语（Xhosa）。科萨语社区的人共同生活在威斯班克的一个区域内（Dyers 2004a，2004b）。威斯班克公共基础设施非常有限，空间隔离程度严重，位于高速公路之间，未能充分融入当地的"出租车"交通网络之中（Jonckers & Newton 2004：113-118）。除了"shebeens"（当地的非法酒吧）和其他小型商店外，还有一个超市。这里有一所中学和三所小学，供数千名学生就读，仅一个露天巴士站，没有社区中心或医院。威斯班克的失业率非常高，其合格人口（eligible population）长期处于贫困状态。人们必须自己创业或离开社区去找工作，但从威斯班克通勤需要相当大的交通费用。

威斯班克高中是该地区唯一的一所中学，其新建设施完善，在整个威斯班克地区名列前茅，也最受欢迎。学校位于居民点的边缘，与主干道有一定距离，因此可以避开繁忙的交通和通道。教学楼被高栅栏包围，大门通向学校的操场。整体建筑围绕着一个大的中央庭院而建，设有（雏形）图书馆兼电脑室；后面有一些（适当的）体育设施；并有一个建设中的菜园。除了白天的教学活动，晚上还有成人课程。

威斯班克高中是一所双语学校，这意味着课程提供两种语言：英语和南非荷兰语。2004 年学校共有八年级 9 个班、九年级 9 个班、十年级 5 个班。每个年级都有两个以英语为教学语言的班级，必须指出的是，在这些班级中，只有极少数的学生以英语为母语。其余的班级以南非荷兰语为教学语言，大多数情况下这也是学生们的母语。这种分布可以被视为学校黑人和有色人种学生之间平衡的指标。大多数是有色人种，在南非荷兰语班上课。很少有黑人学生加入他们的行列，因为大多数黑人学生都在英语授课班，在那里很少有其他有色人种学生。虽然这似乎是一个简单的语言问题，但它产生了社会和社会语言学的影响，我们将在后面看到[3]。

令人害怕的错误：威斯班克高中的异常和规范

威斯班克高中的教师面临着许多挑战：班级人数多，且学生在背景、能力和成绩水平方面差异很大。该校位于贫穷和边缘化的社区，是一所资源不足、特殊教育需求得不到充分满足的学校。现在让我们来看看威斯班克高中的一些课堂活动。在这里我仅关注读写实践及其与规范之间的复杂关系。这种研究限制是空间问题，而不是研究方法的问题，并且有必要强调的是，对读写课的观察反映在学习者和教师的口语多样性中。（与我们的研究相关的详细研究，参见 Kapp 2001）。

让它正确　　无论他们的平均分数如何，所有的学习者都有一些共同的问题，其中一个主要的问题是对基本读写技能的掌握。对从学习者那里收集来的数据进行仔细检查后发现，几乎所有人都一致地（并且以惊人的频率）产生了特定类型的写作特征：

（ⅰ）不规则地使用大写字母（不是在需要的地方使用，而是在不需要的地方用）；

（ⅱ）单复数标记困难；

（ⅲ）动词词形变化困难，尤其是复数标记和时态标记；

（ⅳ）定冠和不定冠词使用的问题（不是在需要的地方使用）；

（ⅴ）各种各样的拼写问题，主要是语音拼写造成的（即按发音拼写）；

（ⅵ）有一种美化书写的倾向，即使是在努力掌握基本的写作技巧时——把书写当成绘画。

这些特征的出现与学习者使用的语言无关（我们稍后将看到它们也出现在教师的书写中）。此外，许多学习者在完成英语中要求相对较低的句法和语法任务方面存在更具体的问题。让我们看看从收集的数据中随机抽取的一个小样本。首先，观察这些不规则的大写字母使用的例子：

1. Because they thought that is a Gun Sound and the boy wasn't back @ home.

2. If I loved him, He would marry me

3. ja, Ek dink daar is toekoms, ... (yes, I think there is a future, ...)

4. Watte taal hou jij Niks van nie? (Which language do you dislike)
5. BECAUSE You can Communicate with Everyone with it.
6. You can go to the far lands that they speek other language lets say maybe they speek french they may understand english.
7. English. because it's the oFFicial Language in South Africa

例6已经表明，除了不规则地使用大写字母外，学习者在拼写方面也有困难。下面是我们在数据中遇到的拼写问题的示例，如前所述，其中许多问题与语音拼写有关。例如，我们看到错误似乎起源于"书写口音"：在书写中反映出单词的本土发音方式（参见Blommaert 2008）。

> Xhosh/Xhoza (Xhosa), Fraans (Frans), spesel (special), dearist (dearest), sewand (selwand), emegency exit (emergency exit), amtelle/amtelik (amtelike), Englis (English), defferent (different), importend (important), neve (never), disent (decent), ather (other), whe (when), hotal (hotel), iconomy (economy), trave egent (travel agent), trasport (transport), eirs (ears), anather (another), pefect (perfect), merriage (marriage), the (there)

与前者相关的是，一些形式暴露了南非荷兰语对英语的语际影响，反之亦然：

> Africaans, Afrikans (Afrikaans), Franch (Frans), populare (popular), becouse (because), finde (find), importante (important), famile (family), countrie (country), somethinge (something), Engilhs (Engels)

我们也可以看到同音拼写，这是一种拼写单词的方式，即在本土语言中进行同音异形的拼写：

> now (know), noyse (nose), a price hate/apesiheth (appreciate), sutch (such),

mybe (maybe), eath (earth), restaurand (restaurant), Afrikaan (Afrikaans), Soud-Africa (South Africa), languege (language), meter (matter), there leder (their leader), leyzy (lazy), us (use), mothe language (mother language), no (know), learne (learner), sow (so), verry (very), everry (every), othe/ather/arther (other), som (some), busness (business), arwer/awer (our), rase (race), speek (speak), lurners (learners)

一些错误可能是由于图形形式的复杂性造成的：如符号顺序颠倒、声音的文字表征混乱等。

whit (with), South Africka/Soud-Afica (South Africa), people/peop/peaple (people), a noteher (another), mith (might), aers (ears), coputer aided design (computer aided design), pleke (plekke), meste (meeste), Nedelerlands (Nederlands), feel unappreciatel (feel unappreciated), beutyfull (beautiful), becuase (because), langage/langauge/languge (language), somthimes (sometimes), liek/lick (like), tuong/tounge/togue (tongue), the want (they want), speck (speak), moust (most), aproff (a proof), respectfull (respectful), leasten (listen), weather (wether)

图 3.1 是英语单词顺序任务的示例；图 3.2 是正字法（拼写）校正任务的示例。图 3.3、图 3.4 和图 3.5 展示了所有这些不相关的问题如何在创造性写作中集中起来。最后，图 3.6 显示了另一个普遍存在的问题：尽管在处理读写文字方面存在困难，但仍倾向于创造一种具有美感的文本产品。

这些书写特征并不出人意料：它们是"草根读写"的特征，在非洲和其他地方非常普遍。在世界上的许多地方都可以遇到这种情况，在这些地方，人们被置于亚精英读写经济之中，读写技能有限，而且往往呈现出一种基本的写作能力，即在不稳定的拼写系统中记录单词的文字图像。用杰克·古迪（Jack Goody 1968）的话来说，草根阶层的读写能力不必被视为

第3章 本土性、边缘地区和世界意象

"糟糕的读写能力"或"受限制的读写能力"。这些术语表明了在一个统一的"质量"连续体上，读写能力处于一个特殊的（较低的）位置，而把读写能力视为具有一定自主权的、由本土构建和约束的读写"文化"，与包括精英式的、规范的读写能力在内的能力相比，更为有用。这一读写形式导致了非常有限的读写技能，因此，读写的规范和规定在不同的意义可视化系统中有着不同的使用方法。它不是正字法，而是**异字法**，读写技术和工具的使用方式虽然不符合传统正字法规范，但也不是完全混乱的，

```
Make a sentence by putting each group of words in
the correct order.

1. watched a parade. We
___We watched a parade___

2. tricks. did clown A
___A clown did tricks___

3. a horse. man A rode
___A horse man a rode___

4. lions Big in cage. a were
___A big lions in were to cage e big lions___

5. marched band by. A
___A marched by band___
```

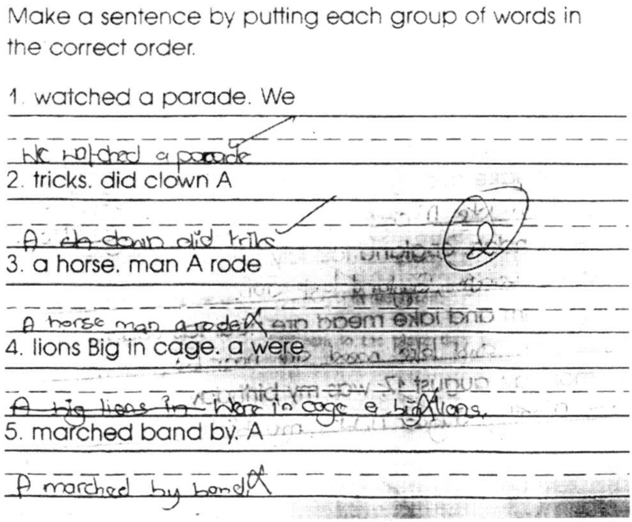

图 3.1　句法作业

即使这种混乱似乎是最明显的特征（Blommaert 2008；参见 Prinsloo & Breier 1996 以及 Thesen & van Pletzen 2006 关于当代南非的研究）。混乱中有秩序，它引起了（尚未探索的）丰富的比较研究：我们看到反复发生的"错误"，它们在上面的例子以及其他地方发生并成为**类型**而广泛存在，我们虽然不能把它们看作秩序和一致性的**缺失**，但可将其看作是一种不同类型的秩序的**存在**，这种秩序在有限的语言技能中运行。这些读写形式是对**本土**的功能和需求问题的回应；换句话说，它们在生态上嵌入了

它们所处的社区（参见 Barton 1994; Barton & Hamilton 1998; Street 1995; Jaffe 2000; Collins & Blot 2003）。

这些书写形式被视为属于一种特定的本土读写文化，这一观点使原本可能看起来非常清晰的问题变得复杂。首先，从传统的正字法的角度把学习者的书写看成是错别字，这并没有多大用，我们需要用一种更有效的异字法来看待它。它不仅与（惯例的）写作规范有关，而且与许多这样的规范有关。因此，与类似的书写形式（例如英国或美国的）进行粗略的比较也没有什么益处，因为这也是在推荐把一种统一的读写复合体作为衡量读写能力的标准。即使我们在来自西方的当代和历史书写实例中看到类似的

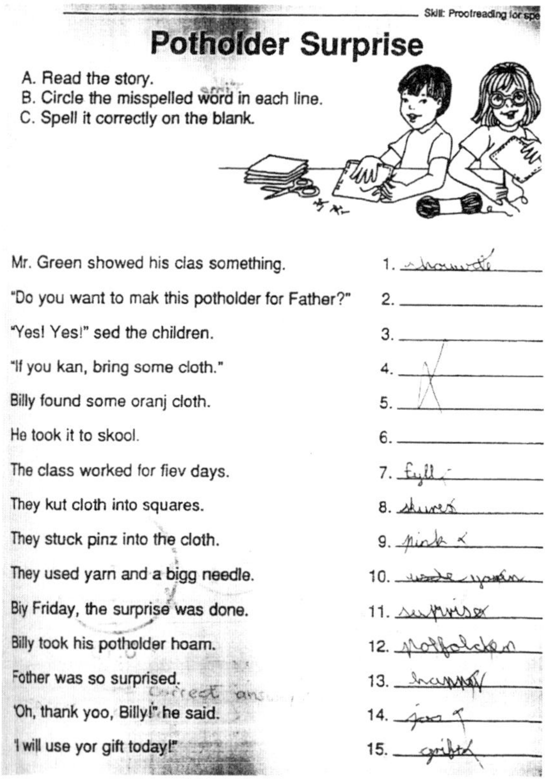

图 3.2　拼写作业

字形表征，这种形式形成的特定历史以及它们在当代社会经济、文化和意识形态语境中的嵌入性，都需要更加深入和细致的分析。例如，如果在读写能力饱和的状态下写出"luv"，那么人们很可能知道还有个正字法规范的版本，"love"，并且能够写出这个正字法规范的版本。这样，写成"luv"就彰显出一种智慧、技能和图形创意（以及彰显出对拼写惯例的一些理解，如识别"luv"中的元音与"pun"中的元音相同），它与规范性书写同时存在，其创造性和智慧的指向性价值来自于与（可获得）规范的对比。

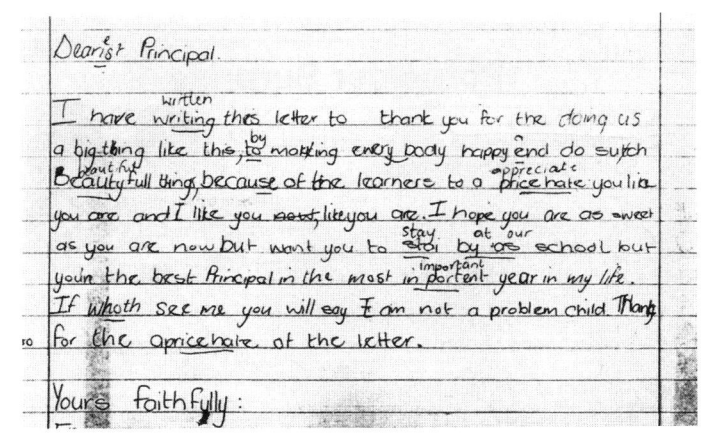

图 3.3　给校长的一封信

图 3.4　"我最喜欢的语言"

图 3.5　"交流"

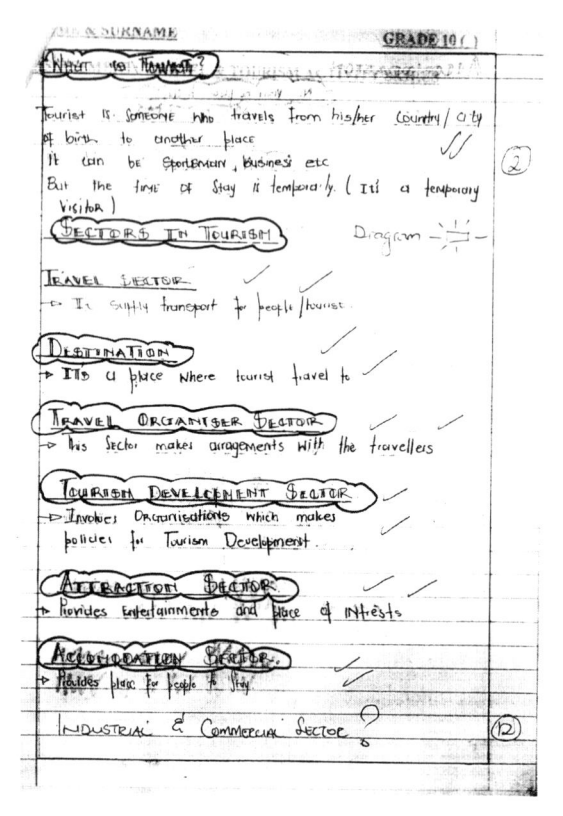

图 3.6　艺术性书写

我们在这里所面对的是两种不同读写能力之间的相互作用，这两种读写能力都是同一使用者可以接触到的，因为它们都属于该使用者的读写技能。相比之下，在图 3.3 中，在写给校长的信中使用"dearist"而不是"dearest"的学习者无法获得该单词的标准拼写；"dearist"是她最好的文字表征，因为在她特定的读写技能中无法获得标准的正字法版本。即使南非和英国的书写形式在表面上有相似之处，但当我们想要为使用这些书写形式的人解释它们的作用和功能时，正是隐藏在其表面之下的东西最为重要。

综上所述，我们可以看到，威斯班克高中学生的书写方式呈现出

第3章 本土性、边缘地区和世界意象

草根读写能力的特征。这些特征不是特定于某一群体，而是某种特定读写能力形式的普遍特征，且它们的出现与学习者的语言背景及其平均学业成绩无关。换句话说，它们是一个高度异质化社区中共享的读写文化。

教师 一旦我们开始研究教师的语言使用情况，一种共享的读写文化就变得特别有趣。我们在学生书写中发现的许多特征也出现在教师的书写中。请看下面来自问卷调查的例子：

（1）English, being an international language would equipt learner to be able to communicate effectively internationally.
（2）Learners feel shy to speak a minority languge. Mostly make youse of code switching. Also afraid of stereotyping.

在（1）中，我们可以看到拼写错误（"equipt"）和冠词缺失和复数标记问题（"*the* learner" or "learners"）；在（2）中我们也能看见拼写错误（"languge"，"youse"）以及在最后两句话中主语和动词的两种出人意料的省略形式。（2）中的拼写错误与上述学习者在书写中遇到的拼写错误相似。图3.7和图3.8提供了进一步的例子。请再次注意教师所犯错误类型与学生所犯错误类型的相似（如图3.7中"avangelist"和"galaries"中表现出的口音；"Well established"中无需出现的大写字母和靠发音拼读的书写，图3.8）。

可见，教师和学生在书写上似乎都有一些共同特征，并且犯类似的错误——这两个群体在不同程度上都属于一种特殊的异字法读写能力综合体，即识字的亚精英阶层。这是一种社会现实的读写形式，因为它反映了其所处社区的边缘化地位。这种读写形式体现了它们所处的环境，而且在这样的环境中通往精英阶层（高度规范、同质化）的读写能力受到严重限制。教师未能掌握抽象的、理想的和统一的读写规范，并因此

91 Personal Details/Persoonlijke besonderhede (optional/opsioneel)

1. Name and Surname / Naam en Van
   MR. MIKE HERBERT GCAOMYWANA

2. Where do you stay? / Waar woon u?
   [illegible]

3. Where and when were you born? / Waar en wanneer was u gebore?
   CAPE TOWN SOUTH AFRICA

4. What is your home language? / Wat is u moedertaal?
   XHOSA

5. What church denomination do you belong to? / Aan watter kerk behoort u?
   AVENGYELIST CHURCH

6. What do you do for leisure? / Wat doen u vir ontspanning?
   PLAY AN MUSICAL INSTRUMENT (PIANO) VISIT GALARIES

Educational background / Opvoedkundige agtergrond
   DIPLOMA IN DANCE

1. Hoogste kwalifikasie (s)? / Highest qualification?
   UNIVERSITY DIPLOMA

2. By/Aan watter institut het u dit voltooi? / Institution obtained?
   UNIVERSITY OF CAPE TOWN

3. Vir hoe lank is u al 'n onderwyser? / For how long have you been teaching?
   4 YEARS

Figure 3.7 Teacher's questionnaire 1

图 3.7 教师问卷 1

4. By watter skool (skole) het u voorheen geonderrig ? / At what school(s) did you teach before?

① Spine Rd SSS (SA)
② Eisleben Prim (S.A)
③ Bower Park (U.K)
④ William De Ferrers (U.K)
⑤ Woolbant

5. Hoe sien u die skool in 5 jaar se tyd? / How do you see the school in 5 years time?

Well Establish
Good Structure
Solid

6. Dink u dat die skool 'n sentrum van inligting vir die leerder is ? / Do you think that the school is a resource centre to these children?

Yes

7. Brei uit oor vorige vraag. / Elaborate on the previous question.

Due to the good infrastructure

Language / Taal

1. In what language do you communicate with the learners ? / In watter taal kommunikeer u met die leerders ?

Afrikaans

2. In what language do you communicate with your colleagues ? / In watter taal kommunikeer u met u kollegas?

Afrikaans and English

图 3.8　教师问卷 2

使他们与学生有所不同。这也是有历史原因的。威斯班克高中的老师和他们的学生都属于同一个"种族"群体：有色人种和黑人。而且，即使与他们的学生相比他们会相对富裕（他们处于受薪职业的中下阶层），但是直到最近，黑人或有色人种仍被结构性剥夺公民权利。换句话说，威斯班克高中的教师来自社会中类似亚精英的阶层，在这个阶层中，精英的物质和象征特权过去是、现在也是稀有商品。即使在今天，这种结构性边缘化的痕迹仍然存在，它们为教师和学生之间的共同文化奠定了基础。

教师使用的这种具有社会真实性的本土性读写形式，在教学实践中被作为规范的工具。当我们看到老师批改学生作业的方式时，这一点就变得很清楚了。看图 3.9，这是一份由老师批改的英语写作作业。在讨论它时，我们将使用"错误"一词，因为我们是依据正字法的正确来谈论被评估的作业。

老师指出并纠正了 8 个书写错误，并在作业上批改为"excellent！84%"。然而，老师并没有发现第 2 句"love *end* care"中的错误，也没有发现第 4 句"*someone*"和"When you love her *our* him"中的两个错误（注意，老师还忽视了第 4 句实际上被分成了两句话）。在第 6 句中，教师纠正了两种语音书写的情况（"all so spesiale"），但没有发现和评估学习者（学习者有这个意图，但最终并未落实）在句法中增加受益者的最初意图（"fruits are *for someone* also very special"）。如第 6 句所示的自我纠正揭示了学生在读写叙述中的挣扎：脑子里有语法框架，但读写障碍阻碍了他顺畅地进行叙事。教师的鼓励分数和评价表明，学生表现出的读写形式得到了积极评价；教师对它的批改和评估没有那么严厉，他不仅忽略了更多的错误，也忽略了学生反馈中表现出来的对文字叙述能力的普遍挣扎。请注意，没有被老师标记的错误属于我们之前识别的类型：语音书写和书写中的"口音"——这些类型的错误也出现在老师的书写中。

在评估图 3.6 中的作业时，老师也忽略了几个相当严重的写作错误。

例如，冠词的缺失没有被判为错误（'Tourist is someone ...', 'It can be sportsman, busines etc.', 'provides place for people to stay'——还请注意"busines"中的拼写错误）；"It supply transport for people/tourist"中的屈折词根也没有标记为错误。最后回到图3.3（写给校长的一封信），我们看到老师并不干涉在信中表达出的不安（如"but（但是）"的频繁使用），还忽视了很有问题的表达式"to thank you for *the doing us a big thing*"。

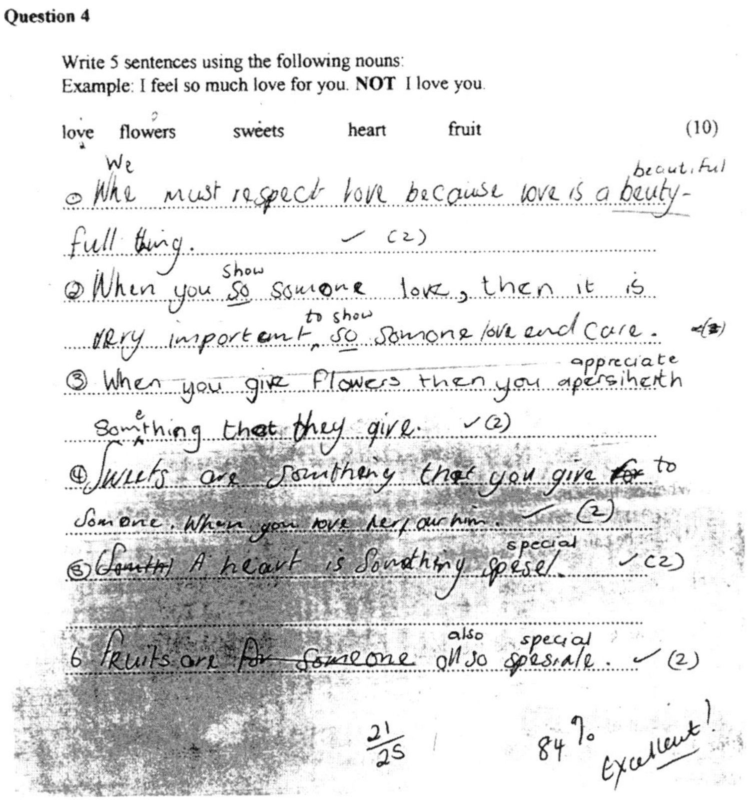

Question 4

Write 5 sentences using the following nouns:
Example: I feel so much love for you. **NOT** I love you.

love   flowers   sweets   heart   fruit   (10)

① Whe (We) must respect love because love is a beauty-full (beautiful) thing. ✓ (2)
② When you so (show) someone love, then it is very important, so (to show) someone love and care. ✓ (2)
③ When you give flowers then you apersiheth (appreciate) something that they give. ✓ (2)
④ Sweets are something that you give for (to) someone. When you love her or him. ✓ (2)
⑤ A heart is something spesel (special). ✓ (2)
⑥ Fruits are for someone also so spesiale (special). ✓ (2)

21/25   84%   Excellent!

图 3.9　被批改的作业

我们还可以继续：我们的数据包含了大量的例子，教师只是部分地制裁和纠正学习者对"一般性"英语正字法规范的违反行为。

边缘规范 因此,共同的读写文化会影响教师的评价和评分系统。换句话说:草根读写能力不仅成为一种实用的语码,一种表达的工具,而且成为一种**评价性的**语码,从而成为一种**规范性的**语码,在这种规定中可以区分正确性程度和"质量"。因此不同质量读写表达的本土化体系得以创建,而这种体系并没有预先作出认真和一致的评价——看看老师的分数和批改,再看看学生的不同平均得分——但该体系把评价的标准从一个难以获得的假定普遍性和单一规范,转移到本土化的、现实的、学习者渴望追求的规范上,而且学习者能够以此规范为目标并取得进步。这并不是刻意为之——老师并不认为自己对学生很宽容(相反,在我们对他们的采访中,大多数老师把自己描绘成对学生要求很高,很严格,很严谨的人)。这是由于这两个群体都属于同一亚精英阶层。

结果,这一标准尺度被嵌入到符号资源的本土经济中。换句话说,从威斯班克普遍的读写能力水平上看,这是一个规范综合体,至少有某种程度的社会现实和文化现实,在威斯班克,正如我们前面看到的,教育水平低是常态而不是例外,大量的语言、社会和文化背景的多样性也不是例外。因此,在学校"表现好"就意味着按照本土的标准表现好;是**在威斯班克**,而不是在一个抽象的学习世界做得好。社区的社会语言生活被这种地方规范综合体所主导。全球化可以扩散一种语言,但并不扩散它所呈现的特定形式。

毫无疑问,这有积极的影响。老师的分数和评论,如"Excellent!(太好了!)"一定对学习者有刺激作用,多亏这种现实的本土规范,相比使用惩罚性的、外部的、被认为具有普适性的规范,他们有机会表现得更好。这肯定会对学习者的自我认知和动机产生积极影响,这不仅仅是一个有根据的猜测。规范性的本土化可能还允许教师在威斯班克高中特色大班、异质性班级面前获得某种程度的有效性。同样,一个"绝对的"(外部的,有情景的)规范很可能导致几乎所有的学习者都不及格,然而现实性规范的使用允许某种程度的差异,在某种程度上识别"更好的"和"更差的"学习者。

因此，这一过程需要有教学和道德的案例。尽管从一个角度来看，它相当于将"错误"提升到规范的水平（从而使写作中的错误"正常化"），但从另一个角度看，这一过程却提供了有趣的教学机会，因此是一个有效的、积极的过程。这可以看作是教育标准的**本土化**——这种情况可能在任何地方发生（我们已经看到，在世界各地，英语都是**带着口音学的**），但该观点很少得到认识和承认。教育，尤其是读写教育，通常被认为是参照公认的和没有情景限制的规定和规范进行。在威斯班克高中发生的是教育的"降级"，将其降低到本土或区域社区的水平，并借用地方的规范和期望，在本土（化）的规定和规范中培训学习者。威斯班克高中的标准是用来**包容**而不仅是**排除**。

请注意，这一论点是基于我们将威斯班克这一学习社区的英语读写能力视为一组本土化的符号资源，并以一种特定的方式组织起来。把语言和读写能力的概念累加在一起是没有用的；该社区里，人们组织符号资源时受到本土限制，又要兼顾创造适用于本土的机会。我们对这种组织符号资源的方式应有民族志研究的敏感性。我们将在下一章更详细地讨论这些资源如何在语言技能中组织的问题。然而，语言和读写能力的概念累加并非完全不存在。它们属于社会语言现实的语言—意识形态层面，我们现在就讨论这一层面。

对中心的看法

在教与学的实践中，我们看到威斯班克高中已将其规范综合体本土化，调整了其评价方案和等级，并创造了一种可行的、现实的教学实践，以使具有本土特征的读写变体受到重视。如果这样，也还算好，至少我们已经确定了一套做法，这可以（或许与直觉相反）成为一种解决方案，借此排除获得学术成就道路上的巨大障碍：中心的"理想型"规范对处于边缘的人来说是不可企及的。这样，我们遇到了社会语言学全球化的核心过程：全球化的语言标准被转化为重新本土化的土语变体。

当然，这不仅是一个解决方案，同样也是个问题；用最简单直接的表达方式说，这个问题就是：虽然能够建立／形成／产生一个高效和刺激的学习环境，以便为更多学习者在一个"困难"的社会环境里提供新的机会，但是规范的本土化也是远离"中心"规范之举。这些规范，正如我们所知，根本上是霸权主义的。当威斯班克的高中毕业生打算升入高等学府时，他们论文中的错误将不会被视为当地文化创造力和边缘规范的象征，而是学术素养水平低下的指向。那些在威斯班克的本土层面上是包容和创新手段的特征，突然成为了更高层面上的排斥对象。可以这么说，他们的读写能力被限制在一个层级内，一个本土范围内。这也是社会语言学全球化的一个核心特征：重新本土化的变体可能会被"困在"本土层级，为语言使用者提供的跨层级移动的潜力微乎其微。

绝大多数的学习者和教师认为英语是南非"最重要"的语言——是承载着社会和空间移动性的、拥有最大威望和希望的语言资源（Dyers 2004a, 2008；参见 Bekker 2003 年对历史的深刻分析）。当然，"英语"——作为一种社会和空间移动的工具——在规范和规定方面只提供了很小的协商余地：无论何时，当我们用这里展示的术语来构建英语时，我们都在谈论英语的权威变体。然而，威斯班克的高中生们表达了他们的信念，他们相信有浓重"口音"的英语变体具有赋予流动性／移动性的潜质，这些变体展示了我们在上一节中提到的边缘规范。让我们简单地回到上面的图 3.4。这名 16 岁的学生写道：

> The language that I like at school to learn English because that Everybody they learn English because is a very nice language to Everyone that they want to speak English
>
> （在学校我喜欢学的语言是英语因为他们每个人都学英语因为是对每个人都很好的语言每个人都想说英语）

第 3 章 本土性、边缘地区和世界意象

再来看看另一个学生脑子中的语言：

cause over race in this country can understand English and we can communicate with everyone whether in South Africa or in any other country.
（因为这个国家所有的种族都懂英语而且不论在南非还是其他国家我们可以彼此进行交流。）

很明显，两个学生心中的"英语"并不是他们在回答中所声称的"英语"；"他们的"英语和"标准的、受过教育的"英语之间存在差距，而后者被认为是南非最重要的语言。

这种英语非常值得关注，而且学生很难掌握它。以下是研究者 N 和 M 与学生 A 和 G 之间的访谈片段：

1. N: 你们其余的人不喜欢？.. 南非荷兰语呃嗯 .. 生活导向: /
2. A: |不| 我 * 不想学南非荷兰语 /. 我已经知道 . 怎么说南非荷兰语 / 我想学 * 英语就像我能和你聊天 /
3. N: okay/ 因为你 * 已经能说南非荷兰语了
4. A: | 南非荷兰语是的
5. M: 那么你 / 你倾向于 .. 学英语而不是南非荷兰语 /
6. A: 是的我已经 * 有了一本英语书 /
7. M: 不错啊
8. A: 他们 .. 他们想学英语而且他们 .. 他们和 = 和南非荷兰语
9. M: 嗯啊 ..
   （…）
22. M: 你认为是你知道 .* 南非许多的语言重要 / 还是 .. / 学一些语言重要
23. G: {（笑）学一些语言 ... 重要嗯 ::}[背景音非常嘈杂，学生们都出教室了]
24. A: 但是 * 对我来说重要的是 * 英语
25. M: 这是对你最重要的语言了 / 为什么呢 /
    （3秒）

117

26. A: 我不知道为什么
27. N: 也许是因为很多人都能懂
28. A: 是的

观察 A 和 G 是如何将英语作为目标，当作需要学习的东西，而不是已经习得的东西（即使他们用英语回答访谈问题）。还要注意的是，在具有本土语言意识形态意义的语言等级中，受访者通常分辨出三种语言：英语、南非荷兰语和科萨语，而英语的级别最高。南非荷兰语和科萨语（威斯班克大多数孩子的"母语"）在情感上有很强的亲和力，而英语通常用于与朋友或外界人员（如来自欧洲的研究人员）的交流，以及课堂活动；作为一种有声望的资源，英语适用于威斯班克*之外*的场景：英语（即规范和受过教育的变体）可以使人们走出威斯班克，走向更好和更繁荣的环境（参见 Dyers 2004a: 28, 2008）。正是由于英语与社会和空间移动性之间的这种联系，英语被（相当常见地）赋予了"中立"属性，即一种中立的媒介，允许南非荷兰语（有色人种）和科萨语（黑人）母语使用者相互交流，而不引发民族语言情绪。

"走出去"的梦想很普遍。许多学生表达了明确的愿望，想要进入更高的学习层次，就像在下面的访谈片段中，N 和 M 询问了 D 在"入学考试"（即高中毕业升入大学的资格考试）之后的计划：

1. N: 你还想继续上学吗＊入学考试之后？去：呃
2. D: 我想上大学
3. N: 大学
4. M: 是的
5. D: 或者学点什么
6. M: 是的
7. D: 工程

在无法进入相当精准的学习层次时，人们的愿望通常是"致富"：

第3章 本土性、边缘地区和世界意象

1. F: 你知道我的梦想就是有套大房子
2. N: 嗯哼
3. M: 那就是你的梦想
4. F: 是的：因为 .. 我 = 我总是生活在那些小房子里
5. M: 嗯哼
6. F: 那些棚户房,你懂的
7. N: 嗯哼
8. F: 我想我想改善我的 * 生活 /
9. M & N: 嗯啊
10. F: 有套大房子还有那些漂亮的车 / 你懂的

或者,用最基本的形式,离开威斯班克:

1. N: 你对未来有什么计划么？你喜欢 . 想成为什么人或者说你想从事什么样的工作 /
2. E: 呃我有两个不 = 不一样的梦想 / 这取决于 … 就像我想的最多的就是要要 = 要 = 要和我的家庭一起搬出威斯班克 /
3. M: 嗯哼
4. E: 住到呃别的地方去 / 但是 * 我认为 * 那样 . 呃 不是件好事情即使我现在一直在努力这样做 /

所有这些梦想,这些想象中的向上（和向外）轨迹,都通过学习者早期将"英语"描述为一种有声望的资源这种对英语的认识表达出来。这种认识（在社会学上非常准确地）解释了学习者习得"英语"的愿望。因此,威斯班克的学生们似乎对社会的"中心"有一个相当准确的概念,而且他们也十分清楚,若要沿着从边缘到中心的轨迹发展,他们就需要获得和掌握（标准）英语这个具体的象征性商品。

正因为如此,教学规范的本土化问题变得更加突出。我们发现,作为社会和空间移动资源的"英语"与表达这一观点的"英语"之间存在着**前**

文本差距（pretextual gap），即预期语言能力和实际可用语言能力之间的差距（Maryns & Blommaert 2002）。前文本差距具有**系统性**：既不取决于个体的努力（或缺乏努力），也不取决于主体的内在能力和可能性，而是由不平等的社会结构和这种结构的再生产模式的组成部分所决定。因此，虽然把规范性降级到现实的属于本土的可能性和规范上来肯定是一种富有成效和令人兴奋的教学手段，但同时也会在社会中造成系统性的不平等，即中心和边缘之间的裂痕。

本土性的产生

威斯班克这样的边缘社区展示了阿帕杜赖所说的"土语全球化"——全球化的一个草根层面，以密集而复杂的邻里异质性形式表达出来。根据阿帕杜赖的说法，这种草根化的全球化导致了更加复杂和不清晰的本土性形式，这种本土性"比以往任何时候都充满了矛盾，因人类移动而不稳定，因新型虚拟社区的形成而被取代"（Appadurai 1996: 198）。本土性带来的后果包括降低规范的稳定性和对规范的去中心性，它还创造出一些空间，尽管这些空间似乎不超出固定的制度规范（例如教育系统的规范）范围，但实际上却有相当大的自主权。我们已经看到，这种自主权在解决**本土**问题方面可能极为有用。在这种情况下，它肯定有助于为威斯班克高中充满挑战的学校情景构建一个适当的学习环境。但与此同时，在本土获得的（和适用于本土的）象征性资源一旦被"出口"到社会的其他地方和领域，跨越不同的层级，这种自主权就无法解决**跨本土**出现的问题。

在南非这样的环境中（同样在其他地方），排斥和边缘化的动态变化涉及复杂的层级过程：在一个层级上被认为是适当和可接受的，在另一个层级上却可能被取消资格。具体地说，在乡镇层级中被认为是"好的英语"在地区或国家层级可能就成了"不好的英语"。不平等性出现在层级的边界上，发生在从严格的本土性到跨本土性的过渡点上，发生

第3章 本土性、边缘地区和世界意象

在从一个地方的规则和规范所界定的层次到另一个规则和规范所界定的层次上。在这样的过渡点，存在的问题是**符号资源提供的移动性**，如语言技能：一些技能提供了非常低的移动性，而另一些技能提供了相当大的移动性和跨社会和空间领域的可转移性。"标准的"读写能力通常属于后一类，而"非标准的"读写能力则属于前一类，即使从某角度看它可以被视为在有限的读写技能和资源范围内的"全面"、发达、复杂的读写能力。

显然，这样的分析为我们提供了一种不同视角，让我们能够更好地理解语言冲突、语言帝国主义以及"本土"语言和"国际"语言之间对立的总体意象。在基于这些意象的分析中，社会语言学的过程被简化为一种来自外部的语言（如英语）和被迫使用外部语言的内部人（某种程度上是旧式的"土著"）之间的对抗（如 Webb 1994; Mazrui 2004）。这样描绘出来的方案简单明了，它援引了独立与压迫、排斥与包容、尊重与排斥的道德和政治框架。社会语言学的现实——唉！——要复杂得多，也模棱两可得多。例如，威斯班克高中语言制度的主要特点之一是"英语"是由至少两个不同客体组成的复合体：**英语**$_1$，"带来成功的英语"，一个在意识形态上具有同质性的理想概念；**英语**$_2$，一种情景性的、本土组织的实际使用的"英语"，与英语$_1$在使用上有很大不同。这是一个在语言技能中发生的重新挪用、本土化和重新本土化的动态过程，在这个过程中，不可企及的英语$_1$被转化为一种可获取的资源，它的获取门槛虽被降低，但其原有的地位、吸引力和可理解的向上和向外迁移的能力被保留。因此，英语既是一种外部的语言（英语$_1$），也是一种内部的语言（英语$_2$）。它不仅是一种"外国的"语言，而且已经成为"我们的"语言。

采用民族志方法对这种本土性和可转移性的过程进行研究为我们展示了一系列问题，并把他们置于一个全新的视野之下。如果假设在读写能力，或在普遍的"语言"领域对规范性存在一种稳定的、单一且统一

的看法，那么在威斯班克高中所观察到的过程则是无法理解的。相反，我们需要一种更加支离破碎、情景化和本土化的视角，通过它才可以从语言技能、结构和能动性的本土化对决、限定和创新等方面理解各种实践。

3.4　来自边缘地区的意象

鲁昂比卡和威斯班克高中的人们表述了他们对世界的意象——自己所处的世界边缘位置的意象，对更好的地方和移动性的意象，以及通向这些更好地方路线的意象。在鲁昂比卡的案例中，这样的意象被用于描述和识别小说中的人物。在威斯班克高中的学生和教师的案例中，这些意象是栖息式的，它们是"实践逻辑"（用布迪厄的话说），这些逻辑组织了他们的世界观、学习步骤和愿望。在这两个案例中，意象都是本土的一部分，这是一种深深嵌入到本土生活条件中的本土意象——世界体系边缘的意象。从边缘地区看世界和全球化与从中心地区看完全不同。

世界也**确实**非常不同。人们并非到处都有相同的资源，资源的稀缺催生了资源可带来财富的奇怪意象，反之亦然。人们对他人的期望，对来自其他地方的人的期望，往往与这些人所拥有的实际特征和资源不匹配。人们掌握的资源表明他们在世界上的位置，可以说，他们的资源是被"放在"他们的位置上的，因为他们通过泄露他们源起的地方和适合的地方而暴露本土性。这可以引发语言技能的问题，下一章将对此进行讨论。目前，我们可以观察到从全球化的社会语言学观点中产生的一种特殊的空间限定。芬兰青少年唱的美国歌曲带有芬兰口音，比利时青少年唱的时候带有比利时口音，尼日利亚人唱的时候带有尼日利亚口音，日本孩子唱的时候带有日本口音等。从社会语言学的角度来看，全球化是一种强烈的本土性和本土化现象，在这种现象中，本土社会语言制度的强大特征影响着那些进入当地环境的被全球化的点滴语言。

这在某种程度上使现有文化全球化观点成为主要的**全球化**观点。文学作品经常强调本土社区和地方如何因全球化而**变化**。他们确实在**变化**，但过分强调变革可能会掩盖这种过程中连续性的重要性，而且从社会语言学的观点看，连续性与变革同样重要，模式的持续性与全球化导致的模式转变同样重要。

第 4 章

语言技能与言语能力

我在前几章中提出，全球化的社会语言学应该是一种研究移动资源的社会语言学，而不是研究静态语言的社会语言学。我们分析的重点应该是人们所拥有的实际的语言、交际和符号资源，而不是分析对这些资源进行的抽象和理想化（或意识形态化）的再现。因此，我们的重点应该放在语言技能上，放在人们实际拥有和部署的各种资源综合体上。我已经提到了多语技能的"被修剪"性质。它出现在超级多样化的背景下，如那些当代的"全球化"城市。我认为，多语制不应该被看作是说话者控制的"语言"集合，而应该被看作是**特定**符号资源的综合体，其中一些属于规约性定义的"语言"，而另一些属于其他"语言"。这些资源是具体的口音、语言变体、语域、语类，以及模态形式（如书写体）——它们是在特定的交际环境和生活领域中使用语言的方式，包括人们对使用这种语言方式的看法，他们的语言意识形态。对真正的语言使用者来说，重要的是这些具体的语言形式，对此海姆斯曾提出：

> 语言在社区生活中不仅仅是声音、拼写、语法类别和结构的问题。更恰当的是将其理解为涉及变体与模态、风格和语类、作为一种资源的使用方式。（Hymes 1996: 70）

把我们的注意力从"语言"（主要是一种意识形态和机构性结构

体）转移到"资源"（使用语言的实际和可观察的方式）上，对"言语能力（competence）"等概念具有重要影响，我将很快对此进行说明。什么是"懂"一门语言，什么是"说得好"或"流利"，这类问题将不得不被重新表述，一些现有的衡量这类问题答案的工具（如语言测试方案）将不得不被批判性地重新审视。此外，对语言技能进行更清楚的理解可以为分析全球化沟通的交流过程增加细节性和精确性，因为在这一过程中人们经常使用语类和语域中的点滴资源进行交流。沟通过程不仅仅是通过"一种语言"进行的，而是通过专门和特殊的语言片段进行的，理解这一点可能有助于我们在广泛的资料中为"跨文化误解（intercultural misunderstandings）"做出诊断。关于这一点，我也将在本章加以说明。

4.1 被修剪的语言技能

没有人会完全懂得一门语言的**方方面面**。这包括我们所谓的母语，当然也包括我们在生活中习得的其他"语言"。母语人士并不是完美的语言使用者。海姆斯着重告诫我们不要"把某种语言的资源等同于（所有）该语言使用者的资源，这是一种谬论"（Hymes 1996: 213）。的确，语言使用者仅拥有部分言语能力：没有人需要某种语言可能提供的所有资源。我们都有特定的语言能力和技巧：我们可以恰当地 / 得体地使用特定的语类，在具有一些典型的社会角色和身份的语域中说话，产生我们本地的口音，并有效利用受教育过程中学校培养的读写能力。我们真正的"语言"在很大程度上是一种传记式的给定，它的结构反映了我们自己的历史和我们所生活的社区的历史。

举个例子，请看图 4.1（对于其代表性和准确性有很多保留意见）。它展示了我自己的四种语言能力：荷兰语（L1）、法语（L2）、德语（L3）和英语（L4）。

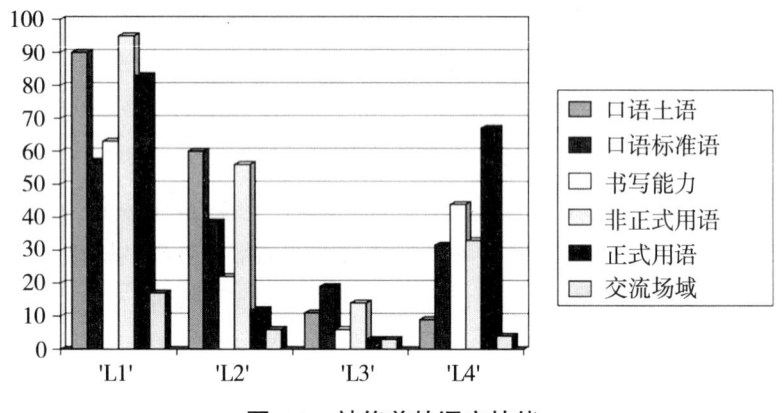

图 4.1　被修剪的语言技能

按照我获得这四种语言技能的先后顺序进行排列：首先是荷兰语，然后是法语（从 8 岁开始），然后是德语（12 岁）和英语（13 岁）。在图中我打了一些分数，但这不是给语言打的，而是打给特定的使用语言的方式：口语土语变体（方言，特定的方言、社会方言），口语标准语变体（如我在正式交际场合应该使用的变体），读写能力（特别是书写），在正式场合和非正式的场合的沟通能力，以及我能够成功开展交流的场域。这些划分只是说明性和指向性的；全面分析我的语言技能需要更多的区分。但有了这些粗略的指标，或许可以清楚地说明一些问题。

我们看到荷兰语的能力和技巧范围是最高的，也是最平衡的。我能有效使用口语土语的荷兰语和标准荷兰语；我可以与他人进行非正式的交流，也可以进行正式的交流，我可以用荷兰语写复杂的正式文本，还可以在广泛的领域内交流。然而，如果我们把这种技能与法语进行比较，会发现一些显著的差异。例如，我土语变体的熟练程度要高于标准变体。原因是我学到的标准法语变体仅限于课堂环境，而土语变体是我青少年时期在布鲁塞尔时学的。在布鲁塞尔，法语土语是我在父亲的店里与当地朋友和顾客互动的语言。现在我一讲法语，就会有明显的荷兰式比利时口音。我的读写能力也不是很发达。我能很容易地读懂法语，但写不出精心设计的法语散文。虽然我可以在非正式的交流中成为一个相当流利的沟通者（使用我的法语土语），但用法语讲课或发表正式演讲就超出了我的语言资源范围。

德语比英语更早进入我的生活，但当比较两种语言的概况时，我们发现了明显的差异。德语从未超过学校语言的水平；相反，英语成为了一种相当发达的工具，即使它是在一个相对较晚的阶段才进入我的生活。它作为一种专业工具进入我的生活，这就解释了土语变体的缺失（我不知道英语中的任何方言或俚语变体）以及读写能力的高水平发展。我的大部分学术论文都是用英语写的，我也几乎完全可以用英语讲课。然而，使用范围相当小。虽然在学术和专业领域，我可以被认为是一个流利、表达清晰的英语演讲者，但在其他领域，我的能力非常不发达。在英国，当我需要去超市购物时，或者需要用英语向医生解释健康问题时，我总是词不达意。因此，可能在一些人眼中我表达清晰，而在另一些人眼中则表达含混——尽管我用的是同一种"语言"。

这就是语言测试经常忽略的地方。在试图设定"语言"的平均水平时，他们忽略了语言使用的非常具体的性质，忽略了我们在特定任务中使用的各种语言模块和片段。例如，如果我们把"欧洲语言共同框架（Common European Framework for Languages）"（目前最权威的语言能力衡量工具）应用到我的英语技能上，我们会发现奇怪的东西[1]。只要是在我的正式的、专业的语域内进行交流，我就会毫不犹豫地用欧洲语言水平C2（即最高熟练程度）来评定我的表现：

> 能够轻松理解几乎所有听到或读到的内容。能够从不同的口头和书面来源总结信息，以连贯的方式重建论点和叙述。能很自然、很流利、很准确地表达自己，即使在更复杂的情况下也能区分出更细微的意思。

然而，如果有人让我用英语向水管工或者电气工程师解释技术问题，或者向医生解释健康问题，或向我所工作的大学的财务人员解释技术性财务问题，我的水平能力应描述为：

> 能够理解和使用熟悉的日常用语和非常基本的短语，以满足具体类型的需求。可以介绍自己和他人，可以询问和回答关于个人细节的问题，如他/她住在哪里，他/她认识的人，他/她拥有的东西。能够以一种简单的方式进行交流，前提是对方说话慢而清晰，并愿意提供帮助。

这是欧洲语言水平 A1 的描述，是语言能力中最为基础的级别。测试系统，例如"欧洲语言水平能力测试"，与人们所拥有的真实资源和技巧有着奇怪的关系，因为他们相信他们测量的是语言，而事实上他们测量的是特定的资源。如果测试材料是基于我高度发达的技能范围，我的分数可能会很高；如果超出这个范围，我的分数就会非常低。

所有这些都是常识，而且正如上面所说，真正的分析在复杂性和论证方面比我在这里用到的要求高很多。但是，有一点仍值得强调，因为在我们的学术领域中存在坚持以语言为基础的能力观。问题很清楚：我们总是有一系列确定的具体能力，有些能力非常发达，而另一些能力则相对欠发达。而且我们没有的资源始终存在。要解开我们语言技能之谜，答案就在我们的传记中，在我们所居住的更广泛的社区历史之中。如果这些社区是"单语"的，即现有的语言资源属于规约上被定义的某种语言，例如荷兰语，那么我们语言技能很可能将由荷兰语资源组成；如果可用的资源来自各种规约定义的语言，那么我们的语言技能可能是"多语"的。而习得这些资源（一个通常被称为"语言学习"的过程）实际上是在构建一个多语技能。我们会习得这些语言的语言特征：它们的声音、文字、语法使用模式，以及它们的一些语用功能——这些功能指的是一些语言使用方式，如组织互动、日常交际，还有一些语言资源使我们能够执行某些角色和身份。除此之外，这些语言特征还包括一些文化模式，包括语类的使用、特定表达所负载的语言意识形态,等等。

正如在第1章中所指出的那样,全球化进程所产生的超级多样性导致了一些社区的形成,这些社区中的人们的语言技能组成是这样的:被修剪的资源综合体往往来自多种语言,且在特定资源的发展水平上有很大的差异。这些多语技能中的一部分将得到相当良好的发展,而另一些停留在非常基本的水平上。例如,移民儿童在成长过程中听父母说某种语言。他们能听懂这门语言,对其中的言语都能做出充分的反应,但他们从来没有学会说这门语言。这并不意味着这门语言不属于儿童的语言技能:它确实属于,但只是以最小的和可接受的形式存在。相反,这些孩子说的是东道主社会的语言,并将帮助他们的父母用这种语言完成交际任务。因此,东道主社会的语言也间接地属于父母的可用资源范围,因为他们可以利用其子女的语言技能达到交流的目的。新移民的被修剪的语言技能常常迫使他们进行合作式交流,其中一些人的一点点能力加到另一些人的能力上。因此呈现出"不完整的"特质:用部分"正确"的语言片段来部分地体现语类。

在前几章中,我们已经看到了一些这样的"不完整的"产品,而且语言和交流的"不完整的"特性可能是全球化社会语言学研究的最清晰的对象之一。很明显,移动性给人们带来了各种各样的挑战,同时也提供了机会。信息和人变得更容易移动,这些语言技能也需要扩展,而且往往超出了它们的极限。尽管如此,我们看到一些"不完整的"沟通形式是相当成功的。接下来我就要讲一个这样的成功故事:从世界边缘发送到世界中心的欺诈性电子邮件。我们将看到,这些邮件也会引发有关言语能力的复杂问题[①]。

---

① 原文中出现的电子邮件有诸多拼写错误、字母大小写错误、标点错误、空格错误、语法错误等,这些错误体现出邮件书写者低下的英语水平。为体现这些错误,以下的译文中也会相应出现语句不通顺、汉字书写错误、标点错误等问题,在此一并说明。——译者注

4.2 全球化的欺诈语类

尊敬的先生：

有幸从友人处知晓你的信息，印象深刻，他在尼日利亚工商商会旗下经营着一家咨询公司。他向我保证你有可靠的能力来支持一项规模巨大的业务

我是约瑟夫·迪亚拉博士。新任命的联邦总会计师（A. G. F）的私人助理。我和我的一名同事保管着1930万美元，这是一笔无人认领的外国合同款项。这笔资金目前在我们付款部的暂扣账户中，等待立即索赔。

我已完成每一项安排，使贵方作为本公司的真正受益人/承建商收取这笔款项。

如果贵方有诚意和兴趣处理这笔交易。请通过电子邮件或电话直接联系我：234-80-452-15660。如想了解进一步的细节，请回信至：josephdiara@hotmail.com

你诚挚的，
约瑟夫·迪亚拉博士

（样本1）

这是当代全球化沟通交流的一种语类：电子邮件的垃圾邮件，骗局信息，大概起源于世界边缘的某个地方，批量发往世界体系中的核心国家。这封垃圾邮件被美国联邦调查局（FBI）定性为"尼日利亚高级收费欺诈"，也被称为"419诈骗"，源于尼日利亚刑法中有关金融犯罪的章节。419电子邮件的总体方向是南北向的，主要针对富裕社会中的一种特殊主体：这些人过于贪心，经不住通过回复电子邮件赚取数百万美元这样的诱惑。419诈骗相当成功。关于这些案件的报道和记录之多，足以登上美国中央情报局（CIA）和联邦调查局（FBI）的官方网站。尼日利亚央行也在世界各地的主要报纸上发表了免责声明。尽管主要以南北的往来为主，但记录中最大的419诈骗案是一起南对南的犯罪，尼日利亚诈骗犯从巴西

圣保罗的诺洛斯特银行（Banco Noroeste）窃取了 2.42 亿美元资金，导致这家银行倒闭（见 http://odili.net/news/source/2005/nov/19/202.html）。很明显，邮件的信息吸引了很多人：它将目标有效地定位在特定主体身上，因此也提出了一些问题，如信息是"如何"得手的？都是"什么"信息？

为了让这些定位有效，邮件信息需要符合各种各样的语言、风格和语类的标准，包括提供某种文本的形式，它能让读者立马联想到某种特定语类，这是指向性价值的正确形式，以确保邮件内容可以被解读为一种真实的、真诚的投资建议书。我认为，如此精美的语言风格和语类被混杂在这一杜撰的具体邮件文本之中，可以被解读为全球化最底端的实证性可观察层面，即落地的全球化。然而，我还认为不能仅仅从初步的文档特征就得出这样的结论——例如，它是由全球化的**卓越**渠道——电子邮件——散播的这一事实，我们需要做的远远不止这些，我们尤其需要处理这些文本中极其细微的语言、文体和语类特征，以便准确地了解语言在全球化背景下的作用。

这样做的原因，之前已经强调过很多次了，我们不仅需要理解"移动"这个简单的事实，还需要理解移动的内容和功能：具体地说，诸如此类的文档如何实现或未能实现清晰表达身份、意图、可理解的上下文。换句话说，我们的目标是理解在全球化的渠道中移动的文本是如何拥有文本功能的。长期以来，社会语言学家一直认为，这些功能嵌套在社会语言学体系中，而这些体系牢固扎根于通常被视为具有本土性的"言语社区"的社会文化和政治结构之中。如今全球化使本土性、言语社区和交际功能之间的联系更加复杂。尽管我们对设想跨本土言语社区有一些答案，但在跨本土功能的问题上依然困惑。诸如此类的文本可能会让我们对跨本土功能的潜力和局限性有一个大致的了解。

接下来要讨论的理论趋势是一致性和多样性之间的张力，这可能是全球化进程的核心。我想明确以下几点：(1) 这些电子邮件信息的作者完全融入了全球化通信技术;(2)此外,人们也非常清楚这些信息的语类常规;(3)然而,作者未能"完整""完美"地落实语类。因此,我认为,这将产生丰富的指向性信息,它排除了一些收件人却包括了其他人。换句话说,这些呈现不完整语类的案例创建了特殊的跨本土的言语网络。这一现象可能有助于我们理解全球化环境下的交际能力问题:我们所看到的是被修剪的言语能力,是共现并共创信息的多样言语能力,其成功和失败取决于不同言语能力的发展程度。在展开这一论点之前,我必须介绍相关的语料。

语料:初步的观察

和许多人一样,我经常收到上面这样的电子邮件。这里对在2005年4月至6月期间收到的56封邮件所组成的小型语料库进行具体分析。我对邮箱中每天收到的每封邮件进行了无差别的收集和复制。除了这些信息都不长(从半页到两页不等)之外,它们有一些共同的特点:(i)几乎所有的信息都是用各种英语变体写的;(ii)它们都是通过国际免费服务商发送的;(iii)它们都在尽力使用一种正式的、官方的写作风格;(iv)发信人都自称是控制资金流动的精英成员,对转账程序了如指掌;(v)他们都表示愿意在保密的基础上向我的账户转账。资金的数量以美元、英镑或欧元为单位,数额在50万美元至4.104亿美元之间。本章附录提供了语料库的概述。

自愿给予的类型　　从分类上看,我们可以区分四种类型。

1. 休眠账户　　几乎一半的自愿给予(25个)是关于所谓的"休眠账户"。下面是一个典型的片段:

> 例1
> 亲爱的伙伴,
> 我想您收到这封信可能会感到惊讶,因为我之前没有和您通过信,旦恕

我冒昧，联系您是因为我正在寻找一位可靠和诚实的人，合适且有能力帮我处理一项机密事务，涉及转让 7500 万美元。

我想把这些资金转到海外（75,000,000.00USD）柒仟伍佰万美元以我方在贵国的分享和投资为目的。

上述资金与军火、毒品或洗黑浅无关；它也与任何形式的恐怖主义赞助者无关。

我是强博·威廉·阿库涅是一名会计师和殷行经理，致行官和董事会已经批准并认可这家著名的银行担任国际薪酬/国外业务总监在今年最后一个季度处理和转让所有外国继承资金。我的客户与他妻子和孩子在飞机失事中丧生尽管我曾试图联系任何亲戚但没有任何效果也没有任何可追踪的亲属，茵此他的账户处于休眠状态，如果我不紧急汇出这笔钱，它将被重新转入银行的储备金。

（样本 2）

作者经常以银行或保险行政人员的身份出现，他知道并有权使用一大笔无人认领的钱，这些钱由于主人不幸身亡而被留在一个账户内，往往有被国家挪用的危险。这笔交易的目的是洗钱：将金额从目前的账户和国家取出，并汇入我们的银行账户。（请注意在这些信息中，腐败政府和无能官僚机构的形象是如何被激活的）

2. 彩票奖励 大约四分之一的自愿给予（13 个）是以宣布我在网上买彩票中了一大笔钱的形式出现的。下面是一个典型的片段：

例 2

很高兴地通知您我们在 2005 年 4 月 26 日举行的全球电子邮件抽奖活动的结果。

您的电子邮件地址对应的彩票号码是 37511465899-6410，序列号是 4872-510，幸运号码是 7-14-88-23-3545，您赢得了第一类彩票，因此可以获得一次性支付 100 万美元（一佰万美元）。

恭喜您！！！

由于混淆了一些号码和姓名，我们要求您对获奖信息保密，直到您的申请得到处理并收到汇款。这是我们的安全议定书的一部分,以避免一些参与者对这个方案提出双重要求和无理滥用。

所有参与者都是通过电脑投票系统从 2 万多家公司和 3000 多万个来自世界各地的个人电子邮件地址和姓名中选出的。这项推广计划每三年举行一次。我们希望您能参与我们下一个 5000 万美元的国际彩票抽奖。

如欲提出索款,请联络我们的受托人/律师:

律师·罗伊·汉斯(皇家律施事务所)
荷兰阿姆斯特丹
电话:(31)617 792 760.
传真:(31)847 506 277.
电子邮件:RoyHansBVA@netscape.net

(样本 28)

彩票信息提供最低金额(在 50 万到 550 万美元之间),但正如我们所看到的,未来几轮的收益将大幅增加。

3. 救援行动 有 12 封邮件建议我帮助那些在他们的国家陷入困境的人,把他们的资金迁出这个国家以便让他们获得这些钱,作为回报,我会获得丰厚的报酬。举个例子:

例 3

我是**苏珊娜·努汉·瓦耶女士来自西非捆家利比里亚。我已故的丈夫是利比里亚公共工程部副部长伊萨克·努汉·瓦耶。我丈夫被诬告阴谋推翻利比里亚当时的总统查尔斯·泰勒**)。未经审判,查尔斯·泰勒就杀了他。您可以从以下网站刊登的一些国际报纸上证实这一点:

(1)http://www.usatoday.com/news/world/2003—07—15-liberia_x.htm
在我丈夫被杀之前,他通过外交手段取出了 2150 万美元,存入了一家海外安全公司。这笔钱是用来进口农业机械的。

我只需要我的律师指示公司把钱转到您的账户上,最后我会给您 20%

的报酬,但最重要的是我恳求您在这笔交易中能够信任我并诚恳相待。我一直被限制在我们国家里,所有的电话都被监听,所以我建议你联系我在英国P.O.威廉姆斯的私人律师巴尔。他的联系方式如下:……

(样本41)

4. 慈善　　最后一种类型,在我的语料库中有五个例子,其呼吁相当引人注目——帮助慈善事业。在这五个例子中,作者都摆出一副虔诚的穆斯林形象,他觉得自己的生命即将结束,并试图把自己的财产捐给慈善机构。下面是一个例子:

例4

既然神已经召唤我,我已经立下遗嘱,把大部分的财产和资产分给我的直系亲属、大家庭成员和一些亲密的朋友。我希望上帝对我仁慈,接纳我的灵魂,我决定向慈善机构捐助,因为我希望这是我在人间做的最后一件好事。到目前为止,我已经向阿拉伯联合酋长国、阿尔及利亚和马来西亚的一些慈善组织捐款。

既然我的健康状况恶化得非常严重,我已无法亲自继续这么做了。我曾经要求家人关闭我的一个账户,把那里的钱捐给保加利亚和巴基斯坦的慈善机构;他们拒绝了,把钱留给了自己。因此,我不再相信他们了,因为他们似乎并不满足于我留给他们的东西。

我最后一笔没人知道的钱是我在国外一家存款公司的一仟捌佰万美元(18000000.00美元),这是在欧洲的巨额现金存款。

请确认此信息,以便我可以将您介绍给我的律师,他将处理您对上述资金的接管转移。

我想让您帮我收纳这笔存款,并把它捐给慈善机构。我的律师将向您介绍这些资金的情况,告诉您这些资金目前在哪里,并讨论有关如何付给您服务报酬。

(样本30)

在这四种类型中,故事都是不同的,并且调用了不同的道德框架。有一些自愿给予诉诸西方自由主义情绪,唤起接受者对被侵犯人权者的同情；一些邀约自称具有慈善目的，即所述转让基金的理由是为了向慈善事业或者宗教事业捐赠；第三，有些人声称他们在"拯救"他们试图转移的资金，而不是任其落入任性的当权派官员手中，呈现与法庭相反的道德观。但在所有情况下，模式和程序都是相同的：由于不明原因，我个人被选为一笔规模和数量相当大的金钱交易的首选合伙人；我必须在银行开一个新账户，以便把钱存进去。无论我为这些信息的作者提供何种性质的服务，我都将得到非常慷慨的回报。

邮件的来源 从电子邮件地址，我们可以确定诈骗邮件来自哪里——每个国家（除了美国）有一个注册域名，如"uk"，"ca"，"ch"，"hk"，"de"，"ng"等。但谷歌（gmail.com）、雅虎（yahoo.com）和微软（hotmail.com）等免费电子邮件服务中也有一些中立的域名，这些域名对于无知的人来说更难阅读。此外，通过伪造个人信息，你也可以在某个国家注册一个地址，而不必居住在那里。在我们的语料库中，这56封邮件的发送人自称来自14个不同的国家。表4.1给出了一个概述。

表 4.1 作者声称的来源地

尼日利亚	11
英国	10
南非	7
荷兰	7
贝宁	5
科特迪瓦	5
迪拜	3
俄罗斯	2
中国／中国香港	2
利比里亚	2
意大利	1
津巴布韦	1
加纳	1
塞内加尔	1

英国和荷兰是"彩票"邮件的来源地——分别为 7 条和 6 条——而其他国家并未发起此类"彩票"项目（只有一个例外，样本 19 声称源自英国和南非）。其他类别邮件的来源主要是尼日利亚，从区域上看属于西非。在 56 封邮件中，尼日利亚、贝宁、科特迪瓦、利比里亚、加纳和塞内加尔加起来共有 25 条。南非更加突出，有 7 条。如果我们不考虑"彩票"邮件，那么只有 7 封来自欧洲，而且有趣的是，其中 3 封邮件是"救援"类别。来自俄罗斯的 2 封邮件（样本 7 和样本 29）都声称，是为了拯救正在服刑的米哈伊尔·霍多罗夫斯基在尤科斯的部分财富；来自意大利的邮件（样本 2）声称是为了保护在欺诈审判中被抓获的帕玛拉特执行官路易吉·莫杰拉的利益。

这些邮件通常提供一个电子邮件回复地址（关于此，我将在下面详细说明），在许多例子中还提供电话号码。除了一两个例外，电话号码证实了邮件所声称的来源地。自称来自尼日利亚的作者提供尼日利亚的电话号码，来自英国的作者提供英国的电话号码。然而，电子邮件服务商（provider）的故事要复杂得多，并且从中已经可以洞察有关全球化的模式，我们必须在这些模式的背景下解释这些文档。

了解全球信息沟通中的行为方式：别名或匿名服务商

所有作者都使用开放的、匿名的商业服务商来发送和接收消息。很明显，一些人的注意力已经转向如何避免留下身份的可识别痕迹，如何创造机会抹除痕迹，以及以别名伪造痕迹。通过在附录中快速查看服务商，会看到一个真正全球化的图景。

作者无一例外地选择 Hotmail 或 Yahoo 类型的商业服务商，他们提供免费电子邮件地址和一些（有限的）服务器空间。这些服务商遍布世界各地，我的语料中的作者使用的服务商来自马来西亚、墨西哥、西班牙、意大利、英国、俄罗斯、美国、荷兰、菲律宾、土耳其、中国、南非、加拿大、法国、丹麦、乌拉圭、波兰、阿根廷、澳大利亚、新西兰、印度和以色列。几乎没有任何例外,服务商所在国都不是邮件的信息来源国,如邮件声称从尼日利亚发出,但它们实际上是通过美国、乌拉圭或菲律宾的服务商发出(注意,似乎没有一封邮件是从这个案例的收件人所在国比利时发出的)。通常,回复地址与发送地址不同,可能在暗示作者频繁地从一个服务商转移到另一个服务商。

服务商的选择有时很巧妙。如样本 9 提到:"邮件从 http://www.puk-en-muk.com 的 web 邮件服务发送"。该网站是荷兰汉斯维尔特的一家二手服装店。有几封邮件来自美国计算机超市 http://yoursite.com。样本 22 来自英国女性电子杂志 handbag.com。当我在收到消息两个月后检查发送消息的服务器时,其中一些消息的服务器已经不存在了,这暗示服务器正在被频繁地设置和废除,以防止被其他人定位。

除此之外,我们还可以在互联网上对单个收件人进行全面而详细的搜索(电子邮件直接发送到单个地址,并且通常在文本中使用收件人的姓名——邮件是针对个人的),在此类案例中我们将看到强大的计算机使用技巧。这些邮件的作者了解在虚拟通信世界中的行为方式。为了找到服务商,如他们所使用的,需要在互联网上进行彻底和目标明确的搜索;设置、更改电子邮件地址,并跟踪由此产生的复杂消息流;知道服务商可以 7 天 24 小时访问,而且了解选择遥远的小型服务商可以帮助创建虚拟匿名——所有这些都是高度发展的计算机知识。创作这些信息的人在互联网的世界里是有街头智慧的。他们完全有能力使用全球化的通信技术。

标明"地点"的方式——声称消息是从哪里发出的,或者实际从哪里发出的——非常复杂,这使身份甄别成为必要,而邮件作者也是尽量使用可信的别名。例如,样本 40 中的彩票协调员声称总部设在英国,并自称是"西蒙·克罗夫特(Simon Croft)";另一个人(样本 22)声称总部在荷兰,自称"简·范·克莱因(Jan Van Klein)"(这个名字在荷兰语中不常见,但又确实是个荷兰语名字)。然而,有时使用带"地点"特征的别名(表明归属特定区域的别名)可能会适得其反。样本 51 中彩票邮件的作者来自荷兰，他自称为"范·贝尔（Van Bell）"（通过阿根廷的服务商联系）；样本31的签名为"扎克·索妮（Zack Sonnie）"——这两个名字都是极不寻常的荷兰名字。而最不可能的名字在样本27中——签名为"安东·吉辛克（Anton Geesink）"的荷兰彩票邮件。安东·吉辛克是一个不错的荷兰名字，但它碰巧是荷兰柔道传奇人物的名字。1964年东京奥运会上，这位传奇人物击败了最受日本喜爱的选手，赢得重量级金牌，获得了永恒的奥运荣耀。样本28的作者，同样声称来自荷兰，提道：

例5
律师罗伊·汉斯（皇家律施事务所）
BARRISTER. ROY HANS (ROYAL ADVOCATEN KANTOR)

他们忽略了一个事实："barrister"是一个不太可能出现在荷兰法律体系中的称谓（"advocate""attorney"或者"lawyer"是最常见的，而且前面的称谓应该是"Mr"或者"Master"）。还有，"advocaten kantor"的正确写法应该是"advocatenkantoor"（这是一个词，而且字母o是两个）。而"Royal"的头衔只能通过王室任命才能获得，不可能授予"律施事务所的罗伊·汉斯"。

尽管有这些不靠谱的例子，但总的来说，我们能看到作者表现出姓名和地名同构的意识：作者如果在英国那就该使用英国名字，在荷兰就该使用荷兰名字，等等。世界各国都意识到自己国家具有某些特征，也意识到其他国家特征的存在。作者在邮件中提到其他国家，有时是为了描述移动轨迹（移动人口或资金），或展示他们的国际网络能力。我将在下面谈及这个特性。

让我们盘点一下目前的情况。显然，这些信息是由完全熟悉全球化通信技术的人发出的。他们知道如何利用互联网提供的机会发送针对个人的信息，同时保持匿名和不可追踪。他们还知道，信息的可信度可能取决于

"地点"标记,诸如"本土化"的名字。换句话说,作者不是互联网文盲,恰恰相反:他们拥有先进的互联网技能,完全融入了全球通信的经济中。这是他们表现出来的第一种交际能力:他们完全胜任电子通信技术。记住,这是我想谈的第一点。

构建语类

第二点是在起草这些邮件的信息时熟知语类惯例,使这些信息通过全球化的通信系统跨越各大洲和时区。这些语料在语类上具有惊人的一致性。作为语类,这些邮件是"结构完整的"(用海姆斯1998年的话来说),至少,它们正趋于稳定。在每个案例中,作者都努力调配**知识能力语域**,试图传达有关身份、目的和真实性的特定指向性信息。

可以区分两大类语类:(一)"彩票"邮件大体上是以**行政和正式**文本的方式写成的,它们突出表现在对"技术"和程序语域的调配上;(二)"休眠""救援"和"慈善"类型的邮件是由**叙事经历和信任**的方式写成的,它们的语域特征是个人参与、融洽和信仰。我们将简要讨论第一种类型,并在第二种类型上多花些篇幅。

正式的行政语类"彩票"邮件都有共性的结构模式。我们用样本31来说明这类问题:

(一)包含数字编号的技术性、商务性的主题行

例6
第十届全球推广组织国际项目,荷兰
阿尔方斯街B56,1002BS,荷兰阿姆斯特丹
来自:国际部促销经理
推广/获奖部门
参考编号:OYL/26510460037/02
批次:24/00319/IPD
注意:重新/获奖通知;最后的通知

语气和风格是非个人化的；发件人和收件人之间没有建立个人参与形式。这些信息通常还带有中性的称呼："亲爱的先生／女士""亲爱的赢家"，或者更明显地在一两个例子中，是"亲爱的幸运赢家"。

（二）获奖公告及评选程序

例7

我们很高兴地通知您，2005年4月23日在荷兰举行的**第十届全球推广组织国际计划**的获胜者名单已经公布。我们的电子网站访问校对员选择了您的电子邮件地址，以感谢您对互联网服务的惠顾，在最后的抽奖中，您的名字附在了票号023-0148-790-459上，序列号5073-11抽中了幸运号码43-11-44-37-10-43，最终您赢得了第三类彩票。因此，您已被批准一次性获得850000美元现金，记入档案号为OYL/26510460037/02。奖金总额为80400000美元，由29位国际获奖者分享。

所有参与者都是通过电脑投票系统从来自澳大利亚、新西兰、美国、欧洲、北美、非洲、美洲和亚洲的25000个名字中选出的。

注意对数字、日期以及机构和技术项目的密集引用（"第十届全球推广组织国际计划""第三类""记入档案号为OYL/26510460037/02"等等）。

（三）要求保密和邀请开始索款程序

例8

您的资金现在存放在阿姆斯特丹的一家银行，以您的名义投保。

由于混淆了一些数字和名称，我们要求您严格保密，直至索款被处理并收到汇款。这是我们安全议定书的一部分，以避免本方案参与者的双重索款或无理行为。

如欲索款，请联络本处的资料中心：

infocentre@compaqnet.fr，以作适当处理，并将奖金汇往您所选择的指定账户。

> 注意：为了避免不必要的延误和麻烦，请记住在与代理的每一封信函中都要引用您的编号和批号。此外，如果您的地址有任何变化，请尽快通知您的理赔代理。

可以看出，这部分还包含联系人的电子邮件地址和电话号码。注意，回复地址显示是某法国服务商。

（四）结束语

> **例9**
> 再次向您表示祝贺，并感谢您参与我们的推广活动。
> 诚挚的，
> 扎克·索妮
> **推广活动管理经理**
> **第十届全球推广组织国际项目**
> **荷兰**

观察一下，像"感谢您参与我们的推广活动"这样的语类特征是如何直接从普通的商业和推广话语中借用的。纵观整个语料库，一般的彩票邮件都在寻求与广泛的、可识别的商务传播类型语类产生密切联系，包括使用**晦涩难懂**的术语、引用号码以及对规则和程序的评论——这些东西没人能懂，但每个人都本能地将其理解为流畅的专业性、严肃性和真正存在的资本性的迹象。换句话说，这些东西没有任何参考价值，完全是在指向性层面上运作。它们传达的是已确立的、因而是预设的指向意义——专业的、可靠的、具有资本性的身份。

叙事语类

第2节中提到的"休眠账户"、"救援行动"和"慈善"类型的邮件在风格上更加多样化，但它们都具有**叙事导向**，并且都寻求彼此融合以及个人参与。如彩票邮件的案例那样，它们有一个通用模板，可以总结如下：

（一）个人化的，直接的称呼

（二）道歉并介绍

（三）关于金钱的来源的微型叙事

（四）发起商务交易的邀请

（五）要求保密

（六）结束语

然而，它们缺乏彩票信息在文体上的流畅和统一；叙事的表达方式也多种多样。下面是其中的一些奇特之处。

（一）**称谓语** 作者会使用非常不同的称谓。最中性的是"（亲爱的）先生"、"收件人：先生"或"收件人：扬·布鲁马特"，但许多邮件都使用情感型称谓语，以唤起强烈的个人参与感和融洽感。如下所示：

亲爱的朋友（样本3、14、16、18、29、30、42、43、56）

亲爱的合作伙伴（样本4、7、46）

亲爱的（样本44）

最亲爱的（样本10）

我亲爱的（样本12、39、48）

你好，亲爱的（样本50）

尊敬的（样本20）

收件人：请（样本25）

我给你的信（样本26）

愿真主赐你平安（样本37）

您好（样本36、37、38、52）

收件人：总经理/首席执行官（样本41）

请您注意（样本49）

毋庸置疑，"你好，亲爱的"、"我亲爱的"、"亲爱的人"或"尊敬的"这些称呼用语，多少可以作为在不成熟的商务关系背景下使用时的选项。但这是高攀。

（二）道歉并介绍　这些邮件通常包含大量的道歉，因为他们给你发了邮件。有趣的是，在道歉中他们经常清晰地表达出对语类适当性条件的认识。例如，在下一个例子中，作者意识到这种联系方式可能不适合于非常敏感的事务：

> **例 10**
> 请原谅我以这种方式来找您，讨论一件非常敏感的事情。如果有别的选择，那我可是求之不得。我只要求您花点时间听我说完。
>
> （样本 2）

邮件的个人性质和邮件（垃圾邮件）的非个人性质之间的矛盾关系是许多道歉介绍的特点。邮件中可能会解释如何以及为何选择收件人作为潜在合作伙伴。有趣的是，根据之前的评论，一些邮件解释是互联网搜索（或"内部"搜索，见样本 33）的结果。这里选择了一小部分进行展示；请注意有时涉及信仰、信任和尊重的强烈情感表达：

> **例 11**
> 收到我的这封信，您可能会感到惊讶，因为您并不认识我。
>
> （样本 3）
>
> **例 12**
> 我想您收到这封信可能会感到惊讶，因为我之前没有和您通过信，且恕我冒昧，联系您是因为我正在寻找一位可靠和诚实的人，合适且有能力帮我处理一项机密事务，涉及转让 7500 万美元。
>
> （样本 4）
>
> **例 13**
> 首先我必须为以这样的形式交流此次业务而向您道歉虽然我很高兴代表我的同事和自己给您写这封信我是罗伯特·查韦斯英国伦敦一家银行的审计和会计部门的经理我们决定就一项商业交易与您联系这项交易最终能使我们

双方获利下面我将进行简洁明了的介绍确保您对各项事宜了解准确。

（样本 9）

例 14
赞美之词，我决定把这份信任托付给您，祈祷您不要忽视或背叛它。
对于由此给您带来的不便，我预先表示歉意。我是大律师彼得·伊洛，已故乔治·K. 马歇尔先生的私人律师。他曾是贝宁共和国的一名承包商。

（样本 39）

例 15
请接受我给您发邮件的道歉。我是一个真正敬畏上帝的人，希望您能相信我，帮助我脱离眼下的局面。我相信您是一个非常受尊敬的人，我已在互联网上从贵国的人力资源档案数据库中获取了您的个人资料。

（样本 41）

例 16
由于我们未曾谋面，这封信可能使您感到意外。我谦恭地请求您原谅我寄这封信。
不得不说我无意给您带来任何痛苦，所以才决定通过这个媒介与您联系。当您读到这篇文章时，不要为我感到难过，因为，我相信每个人都有一天会死去。

（样本 43）

例 17
请允许我向您表达希望建立业务关系的愿望在祈祷之下我得到了您的名字和联系方式并选择了您，一方面因为从名字可以看出您值得尊敬的品质另一方面有人向我推荐了您认为您信誉良好值得信赖可以与您做生意，建议我一定要毫不犹豫地和您聊聊这项简单而真诚的业务。

（样本 44）

总基调很清楚：这是一种建立在相互信任基础上的一对一关系，并以实现双方的物质利益为支撑，在某些情况下，还得到了上帝的支持[2]。

其中一些片段几乎是公式化的，重复出现的文本暗示出同一作者身份或彼此之间的无节制抄袭。比较样本 1 和样本 48 中的片段。样本 1 的作者自称是尼日利亚人，通过 Hotmail 账户操作；样本 48 的作者声称来自贝宁，通过英国和丹麦的服务商操作。

例 18

有幸从友人处知晓您的信息,印象深刻,他在尼日利亚工商商会旗下经营着一家咨询公司。他向我保证您有可靠的能力来支持一项规模巨大的业务

(样本 1)

例 19

或许您有兴趣想知道,我通过在商会工作的好朋友获得您印象深刻的信息,他在贝宁开展对外业务,并向我推荐了您,认为您有可靠的能力,能够支持一项规模巨大业务。

(样本 48)

(三)叙述起因 给一个不知名的联系人几百万美元是一个相当不寻常的提议,所以几乎所有这类信息都提供了关于金钱来源的小故事。以下是一些样本。

休眠账户:

例 20

我是我们银行的分行经理,也是彼得·布鲁马特博士的特别会计主任。布鲁马特博士在我们这里的一家国际石油公司担任外籍钻井工程师。2001年4月21日,他及妻子和两个孩子在繁忙的阿克拉-阿夫拉霍高速公路上发生了车祸。不幸的是,车上的所有乘客都丧生了。从那时起,我所在银行的董事会多次向他们的大使馆询问我的客户的外延关系,但均无果而终。因此,因您与我的客户姓氏相同,必须联系您,在您的协助下才能在银行没收或宣布无效前拿回客户的巨额存款,4550万美元。

(样本 8)

救援行动:

例 21

在当前这场反对津巴布韦农民的危机中,我们的总统罗伯特·穆加贝的

支持者声称拥有我们国家所有的白人农场,他命令所有的白人农民向他的党员和追随者投降,

我的父亲是这个国家最优秀的土著农民之一,他不支持总统的意识形态,总统的支持者入侵了我父亲的农场,洗劫烧毁了所有的东西,没收了他所有的投资,

父亲去世后,为了我们的生命安全,我和母亲以及我的小女儿决定离开津巴布韦,一起带走了父亲在我母亲家保险箱里保管的钱来到南非,这笔钱共计1000万美元(壹仟万美元),现存于南非比勒陀利亚一家私人安保公司的秘密金库中,有趣的是他们以为在保管我的个人财宝,不知道那是钱,

我母亲和我本人已决定联系任何可协助我们的海外公司或个人将这笔钱从私人保安公司转移出去,因为我们作为在南非寻求庇护的难民,不能开立一个非居民账户,并通过该账户将这笔资金从保安公司转移到海外账户,

(样本23)

慈善:

例22

既然神已经召唤我,我已经立下遗嘱,把大部分的财产和资产分给我的直系亲属、大家庭成员和一些亲密的朋友。我希望上帝对我仁慈,接纳我的灵魂,我决定向慈善机构捐助,因为我希望这是我在人间做的最后一件好事。到目前为止,我已经向阿拉伯联合酋长国、阿尔及利亚和马来西亚的一些慈善组织捐款。

既然我的健康状况恶化得非常严重,我已无法亲自继续这么做了。我曾经要求家人关闭我的一个账户,把那里的钱捐给保加利亚和巴基斯坦的慈善机构;他们拒绝了,把钱留给了自己。因此,我不再相信他们了,因为他们似乎并不满足于我留给他们的东西。

我最后一笔没人知道的钱是我在国外一家存款公司的壹仟捌佰万美元(18000000美元),这是在欧洲的巨额现金存款。

(样本30)

尽管这些邮件在资金来源上有相当大的差异，但我们可以看到反复出现特征。作者在他们的故事中使用的主题非常有限，概述如下：

有钱的原因是	样本
飞机失事	4、6、9、17、24、38、48、53、56
车祸	8、12、16、33、34、37、39
内战、政治问题	3、7、10、23、29、41、55
合同错误、诈骗	1、2、25、26、54
疾病	30、42、43
暗杀	44、52

飞机失事和车祸，以及合同和欺诈的故事占据了"休眠账户"邮件的主导地位；内战和政治问题以及暗杀故事通常用于"救援行动"；三个疾病的案例都导致了钱的出现，也都属于"慈善"类别。

有趣的是，一些作者试图将这些故事嵌入可识别的互文空间中。样本14谈到2003年入侵伊拉克期间，一名伊拉克官员被美国的炸弹炸死。在样本15中，钱之所以可以动用是因为其所有者在2004年末的海啸灾难中丧生。样本17中的金钱所有者死于巴黎协和式飞机失事，而样本56中提到的资金所有者是2001年9月11日撞上世贸中心大楼北塔的飞机上的一名乘客。样本3和样本23的作者都声称自己是罗伯特·穆加贝在津巴布韦"再分配"政策的受害者，样本7和样本29的作者都自称是俄罗斯前尤科斯石油巨头米哈伊尔·霍多尔科夫斯基的亲密合作者。最后，样本2的作者声称自己是意大利跨国公司帕玛拉特一位高管的合作者[3]，该公司被卷入了一起严重欺诈案。作者们就是这样寻找公众认可的故事，这些故事支撑了他们自己的（部分）故事，使其乍一看合情合理，有些甚至还提供了相关事件信息的网络链接。

（四）确保放心　　一些作者用较长的篇幅说明他们的真诚和这种操作的无风险特点，以便让人放心。例如，样本4的作者试图说服我们，我们甚至不应该有"一丁点的畏惧"：

第4章 语言技能与言语能力

例 23
我将利用我在银行的职务做所有的地下工作,并加快批准和释放使您受益的资金。我会尽力使您了解该事务将是 100% 无风险,只用 14 个银行工作日就能完成,因为作为一个银行家,我知道银行的流程,所以不用抱有丁点畏惧,因为符合涉事双方的事情都已安排妥当并保证获得成功。

（样本 4）

样本 37 的作者对此也有类似的表达:

例 24
我会使亻尔(your)明白,这项业务是免费的,您不必担心,因为在您作为死者的亲属向银行提出申请后,所有的资金转移方式都可以在 5 个银行工作日内完成。

（样本 37）

样本 32 的南非作者（提供了惊人的 1.26 亿美元）对这笔交易的合法性充满信心:

例 25
我将立即申请年假以获得签证您已准备好行动接受汇款到您的账户。我将利用我的职位和影响力,在获得相关部委和外汇部门适当批准的情况下,获得所有法律批准,将这笔资金转入您的账户。

（样本 32）

而大律师马林加·尤瑟夫（阿尔哈吉）,和他的一些同事一样,声称自己是听从银行上级的命令的:

例 26
有她签字的**遗嘱**的副本在我的办公室里,原件在银行的档案里。由于我在法律执行上的放松,银行已经有四年没有收到我提供的任何外国受益人了。因此，银行要求我提供一份推荐的受益人，以便及时处理这笔钱和不动产的法律索赔。否则，银行将把这笔钱作为无人认领的基金存入银行金库。

（样本 33）

在每一个案例中，这些保证都是以他们的**身份**为基础：作者利用他们在银行或产业中的有影响力的地位、流程知识和财务和法律知识，向我们保证他们的良好意图并保证业务的成功。

（五）**保密、诚实和尊重** 作者们总是强调严格保密的重要性——即使他们同时向我们保证交易的合法性和无风险性。他们对交易的实际细节也很坦率，以此表明交易可以在没有初步谈判阶段的情况下进行，并在保密和真诚的基础上立即执行：

例 27
我是上述地址的埃里克斯·乌尤先生。如果我侵犯了您的隐私或没有得到允许就打扰了您，我感到很抱歉。
我有一个非常有价值的工作机会，希望我们能以信任、保密和手足之情参与其中。

（样本 26）

例 28
这项业务本身是 100% 安全的，只要您以最大的保密性对待它。我对您充满信心，希望您不会使我们失望。我有权向我的相关同事提出，如果您愿意协助我们完成这笔交易，您将得到 20% 的补偿，而我和我的同事将得到 70% 的补偿，剩下的 10% 用于支付税金和所有其他未支付的费用。

（样本 18）

例 29
在这一点上，我想强调的是，这笔交易是一个成功的安排，作为银行的一名内部人士，我有能力监督一切顺利进行。在顺利完成这笔交易后，您将有权得到您自己应得的那部分钱作为报酬。只要合理，贵方的这一份额是可以协商的。请您保守这一绝密，因为我们仍在为您服务，并打算在与您达成这笔交易后退出。在您在星期一前确认并回复，我将一直关注这个银行的整体情况!

（样本 9）

例 30

然而，您必须**注意**，这笔交易必须遵守以下条款和条件：你能够保证完全的诚实和勤勉，以使我们相信您。您需以信任、诚实和保密的态度对待这笔交易。作为一个外国合作伙伴，您需严格遵守所有的指示。请开始行动，因为我们几乎落后于时间表，我们要使这笔资金被包括在本财政年度的最后一个季度的支付范围内。当您收到这封信，并有帮助我方的奉献精神和诚意，希望您能立即联系我，使我们即刻采取必要的步骤。期待您的回复。

（样本 17）

例 31

然后您和我可以平分这笔钱，55% 给我，40% 给您，剩下的 5% 用于双方在交易过程中产生的费用。我有全部必要的法律文件，可以用来支持可能产生的任何索赔。我所需要的只是您的真诚合作，使这笔交易得以完成。我保证，这将在一个合法的安排下执行，将保护您免受任何违反法律的风险。请通过电子邮件联系我，并把您的电话和传真号码发给我，以便我们进一步开展这笔交易。

（样本 8）

因此，作者从专业身份、能力和知识等方面定义了自己的可靠性，而收件人的可靠性是基于真诚和谨慎行事能力的信任问题：即专业人士与好人。在整个语料库中，有大量的表达用于抒发对这位好人的敬意，邮件有时以溢美之词、略显巴洛克式的结束语而告终：

例 32

最后，对于您崇高的帮助，我们正在协商回报。谢谢，并祝福。等待您的回复。

您真诚的

穆萨·雅各布·卡马拉（JNR）

（样本 20）

例 33
　　当您收到这封信时，请给我发一封电子邮件，表明您的兴趣，包括您最机密的电话或传真号码，以便快速沟通。谨呈，丹·奥比博士

（样本 37）

　　有一次，作者（自称为伦敦的劳埃德银行工作，但通过一家意大利服务商发的邮件）概述了违反保密规则的危险：

例 34
　　记住这是绝对机密的。我丈夫不知道这种冒险行为。如果秘密泄露，我的家庭将会陷入混乱，我也会有麻烦，并失去我宝贵的工作。您的联系电话号码和姓名将是必要的。

（样本 5）

　　结构稳定性和语类　　如果我们现在把这些思考结合在一起，就会发现这些邮件的作者显然不是从零开始写的。他们都试图用一些概念模板构建**特定类型的文本**，这些文本产生某种特定的指向——它们是承载信息的文本。让我们回顾一下，这一信息是，这一切都是关于一项真正的、诚实的商业交易，其规模相当大，对所有参与其中的人都有利。而且，这样的信息需要以一种可识别的"严肃"风格被（形象地）捕捉到，该风格的一系列特征产生可能使收件人信服的意义。然而，这些文本并不具有**直白的说服力**，而具有**指向性说服力**：它们试图通过调配语类和文体特征来说服收件人相信邮件的真实性，这些特征锁定了现有的、可被识别和可被预设的指向性价值。这组特性是有限的，并且是非随机的，这就解释了邮件中的结构稳定性。

　　这就是我想谈的第二点：这些文本的作者除了在全球化的通信技术世界中完全具有通信技术专业能力以外，他们还具有**文化书写能力**，因为他们知道邮件需要特定的语类和风格特征才能被理解和相信。这就是第二种言语能力：让我们称之为文化能力，即"**知道拿什么**"去沟通的能

力。许多作者，尤其是那些"休眠账户"邮件的作者，假扮成商人、律师或银行家，并在自己的名字上加上分类标签，如"博士"、"律师"或"（先生）"；他们也会提到有影响力和专业知识的职位，他们使用这些职位的符号象征意义，例如货币类型的技术术语（如样本 7 中的表述"超过 1050 万美元的**分析金额**"；样本 12 中的表述"**定期存款金额**"），以及法律和金融转移机制（如样本 24："银行准备将这笔钱发放给任何作为受益人的外国人，并提供有关已故所有者的可靠信息"）。这些就是前面提到的**知识能力语域**：作者努力以符合他们自称的特定职位的方式说话。鉴于他们的交际行为具有全球化的性质，他们必须在一定限度内适应这种说话方式：他们必须传达能够让世界另一端的人接受的意义。如果我们把以上确立的两点放在一起看，这个故事是一个融合的故事，一个对相似性进行符号构建的故事——我和你很像，我是你世界的一部分。

一连串的错误

这就是诸如英语和读写能力这样的东西发挥作用的地方：在任何民族志研究道路的尽头，都能看见语言上的细节。前面几节给出的例子已经说明了这是怎么回事：许多邮件的作者都在基本的读写技能方面遇到了困难，没有完全掌握标准英语变体。我们将看到，这两者都是"完整"呈现语类的先决条件。但是，不完整的呈现并不妨碍交际的成功——它们产生更有选择性、更小的言语网络。

这一观点与我到目前为止一直试图展现邮件的符号融合过程不同，它把我们引至相反的方向，使我们考虑全球化条件下的**多样性**问题。我们知道，全球化使语言资源的性质和结构更加突出。一旦语言符号产品开始在全球范围内传播，它们就跨越了不同的指向性秩序：在某个地方被视为"好语言"的东西，在另一个地方很容易变成"坏语言"；一种表达方式在某些地方被视为体现尊重，在其他地方可能会被认为是表示傲慢；在某个地方被视为中产阶级知识分子身份的指向，在其他地方却可能成为移民的下层阶级身份的指向。换句话说，语言结构中的小细节——口音、书写风格、礼貌用语、暗示身份或关系的特定语域——作为个性和案例的调查、质疑和评估对象，变得越来越重要。因此，全球化中移动性的增加似乎并没有增加对多样性的接受。如果非要说有什么不同，那就是它开辟了一个新的、更广泛的空间来衡量多样性，视多样性为**变异**，将多样性视为对重新加强或重新创造的标准、习俗和基准的偏离，对此我们将在第 6 章中更详细地讨论。基于某种语言资源的特征而产生的拒绝和排斥现象是普遍的，正如我们将在下文讨论的，这样的拒绝并不总是直白明确的。

让我们首先仔细看看这些邮件作者为了使我们相信他们的真诚都运用了哪些语言资源。

草根的读写能力　　许多邮件显示了草根读写能力的典型特征：标点符号不一致、频繁的拼写错误、不合理地使用大写字母和跨语域转移（例如，在正式文体中使用非正式文体，或者相反）。看下面的一些例子[①]：

例 35

通过我的内部搜索，得到了您的邮件地址，这就是为什么我有义务联系您，寻求您的兴趣和信任，并在我的法律支持和帮助下提出索赔这笔钱，**安拉保佑您和您的家人**

（Through my internate search i got your mail address,that is why i am obliged to contact you to seek your interest and confireration, and lay claim of this money with my legal backing and assistance ALLAH BLESS YOU AND YOUR FAMILY）

（样本 33）

例 36

我叫乔治·托尼。我是一个 65 岁的男人。我是居住在达喀尔（塞内加尔）的爱尔兰人。我是一名商人，在达喀尔拥有两家企业。（……）请回复

[①] 例 35—例 42 的原文附在译文之后，以供读者观察作者讨论的英文邮件中的不规范现象。——译者注

这封邮件，因为我只能通过我的手提电脑回复不能很好地说话：georgetony@fastermail.com 真诚地，

（My names are George Tony. i'm a 65 years old man. i am Irish living in dakar (senegal). i'm a merchant and owned two businesses in Dakar. (...) please reply to this mail as i can only reply through my labtop can not talk very well: georgetony@fastermail.com sincerly,）

（样本 34）

例 37
从那时起，我与他所在国家的大使馆进行了几次接触，以便找到任何我客户的亲属，但也没有成功。

（Since then, I have made several contacts to His Countries Embassy in order to locate any of my clients extended relatives, which had also been unsuccessful.）

（样本 39）

例 38
我是克里斯托弗·科比夫妇的独子托尼·科比我的父亲是科特迪瓦经济首都阿比让一位非常富有的可可商人，他在一次商务旅行中被他的商业伙伴们毒死了。当我还是个婴儿的时候，母亲就去世了，从那以后，父亲对我精心照料。

（I am Tony Kobi the only son of late Mr and Mrs Christopher Kobi.My father was a very wealthy cocoa merchant in Abidjan the economic capital of Ivory coast, my father was poisoned to dearth by his business associates on one of their outings on a business trip. My mother died when I was a baby and since then my father took me so special.）

（样本 44）

例 39
2004年6月29日上午10点，我们的父亲在阿比让的一家私人医院去世。去世之前，他偷偷地给我和我妹妹打电话，告诉我们他有一笔溜佰伍拾万美元的钱（650万美元）他把钱存在贝宁共和国科托努的一家银行里。）

（Before The death of our Father on the 29th of June 2004 by 10.00am in a private hospital here in Abidjan. He secretly called me and my younger Sister and informed us that he has a sum of (US$6.5million) Sixe million five hundred thousand dollers. Which he Deposited in a Bank,in Cotonou. Benin repubilc.）

（样本 52）

这几个例子充分证明了这一点：许多作者所运用的读写技能暴露了他们在全球读写能力经济中处于边缘地位。作为计算机使用者和网民，虽然可以说他们十分熟练，而且他们对在此类交流中所需的文化语义也似乎拥有相当清晰和准确的理解，但是他们中的许多人无法完成最基本的任务：产出与他们的地位相符的正确拼写，以便使他们所代表的职位更加形象化——符合他们所称的高技能专业精英身份的书写能力。

草根英语　许多作者所使用的英语变体也是如此：这些变体与规范格格不入，它们不断趋向于本土通用语变体的文体惯例，却与收信人的规范性语码相去甚远。这导致一些短语的出现让人意想不到，表达不恰当和文体展开太突兀的地方也是随处可见。如下所示：

例 40

我写这封信涉及我银行的一位外国客户，账号是 14-255-2004/ASTB/123-99，他在一次车祸中暴死，车上乘客全部遇难。

自从我们的客户一命呜呼，我个人热切地等待亲戚的到来，但事实证明，所有的一切都失败了，因为没有人来认领他的 32000000 美元（叁仟贰佰万美元），这笔钱在分行已经很长时间了。在这封支票里，我决定寻找在名字上可以作为他近亲的人，因为他本人并无近亲。

(I am writing in respect of a foreign customer of my bank with account number 14-255-2004/ASTB/123-99 who perished in an auto-crash with the whole passengers aboard.

Since the demise of this our customer, I personally has watched with keen interest to see the next of kin but all has proved abortive as no one has come to claim his funds of US$32,000,000.00 (Thirty Two Million United States Dollar), which has been with my branch for a very long time. On this note, I decided to seek for whom his name shall be used as the next of kin as no one has come up to be the next of kin.)

（样本 37）

例 41

在我介绍自己和联系您的目的之前请允许我向您说请认真阅读这封信

的内容。我是帕特里克·莫里斯先生,一位银行家,我是苏格兰银行的审计员。我想从我们伦敦的银行转账(壹仟伍佰万英镑)。我鼓起勇气寻找一个可靠和诚实的人他有能力进行这一重要的业务交易,相信您不会让我失望,无论是现在或未来。

这个账户的主人是约翰·休斯先生,外国人,伦敦的石油化学服务经理,一位专业的化学工程师,1995年去世。该账户没有其他受益人,我的调查证明,他的公司对该账户一无所知,涉及金额为(15000000.00)英镑。

我想把这笔钱转到国外的一个安全账户,但我不认识任何外国人,我知道这个消息对您来说很震惊,因为此前我们并不相识,但请相信这是真实的业务。我相信上帝,您不会让我失望的。您的完整联系电话和传真号码、姓名将是达成这一效果的必要条件。希望能立即收到您的回信。谢谢帕特里克·莫里斯先生附:您可以通过这个邮箱回复我:patrickmorris1@doramail.com

(BEFORE I INTRODUCE MYSELF AND MY PUROPSE OF CONTACTING YOU LET ME FIRST APPEAL TO YOU, TO KINDLY READ THE CONTENT OF THIS LETTER WITH KIND ATTENTION. I AM MR PATRICK MORRIS, A BANKER, I AM AN AUDITOR IN BANK OF SCOTLAND. I WANT TO TRANSFER OUT (FIFTEEN- MILLION POUNDS STERLINGS) FROM OUR BANK HERE IN LONDON. I HAVE THE COURAGE TO LOOK FOR A RELIABLE AND HONEST PERSON WHO WILL BE CAPABLE FOR THIS IMPORTANT BUSINESS TRANSACTION, BELIEVING THAT YOU WILL NEVER LET ME DOWN EITHER NOW OR IN FUTURE.

THE OWNER OF THIS ACCOUNT IS MR JOHN HUGHES FOREIGNER AND THE MANAGER OF PETROL CHEMICAL SERVICE HERE IN LONDON, A CHEMICAL ENGINEER BY PROFFESSION AND HE DIED SINCE 1995. THE ACCOUNT HAS NO OTHER BENEFICIARY AND MY INVESTIGATION PROVED TO ME AS WELL THAT HIS COMPANY DOES NOT KNOW ANYTHING ABOUT THIS ACCOUNT AND THE AMOUNT INVOLVED IS (15,000,000.00) POUNDS STERLINGS.

I WANT TO TRANSFER THIS MONEY INTO A SAFE FOREIGN ACCOUNT ABROAD BUT I DON'T KNOW ANY FOREIGNER, I KNOW THAT THIS MESSAGE WILL COME TO YOU AS A SURPRISE AS WE DON'T KNOW

OUR SELF BEFORE, BUT BE SURE THAT IT IS REAL AND A GENUINE BUSINESS. I BELIEVE IN GOD THAT YOU WILL NEVER LET ME DOWN IN THIS INVESTMENT. YOUR FULL CONTACT PHONE AND FAX NUMBER, NAMES WILL BE NECESSARY FOR THIS EFFECT. HOPE TO HEAR FROM YOU IMMEDIATELY. THANKS MR PATRICK MORRIS N: B-YOU CAN REPLY ME THROUGH THIS BOX: Patrickmorris1@doramail.com）

（样本46）

例42

亲爱的，我们很荣幸地向您寻求以下方面的帮助：帮助我们将资金从非洲转移到您的国家。因为我们对交易一无所知。

（Dear, we are honourably seeking your assistance in the following ways: To help us transfer the money out from Africa to your Country. since we don't have any idea about transction.）

（样本52）

例子的数量可能会再次成倍增长：我们发现自己置身于各种英语的森林中，英语的变体繁多，令人眼花缭乱，它们与语言和文体标准的接近程度也大不相同。

调配英语资源不仅仅是出于操作上的原因，它还可以作为一个强大的身份指向：正是通过掌控权力和精英人士全球化的语码的这些邮件作者得以标明他们声称所具有的身份。除了选择与所声称的消息源位置匹配的名称，语言的选择也是创建可信的、可识别人设的一部分。上面的例36和41为我们提供了有趣的证据。在例36中，作者声称自己是居住在"达喀尔dakar（塞内加尔senegal）"（两个首字母没有大写，两个单词之间也没有空格）的"爱尔兰人Irish"（写对了，I被大写了）；他还说他的"名字names"（复数形式）是乔治·托尼。在例41里，作者声称是"**一位银行家，我是苏格兰银行的审计员**（A BANKER, I AM AN AUDITOR IN BANK OF SCOTLAND）"——奇怪的句法，而且标点也有问题，"苏格兰银行BANK OF SCOTLAND"也没有定冠词限定。他自称是帕特里克·莫里斯先生，有"勇气寻找一个可靠和诚实的人"，愿意涉及一项价值"一仟伍佰万英镑（fifteen-million pounds sterlings）"的交易（一仟伍佰和万之间有破折号，英镑 sterlings 是复数形式）。

乔治·托尼和帕特里克·莫里斯都声称自己的母语就是写邮件的语言。在莫里斯先生的案例中（例41），作者自称是苏格兰人，作为证据证明邮件自称的来源——英国（注意，莫里斯先生是通过乌拉圭的服务商发送的邮件，并期望我们通过一个免费电邮服务商回复他，而这个服务商的站点在一个美国漫画粉丝网站）。当然，苏格兰银行的高级雇员不太可能把"Sterling"写成复数形式——就像我们的爱尔兰人乔治·托尼不太可能把自己的名字写成复数形式一样。非母语性在他们的每一行信息中都非常刺目。然而，关键是，在这两种案例中，作者似乎都认为**他们的英语像流利的"英语为母语"的人**的英语**那样"好"**。这表明特定语言资源在世界不同地区有不同的价值——即不同的本土指向性秩序之间的差异。非常值得确信的是，这两位作者都没有意识到他们的英语变体和他们的收件人所知道的规范性变体之间的差异。世界体系，正如我们所知，不是一个连续体，而是一个充斥着各种各样的分离和不连续性的体系；各种语言规范的集合可以**被认为**是全球性的，但是，正如我们在第 3 章中所看到的，它们实际上可能是非常本土性的，而且是自我封闭的，对本土的制约和机会做出反应，而非对那些运作于语言规范"中心"的制约和机会做出反应。

这里的重点是英语的特殊实现方式所"释放"出的各种指向信息。以托尼和莫里斯为例，他们提供了足够的理由让人质疑他们所声称的爱尔兰和苏格兰身份——进而质疑其提议的真诚性和他们所讲故事的真实性。简言之，他们英语的非母语性暴露了他们的邮件是欺诈行为，摧毁了他们试图在邮件中建立的整个指向大厦。这也适用于我们资料库中的许多其他例子。作者借助了专业精英成员的身份，并竭尽全力试图说服其邮件的收件人相信他们属于世界的同一阶层，但他们在拼写、标点和语言方面的捉襟见肘暴露出他们与收件人并不相同——他们是**装模作样的人**。

这是我想说的第三点。这些邮件的作者可能已经很好地融入了全球化的通信技术网络,并且他们可能已经进一步思量如何在这些网络中进行交流,但是他们没有认识到需要什么才能成功地处理所从事的复杂且高标准的语类任务。第三种能力,言语能力,似乎没有前两种能力发展得好。现在我们准备进行一些总结性的思考。

被修剪的欺诈

我想说,这个小型的语类研究可以帮助我们理解全球化条件下语言过程的复杂性。简言之,我尝试构建的案例可以总结如下。

这些作者写邮件的交际类型是一个有层次区分的综合体,包括必备技能、已用的和可用的技能以及实践。按照前面提到的说法,这个综合体是一个被修剪过的语言技能资源库,其中一些资源开发得非常好,而另一些资源则开发得较差。邮件的作者在这一交际综合体的某些层次上参与充分,而在其他层次上却无法参与。他们是全面掌握全球化通信技术和基础设施的用户和操纵者;在这方面,他们是"成熟的"用户(Baron 1998:145)。我们已经看到,他们在探测世界各地能够掩盖其踪迹的服务商方面,往往显示出惊人的专业水平。他们也是跨文化的传播媒介,也就是说,他们似乎对主导他们所从事的特定交流类型的文化语类惯例有准确的理解。我们看到他们的邮件大量显示出结构的一致和紧凑,他们谙熟语域,亮明精英身份,表明可信度,并辅以人们对其国家存在腐败和官僚主义缺陷的刻板印象来散布这些邮件信息。他们知道全球化的客户想要什么,为此他们都表现出一种文体和语类融合的趋向:一封由真诚、严肃的商业人士写的全球认可的"严肃"信件。我们可以看到,人们对这个全球化的交流网络所需的交流选项有一定程度的共识。毫无疑问,这些作者意识到,他们的邮件需要专门为目标受众设计,而他们的选择证实了他们的这种意识。

第 4 章 语言技能与言语能力

但我们也看到,在需要用具体单词、句子和标点符号组织成一个文本这样的实现语言技能的最低层次上,世界体系再次全面呈现,不平等现象各式各样,发展速度不成比例,均塌落到英语的各种变体上面,使全球化的语类在其他两个层次上所实现的认可荡然无存。"知道**是什么**"不等于"知道**怎么做**",托尼和莫里斯的例子以及其他案例,都揭示了世界体系中一个令人不安的真相:对许多人来说,他们认为的向上层社会移动和积累财富的象征性交通工具的"英语",事实上,与获得这种向上轨迹所需的"英语"非常不同。许多邮件作者可能认为他们的"英语"不成问题,因为他们的收件人可能也使用"英语"——大家都用"英语",这个词的普遍性令人相信这两种变体是相同的。

可以肯定的是,事实并非如此。当他们的邮件被来自第一世界受过高等读写教育的精英们阅读时,对他们的**解剖**将是迅速而无情的。但多样性原则也对他们有利。互联网交流是一个由非本土性主导的空间,适用于伦敦市中心、鹿特丹的规则也同样适用于拉各斯或约翰内斯堡。会有这样一些收件人,他们的英语变体与规范"中心"之间的距离与发件人同"中心"之间的距离一样遥远。其中一些人可能没有发现邮件中丰富的非本土指向。这些读者可能只会感知到"英语",而没有把这些变异当成重要的东西看,对他们来说,邮件提及的身份、关系和活动可能是完全可信的——这些事情可能不寻常,但也许是在他们身上发生的最好的事情了。正如前面提到的,电子邮件欺诈实际上是**有效的**,它产生受害者,这些人可能就在那些广泛的英语受众之中,他们没有注意到上文提及的那些古怪的英语用法。也许我们应该提醒自己,有很多人(包括英语说得很流利的人)在此行列。因此,诸如此类的邮件及其影响使我们得以一窥全球化传播领域日益多样化的情况。

当大事顺利时,小事就开始变得重要起来。"英语"这样的闪耀着同质化光环的词正是全球化的指向性陷阱:它导致人们相信变体甲等同于变体乙,因此,它也为差异的产生创造了广阔的空间;例如,无论这些差异多么微小，当它们被以一种集中指向的方式转喻解读为根本差异的证据时，差异便可产生。互联网等工具在交际结构的层次上提供了实现同质化和均匀化的机会，而这种同质化的过程进一步支持我们在使用语言资源时感知到的同质化；但恰恰是这一进程使我们重新把注意力集中在不能同质化的东西上面：世界上存在的结构性不平等。

4.3　资源的世界

欺诈电子邮件的作者表现出了一种发展不均的能力，我认为这种能力在全球化中越来越成为一个课题。作者所展示的不同技巧是通过迥异的历史轨迹进入他们的语言技能的，这些轨迹有的短，有的长，有些是集体的，有些是个人的，有些是"正常的"（机构性）轨迹，如教育，还有一些是非正式的学习环境，如同辈群体和非机构社区；有些是语言使用者主动地通过自身的努力纳入语言技能，还有些技能则是由他人提供的。这些差异是理解社会语言学现实的基础，因为一个语言技能从来就不是"平坦"和顺滑的，而总是发展不均和被修剪的，从而反映了真实社会环境中真实的人的生活。人员和信息的移动性使语言技能之间的差异更为明显。由于人类交流的每一个方面都可能接受评价性判断，可以看到触发评价的交流特征的范围在扩展。邮件作者所展示的能力和技巧形成一个大杂烩，为其他人能够据此做出指向性判断提供了一个广阔的全景。我们曾在第2章关于商品化口音的讨论中已经看到了这一现象，我们在这里又看到了。

这一关于被修剪的多语现象的观点引发了各种理论问题和可能的解释。前面已经讨论了能力这一问题。查琳·黛尔斯（Charlyn Dyers 2008）在一篇很有见地的论文中分析了威斯班克居民的语言技能，这是一个位于开普敦附近的乡镇，也是我们在第3章中讨论过的地方。基于全面分析人们在不同领域使用的资源，黛尔斯得出结论，威斯班克的多民族构成（实际上每个人都是移民）造成了被修剪的多语言技能和语言实践。语言资源得到重新排序，并在功能上进行专门化改变，以便处理特定的任务和功能，而非其他。她观察的模式用更传统的词汇被称为"语言转用"（带有语言"濒危"或"死亡"等含义），即传统上与一种语言相关的资源被重新分配到特定的领域。然而，她却用被修剪的语言技能，这表明语言根本没有消失，它们的资源变得专门化，因此被锁定在特定的社会领域（用巴赫金的话来说）。传统词汇中的"语言"以"语域"的形式存在于一个新的、更有生产力的词汇之中，而人们所拥有的真正的"语言"是这种专门化的多语言资源的拼凑。这样的观点对当代语言濒危研究产生深远影响，因为它消除了此类研究的二分法（语言要么是"至关重要的"或要么是"濒危的"），取而代之的是更详细和精确的观点，它不仅允许灰色地带的存在，而且还能使我们看到特定的资源对于语言使用者而言仍有重要作用，即使对于分析者来说这些资源是过时的。

我们也可以自现在开始从特定资源（而不是语言）的角度来看待压迫和支配的模式，其中一些资源可能（但不一定）与传统理解的语言重叠。也许受压迫的不是"语言"，而是它们在特定语类和语域上的应用，例如，受压迫的是一种在学校使用的教学语言，或者在公共舞台上作为政治辩论的语言。也许这种观点可以对这种现象提供更精确的诊断，并（希望）对其有所改进。有一件事看起来很确定：在这样一个移动模式意味着越来越多的交流具有半成产品特征的世界里，基于"标准"变体对语言概念和语言印象的分析越来越不具相关性。越来越多的语言将会变得"非标准"，这不是由于人们在语言问题上天生的马虎或粗心大意，而是由于被修剪的多语使用的复杂作用，以及有问题的资源和功能分配，这是移动性造成的后果。"非标准"这样的术语已经过时了，因为它涵盖了太多和太多样的现象。摆脱它，摆脱相关的术语，将对社会语言学大有裨益。

第 4 章 附录：邮件资料

序号	姓名	声称的地点	互联网服务商地点	电话号码地点	提及的其他国家	类型	钱数
1	Dr. Joseph Diara	尼日利亚	?（hotmail）	尼日利亚		休眠	1930 万美元
2	James Williams	意大利	马来西亚			救援	数百万欧元
3	James Zulu	津巴布韦	墨西哥，?（netscape）		瑞士、南非、荷兰	救援	950 万美元
4	Dr. Jumbo Williams	南非	西班牙			休眠	7500 万美元
5	Cynthia Wood	英国	意大利			休眠	2000 万美元
6	Ben Okoye	尼日利亚	英国			休眠	1250 万美元
7	Olsom Berghart	俄罗斯	俄罗斯，?（雅虎）			救援	1.5 亿美元
8	Lawal Sanusi PhD	加纳	?（hotmail）			休眠	4500 万美元
9	Robert Chavez	英国	美国、荷兰		印度尼西亚	休眠	1400 万英镑
10	Linda Koffi	科特迪瓦	墨西哥			救援	1450 万美元
11	Simon Crof	英国	菲律宾	英国		彩票	250 万英镑
12	Hon. Nnamdi Chukwu Esq.	贝宁	土耳其			休眠	107 万美元
13	Bill Scott	英国	俄罗斯、美国			彩票	50 万美元
14	Josef Yun	中国香港	中国香港		伊拉克	休眠	4360 万美元
15	Adamu Yazid	尼日利亚	美国	尼日利亚	印度尼西亚	休眠	1000 万美元
16	Tony Gawab	尼日利亚	阿根廷			休眠	1050 万美元
17	Marcel Martin	南非	西班牙、英国		英国	休眠	?
18	Mukele Kelele	南非	意大利			休眠	3100 万美元
19	Barr. David Mogwerane & associated (Esq.), Teresa Allan, Alexandra Davis	英国/南非	英国、南非	英国		彩票	82 万美元

第 4 章 语言技能与言语能力

续表

序号	姓名	声称的地点	互联网服务商地点	电话号码地点	提及的其他国家	类型	钱数
20	Musa Jacob Kamar	科特迪瓦	拉丁美洲		塞拉利昂	救援	1450万美元,100公斤黄金
21	Lisa Jones, Forest Anderson	英国	美国	英国		彩票	550万美元
22	Jan Van Klein	荷兰	英国			彩票	85万美元
23	Yahaya Kumalo	南非	美国		津巴布韦	救援	1000万美元
24	Bruce Brand	南非	美国—英国—加拿大		美国	休眠	2690万美元
25	Engineer George Ogbedi	尼日利亚	美国			休眠	2361.5万美元
26	Alex Uju	尼日利亚	西班牙			休眠	520万美元
27	Anton Geesink	荷兰	美国, 英国	荷兰		彩票	150万美元
28	Barrister Roy Hans, Susan Smith	荷兰	美国, ? (netscape)	荷兰		彩票	100万美元
29	Mark David	俄罗斯	英国		中国	救援	4200万美元
30	Shdak Shari	迪拜	美国, ? (netscape)		欧洲	慈善	1800万美元
31	Zack Sonnie	荷兰	法国			彩票	85万美元
32	Kethson Mour	南非	南非, ? (hotmail)			休眠	1.26亿美元
33	Barrister Malinga Yusuf (AlHaji)	南非	南非			慈善	2856.2万美元
34	George Tony	塞内加尔	中国香港		欧洲	慈善	1250万美元
35	Perry Graham	荷兰	美国, 中国香港			彩票	180万美元
36	Briggs Smith	英国	? (雅虎)		美国, 欧洲, 加拿大	合作	?
37	Dr Dan Obi	尼日利亚	南非			休眠	3200万美元
38	Martins Mulolo	贝宁	中国, 意大利		黎巴嫩	休眠	1100万美元
39	Hon. Peter Iluo Esq.	贝宁	英国, 丹麦		多哥	休眠	1070万美元

续表

序号	姓名	声称的地点	互联网服务商地点	电话号码地点	提及的其他国家	类型	钱数
40	Simon Croft, Brian Hays	英国	美国	英国		彩票	250万英镑
41	Suzana Nuhan Vay	利比里亚	西班牙（比斯坎）、意大利	英国		救援	2150万美元
42	Ramesh Hassan	迪拜	美国, ? (netscape)			慈善	1800万美元
43	Shehu Abdul	迪拜	美国, ? (netscape)		保加利亚	慈善	?
44	Tony Kobi	科特迪瓦	意大利			救援	1050万美元
45	Rita Adams	?	美国	荷兰		彩票	50万美元
46	Patrick Morris	英国	美国、乌拉圭			休眠	1500万美元
47	Linda Green	英国	英国、南非	英国		彩票	350万美元
48	Dr Tafik Dada	贝宁	美国、丹麦			休眠	1640万美元
49	Mulan Qin	中国	中国			救援	4.104亿美元
50	Slomon Dike	尼日利亚	波兰			休眠	"大数目"
51	Van Bell, Lynn Rowlands	荷兰	阿根廷、西班牙、澳大利亚、新西兰	荷兰		彩票	150万美元
52	Susan Dargbo	科特迪瓦	拉丁美洲		贝宁	救援	650万美元
53	Dafe Akene	尼日利亚	印度			休眠	2550万美元
54	Senator John Agoda	尼日利亚	阿根廷、澳大利亚			休眠	2900万美元
55	Dan Pedro Vaye	利比里亚	美国、以色列		南非	救援	2150万美元
56	Barrister Ibe Festus	尼日利亚	丹麦、印度		美国	休眠	900万美元

第 5 章
语言、全球化与历史

5.1 历史概念

理解全球化就是理解一个历史进程,它在时间上有相当的深度,我们可以从中看到不同的发展阶段和时刻。我在本书的前几章强调了这一点的重要性,现在回到这一点上来。我们所面临的困难在费尔克劳(2006)的研究中得到了例证:从共时的角度仅能观察全球化,但要理解全球化却需要从历史的角度。因此,我们必须开发一些至少具有历史敏感性的概念工具,用这些工具指引并拓展一个历史分析和解释的空间。

当然,历史并不等同于历时。仅规定社会语言学特征发展的时间线,并在上面标记一些重要时刻是不够的(这也是一些语言政策和语言规划工作中的问题)。历史意味着时间中充满了人类的活动,行为者们彼此之间有着各种各样的关系,他们的行为影响着其他人的行为。权力、等级、权威、规范是理解历史进程的核心:历史充满了权力和冲突(参见 Blommaert 1999a)。一些研究可以作为历史社会语言学分析的例子。庞菲利奥(Bonfiglio 2002)回顾了"标准美国"口音的起源,并将其置于种族和民族关系、20 世纪仇外心理以及美国新精英阶层出现的背景下进行研究。我们在他的研究中听到了雄心勃勃之士的声音,我们看到语言意识形态由可识别的行动者向其他可识别行动者表达。柯林斯和布洛特(Collins & Blot 2003)的研究也是如此,他们把美国的读写能力描述为与语言权力和权威的历史有着不可分割的联系。在他们的研究中，我们也看到了可识别的行动者在发挥作用，我们可以跟踪他们参与的辩论[1]。费边（Fabian 1986）的研究是一个经典，他研究的是特定的殖民和宗教当局在殖民事业特定阶段的背景下是如何在比属刚果"规划"语言的。鲍曼和布里格斯（Bauman & Briggs 2003）通过分析语言学家、文物学家、民俗学家和早期人类学家的著作，对"现代主义"语言意识形态的逐渐发展提供了令人钦佩的历史描述。在他们的著作中，我们看到关于现代性的一个关键概念的如下表述：一个可以成为现代民族国家语言的有序、纯粹和干净的"语言"。当然，这里提到的所有著作（还有更多）都包含历时分析。语言随时间而变化。但时间本身充满了行为者、声音、危机时刻、冲突和有说服力的表达，而且权力限定了我们可观察到的进程的投入和产出。这就是这些著作具有历史性的原因，这种历史分析表明语言也是一个非常重要的社会和政治研究对象。我们在这些著作中可以看到施加于语言之上和语言运用中的各种权力策略。我们看到人们如何定义语言在社会中的利害关系，他们如何定义社会移动性的障碍和通道，他们如何通过规范语言来规范社会。这样的研究很重要。

然而，我们仍然被最初的问题困住了：像全球化这样的历史进程只能在某个时刻观察到。我们只能见证历史进程的共时结果，我们需要概念，它可以让我们从共时表现"溯读"产生这些表现的过程。我们也可以从已掌握的开始。现在广泛传播的概念，如互文性和互语性（intertextuality and interdiscursivity, Fairclough 1992）明确地将共时性语言对象与先前的对象联系起来，它们使我们（或应该使我们）对每种语言事实的内在历史性产生敏感——这是沃洛希诺夫（Voloshinov 1973）已经指出的。他们强调对"此时此地"话语的解释依赖于检索它们的使用历史；为了理解话语现在的含义，我们必须回到它们以前的含义。还有些同样普遍使用的概念，如语境化（contextualization）（Gumperz

1982; Hanks 2006)、供用特征（affordances）(Kress & van Leeuwen 1996)和指向性（indexicality）(Silverstein 2003a, 2006a)，也做了同样的事情：他们指出了一个事实，即意义源自基于先前意义做出的推断，而这些先前意义往往反映出社会秩序。这种隐含（历史）意义复合体所具有的秩序性质可以用语类和语域（Agha 2007）等术语来描述：它们是语言中持久的、相对稳定的意义模式，这种意义模式的产生触发现在和过去言语之间的直接联系。在所有这些过程中，我们看到规范性浮现出来：语言使用的稳定性、互文性和秩序性是我们通常在语言中标记为"规范"的方面。这些概念现在属于社会语言研究的范畴，但必须强调，它们是历史概念，这些概念打开了一扇从现在看过去，从产品看它们产生过程的窗户。它们让我们意识到，每一种语言行为都是建立在当前陈述和先前陈述之间的历史联系的基础之上，这些联系与社会秩序有关，因此不是随机的，而是有序的。

我在本书前面介绍的概念也代表了一种对语言对象内在历史性进行概述的尝试。指向性秩序这一概念旨在明确地描述定义语言使用规范性的社会秩序形式。因此，这个概念必然指的是历史模式和过程，其中便有对语言形式（期望的）稳定性和可预测性的语言意识形态方面的认识（其中一些在 Agha 2007 中得到了例证）。多中心的概念也是如此：它表述了一个世界的形象，在这个世界中，权力和权威由各种具体的行为者（或者说是具体的中心）所分享，他们可以制定并执行这些规范指南。不同的中心在不同的层级上运作（"层级"从本质上是另一个历史性概念），因此代表不同的"秩序"，其中一些具有悠久的历史，依附于相对稳定的机构，而另一些则是短暂的、灵活的和短命的。然而，在每一种情况下，现在和过去是有联系的，人们从过去的经验和他们现有的各种各样的资源和技能中推断出什么对现在的任务有用。当然，后者已经表明，"语言技能"这些更广泛的社会语言学概念也在本质上具有历史维度。即使我们只能在其共时运用中观察语言技能，我们也还是会知道在共时运用之前存在着什么样的资源和技能,这是因为有个人传记和社会体系的历史存在。

我用较长的篇幅详细讨论这一点,是因为它非常重要。社会语言学现象的历史维度往往被无视或忽视,从而导致对共时现象的过度解读。结果,我们发现有许多相似和不同的现象从共时角度可能无法解释,或者说如果从历史角度来看,会得到一个非常不同的解释。在全球化的背景下,这些问题变得越来越难以掌控,因为许多文化全球化进程表面上是一致的,如众所周知的"麦当劳化"。我们相信,我们在全球各地都看到了相似现象(想想英语的传播,或者互联网的使用),我们开始把它们解释为相似性,例如,是同一个殖民主义进程和/或语言和文化帝国主义影响的结果。但是相似的后果可能产生于非常不同的过程,这一点却被忽略了;社会语言学原本的基本任务是探索语言体制在实际社会和实际语言使用中形成和构建的特定方式,但这一基本任务却被放任自流。我们得到的只会是一些相当无用且具有误导性的概念,如"世界英语"(Brutt-Griffler 2002),它表明一个统一的物体正逐渐且稳步地从一个"国家"层级上的工具发展为一个"世界"层级上的工具。这样的分析是行不通的,因为它忽略了这些过程不论在哪出现都要显示出的根本性差异,而且它也忽略了描述与现有语言技能相关的实际资源(如英语)的基本社会语言学任务。这些事情允许在特定层级出现泛化,但肯定不是绝对泛化。

这种对社会语言学现象共时层面的过度解释是可以避免的,因为正如我们刚才看到的,我们可以从一个相当完善的概念工具包开始,这个工具包允许并使我们能够从共时语言的使用中"溯读"出历史背景和意义的历史模式。我将在本章的其余部分尝试说明这种分析的潜力,首先分析文化全球化进程的表面一致性,然后试图对其进行更为深入地研究。

5.2 高尔夫的世界

高尔夫是阿帕杜赖（1996）的"意识形态景观（ideoscapes）"之一。在过去的几十年里，这项运动的意象已经成为"指向性伟哥"（Silverstein 2003b）这一类别的成员：这是指向性箭头朝上的符号，表示成就、财富，也彰显了凡勃伦（Thorstein B. Veblen）[①]所称的"有闲阶级（leisure classes）"的成员身份，他们更广为人知的名字是"雅皮士（Yuppies）"。这就意味着：高尔夫是富人和成功人士的运动——这些人开昂贵的汽车，戴劳力士手表，因此应该被视为社会其他人的榜样。有趣的是，高尔夫也是一个真正的全球化标志。高尔夫球手在世界各地寻找好的高尔夫球场，而享有盛誉的高尔夫俱乐部的会员制度也是非常世界性的（cosmopolitan）。主要高尔夫锦标赛都是全球性的大型赛事，而像老虎伍兹这样的高尔夫明星则是全球一流的名人。利用高尔夫的这种意象，就打开了这个充满成功和成就的指向性世界。请看图 5.1。

这是一则西门子展示电子通信系统的广告。这则广告于 2006 年出现在比利时杂志《诀窍》（*Knack*）上，尽管《诀窍》只用荷兰语出版，但广告中的文字却是用英语写的。这是一个全球性的广告，一个渴望在全球性层级上发行的广告。它还包含了一些全球性商业成功话语。我们可以看到"创新的 HiPath 实时 IP 系统（innovative HiPath real-time IP system）"、以及"服务（service）"和"解决方案（solution）"，而这些朝上指向的词汇来自于"你的资讯科技总监（your IT Director）"和

[①] 凡勃伦，Thorstein B. Veblen，美国著名经济学家。他以价格高昂的宝石、名车、名牌精品等商品为例，认为富裕的上层阶级，即有闲阶级，通过对物品的超出实用和生存所必需的奢侈消费，向他人炫耀和展示自己的金钱财力和社会地位，以及这种地位所带来的荣耀、声望和名誉。著有《有闲阶级论——关于制度的经济研究》（*Theory of the Leisure Class: An Economic Study of Institutions*）。——译者注

"运营总监（Director of Operations）"之口。这则信息的受众显然是在大型（即国际经营的）公司担任高级职位的人士，这些公司大到足以有一名资讯科技总监和一名运营总监。该广告也给出了这样的例子：万豪（Marriott）连锁酒店采用了"创新的 HiPath 实时 IP 系统"，并可能发现它是一个像"一杆进洞"一样难得的解决方案。万豪当然是一个著名的品牌，它代表着全球化商业精英倾向于使用的那种酒店和度假村。这就

图 5.1 西门子广告

第 5 章 语言、全球化与历史

引出了广告中的主导意象：高尔夫。

"一杆进洞"（hole-in-one）是高尔夫球术语，它指的是高尔夫球手的最终成就（因此非常卓越）。广告中显示的是一对英俊的年轻人在打高尔夫球，而不是产品本身（产品是看不见的）。背景中的建筑是佛罗里达州奥兰多的万豪酒店，由此，这一广告的复杂符号建立起西门子的客户与成功、精英和财富的全球化形象的联系，而且这些形象具体具象在这对打高尔夫球的夫妇身上。这里出现多个跨层级的代码：全球化的英语代码，成功商业全球化话语代码，以及高尔夫球的全球化代码（图像和术语"一杆进洞"），它们都具有浓厚的象征意义。即使这则广告刊登在本土的比利时（荷兰语）杂志上，它也确实是完全全球化的。

图 5.2　高尔夫海报，北京

现在来看图 5.2。这是 2007 年 4 月摄于北京市中心街道的海报。这张海报是双语的，广告说当月将在北京举行一场高尔夫球锦标赛。和我们在西门子广告中看到的图像类型一样：我们看到了英语这一全球代码，我们看到了企业赞助商的标识，我们看到了一些高尔夫术语（"开球 teeing off"），我们看到了一位技术娴熟的高尔夫球手的形象。海报明显借鉴了与西门子广告相同的符号和意识形态[2]。这就是全球化的表面一致性：在世界上不同地方产生的符号之间有一层明显的相似性。我们有一种感觉，我们可以感知到一些非常相似的东西，一些来自相同源头也产生相同结果的东西。正是这种感觉使全球化成为许多人的真实体验：相似性创造了彼此之间的互文性，因此，也创造了彼此之间的熟悉。

但我们应该超越这种表面的相似性进行更深入地探究。海报是双语的，是专业设计、制作的产品。一个享有声望的活动，如一个由精英乡村俱乐部组织、受企业赞助的高尔夫球锦标赛，是不容许劣质沟通工作的，所以我们可以假设，这个产品反映了制造者相当大的投资和关注。我们看到了漂亮的字体，高质量的图片，平衡的整体海报构成，并试图通过使用英语让海报吸引国际观众。海报上方的两个中文短语是："树运动新风"和"建和谐社会"。下面的英文不是对汉语短语的精准翻译，而是一种与传统中国风格不同的重新设计，即从中国的"政治口号"风格过渡到西方的"商业"风格。这两句话的语义在汉语中是分开的两个短语，但在英文翻译中被放在一个上下级的语义关系中：开启新的体育意识是为了建设和谐社会。当然，这里也有高尔夫术语"开球"——这只对那些熟悉高尔夫球，懂英语的人有意义，换句话说，主要是北京的外籍人士。

但这些人可能会注意到"conciousness"中相当引人注目的印刷错误[①]。这让人想起在本书前几章讨论的一些例子中出现的类似错误：这种交流行为是"不完整的"，因为在获取该交流行为所需的资源上存在一些问题。排版和校对这张海报的人以及印刷工并没有注意到英文的拼写错误，而且该错误在制作过程中也没有被发现。这些人可能也对于高尔夫和"和谐社会"之间的联系感到莫名其妙。后者——建设和谐社会——是中国共产党在当代社会提出的主要口号之一，"和谐社会／和谐社区"一词

---

① "意识"一词的正确拼写应为 consciousness。——译者注

第 5 章　语言、全球化与历史

不断出现在社会生活中。这个口号可以在许多公共场所的宣传中见到，中国孩子们就这个话题举行文章写作、演讲和辩论比赛。因此，尽管我们看到制作者已经花费了相当大的努力试图使这张海报成为一种全球化的交流产物——我在上面列出了一系列特征——但印刷错误和政治口号把它牢牢地拴在了本土和国家层级上。

　　如果比较这两个例子，我们就会看到相似性之外的那些有趣的不同。西门子广告可以说几乎没有什么本土特征（这个广告是英语，但这本杂志是荷兰语），而且还传递了深刻的全球化风格和消息；相反，中国的海报追求全球性层级，但同时也显示出本土和国家层级的重要特征。西门子的广告将全球性流通融合于信息中，可以在比利时、英国、瑞士、阿根廷等国以相同的形式传播。它的移动性潜力很大。中文海报以英文向全球（次全球）观众发布，并以高尔夫球和企业赞助为标志，但同时也向本土和全国观众发布。尽管西门子的广告似乎只从一个中心——全球企业——汲取其规范性设计，但我们看到，北京的海报显然是多中心的。高尔夫巡回赛的组织者把目标对准了通常以这种形象为目标的地位群体，以及企业界，但他们也通过采纳中国共产党最重要的一个政治口号向中国政府靠拢。我们听到了中国全球化精英的声音，也听到了中国共产党的声音。

　　我们在这里看到了资本主义的两种不同的历史面貌被投射到两种不同的表现形式上。在西门子的广告中，企业界是它自己的一个领域，它在全球市场上的行动非常自由且不受约束。它的伙伴是同一企业界的其他成员，而国家——至少在意识形态上——不是企业界进程的直接参与者。在中国的海报中，我们看到了类似的画面，但信息是多声部的，国家的声音出现在新全球化精英（即华彬网站上提到的"商业领袖"）声音旁边。在中国，国家是企业文化的积极合作伙伴，也许是最活跃的一个，而且商业精英们在考虑自己的利益时还要考虑到国家的利益，即使这样会产生相当奇怪的多声信息——比如中国最高级的乡村俱乐部呼吁

144

构建和谐社会。

这两个例子都使用了相同的图像和符号材料。我们看到了高尔夫的图片（带有与成功、精英会员等非常相似的指向性价值），我们还看到了英语和高尔夫术语。但这两个例子都体现了各自形成的不同历史，而且我们在这两个例子中都看到了有不同的力量在起作用。高尔夫作为一种全球流通现象出现，但被置于非常不同的环境之中——不同的历史环境。因此，这两种情况中的符号结果是非常不同的。这是不同的高尔夫世界。

5.3 长与短的历史

在本书前面举的例子中，我们看到了非常相似的事情，例如，我曾讨论过南非一所乡镇学校英语的边缘规范问题。那里实际使用的资源——特定的英语变体和特定的读写能力变体——有着它们形成的历史。在南非长期的种族隔离历史中，标准英语和先进的读写能力都牢牢掌握在白人精英的手中，只是在南非较短的后种族隔离历史中，英语才成为民主分配的物品。这一长一短的历史结合在一起促成了那所学校实际使用的资源。然而，长久的历史影响着短暂的历史，因此，以民主分配方式获得的英语是"黑的"、污名化的英语读写能力变体，而不是精英变体。

现在，当我们从共时的角度考虑语言技能时（我说过这些语言技能只能在共时语境中见到），我们可以看到被称作**共时化的**语言技能。这些语言技能中的不同成分，如"语言""语言变体"或具体的"沟通技巧"，将相对地"扁平"并置，正如当有人说他"懂英语、法语和荷兰语"那样（或者在一份问卷中，我们询问"人们在学校／医院／与朋友／法庭上使用哪种语言"那样）。但当我们讨论被修剪的语言技能时（这些语言技能在前几章中体现出当代多语现象的特征），可以看到这样的扁平并置掩盖了构成语言技能的实际资源间存在的巨大差异，而且这种差异极为重要：它们定义了人们何时使用特定的资源，以及如何使用这些资源。它们还解释了人们为什么不会同时使用所有的资源，而是自信地为特定交际任务选择合适的语言碎片。正如我所说，不同资源之间的差异代表了这些资源成为个体语言技能组成部分的轨迹。因此，资源之间的差异也是历史的差异，这些差异中隐藏着不同的社会语言学历史。

共时化是语言技能自愿被审视的一种方式：语言技能本身不是共时的，而是在某些过程（如元语言访谈或调查）中变成共时的。在社会语言学的话语中，我们不断地将现实共时化。这是索绪尔的遗产在社会语言学中的影响。事实上，这些现实是多面的，具有多种截然不同的线索，与人们的生活及其所依附的社会历史相联系。我在这里提出的社会语言学是一种去共时化并**历史化**社会语言现象的理论，研究从对象到它赖以产生的过程之间的各种联系。图 5.3 这一简洁的图形为我们描绘了这个过程。

我们看到东京神道教神社附近的架子上挂着许多小木板。这些木板是"还愿"信息：请求或表达对上苍某些恩惠的感激之情。这是日本一个非常古老的传统，它们的书写和展示方式都散发着传统的气息：它们不是写在一张纸上，而是写在一块木板上，并公开展示在神社的一个特定地点。我们也看到了不同种类的木板。虽然大多数木板都是日文手写的，但有些木板上绘有鲜花、心形或其他象征图案，还有些则是古代神灵或传奇故事情节的木版印刷品。其中一些还是用英语手写的（参见图 5.4）。

我认为，我们在这里看到的是一种被共时化的社会语言学现象，其组成部分有着非常不同的起源。因此，这个现象实际上有很多层次，我们能在其中看到非常传统的物品（如木版印刷）以及不同形式的日语书写（传统书写与日常和片假名书写），我们可以在日语正字法在不同阶段的教育系统的流通中发现这些书写方式的起源，这可以追溯到 19 世纪。英语的

图 5.3 日本的还愿板

图 5.4 还愿板细节

题字源于相当近期的全球化过程,它把英语作为一种爱和甜言蜜语的语码带入了青少年的世界。然而,在同一块木板上,作者的名字是用传统的、几乎是书法的字体写成。这些不同的语码组成了这个被共时化的马赛克,但它们有着不同的起源,并通过不同的路径到达这里。解读这个马赛克需要追溯其组成部分的起源,追溯到文化和社会。

第5章 语言、全球化与历史

当然，长久的历史和短暂的历史之间的区别让我们想起弗尔南多·布劳德尔（Fernand Braudel 1949, 1969，另见沃勒斯坦 2000，第 10 章）就历史而言关于慢时、中时和快时的经典区分。慢时（durée）是气候和社会制度的时间；中时是帝国、朝代等时期；快时是战争、革命等事件的时间（the événements）。布劳德尔注意到，这些时间类型与人类的能动性和意识是有相互关系的（correlation）。很少有人意识到气候变化经历的缓慢而漫长的时间（我们现在可能生活在一个人们充分意识到气候变化的时代），在这个水平上的发展通常超出了个人能动性的范围。帝国的时间具有较高的意识性和能动性，事件快速变化的时段也是人类个体能动性和意识性所能达到的范围。例如，比起现代资本主义的周期性波动，人们对股市崩盘的意识更强，后者对人们的直接影响也更大。布劳德尔的观点是区分不同类型的时间对于理解历史进程至关重要，而我认为对于理解社会语言学进程也是至关重要的。如果我们不注意连续性，我们就无法理解变化，反之亦然。例如，如果我们忘记在社会结构和城市中心的社会语言中所发生的渐进的变化，我们就无法理解当前这些地区的社会语言和符号景观的超多样性模式（如第 1 章所讨论的）。

这一点也体现在还愿板的插图中。我们在那里看到了不同层次的历史性，每一层都反映了一种变化，从传统到更现代再到非常现代。顺便说一句，这些例子也可以看作是语言接触和语言混合的例子。我们确实看到两种语言并列使用：日语和英语。我们也看到了几种制作符号的模态：预印图像、手工绘制的小图、手写日语书法以及"普通"手写日语，还有手写英语。因此，这些图像代表了一种多语言、多模态的综合体，这两个维度紧密地交织在一起。重要的是要认识到，在考虑这种多语言和多模态综合体时，构成要素——语言和模态——通过不同的历史轨迹组合到一起，并且这些轨迹定义了要素的"供用特征"（Kress & van Leeuwen, 1996）：它们定义了不同要素在意义和功能方面的作用。事实上，我们在这里看到的特定语域的英语用法——"爱和甜蜜"——

可能是不同的供用特征作用的结果。可见,英语之所以能生成许多价值和可能的意义是因为它深深地嵌入青年流行文化之中。它已经成为日本表达爱和友谊的工具之一,这是一个近期出现的现象(我们将其与当代全球化进程联系起来)。它的出现是一种跨本土现象:同样的现象也可能发生在伦敦、布鲁塞尔或曼谷。它现在与反映"前全球化"时代的历史宗教和历史形象一起出现(与神道教传统和日本民族意识的出现有着强烈的联系),其意义和功能因此具有强烈的本土性:只有熟悉这种宗教图像的人才能了解它的意义。

所有这些都影响着我们对指向性的理解。指向性本质上是互文性的:它将以前的话语与现在的话语联系起来,并把指向负载赋予了当前那些源于现有社会秩序的话语。当然,这种社会秩序实际上是不同历史要素的多中心拼凑,其象征——语言和符号形式在这方面很重要——承载着这些历史的痕迹。这就是为什么我们可以通过语言和交流模式看到社会进程。它们从来不是"扁平的"和光滑的,而是显示出一些微小差异,这些语言的差异又造成人与人之间的巨大差异。用布迪厄的话说,"每一个言语行为,更广泛地说,每一个行动,都是独立因果序列之间的连接和相遇"(1991: 37)。它是不同影响的连接,其中一些属于个人轨迹,一些属于集体轨迹,一些有较短的历史,而另一些有较长的历史。这就是为什么使用一种语言的标准变体,在许多地方经常指向并标志着具有受过教育的精英身份:正如布迪厄(1984, 1991)指出的那样,标准变体与精英生产和再生产的社会体系具有历史联系。因此,从标准荷兰语转变为标准英语可能产生的指向性效应不同于从一种本土性很强的荷兰语转变为嘻哈英语可能产生的指向性效应。虽然第一种转变很可能标示着精英的身份,但后者可能标示着同龄群体追求酷时尚和反精英的态度。我再重申一下,其原因在于构成这一特定交际行为的要素具有不同的指向负载;这种差异将特定的行为与互文性的不同形式联系起来,因而也与不同的历史相联系。可以预见,全球化背景下历史进程的加速引发更复杂的社会语言变化形式,因此需要采取更复杂的方法研究这些变化的形式。让我们考虑一个例子。

5.4 杂乱的商店

大众旅游是导致世界上许多地方迅速变化的推动因素之一,它具有奇妙的社会语言效应。海勒(Heller 2003)展示了之前濒临灭绝的少数民族语言如何突然获得市场价值,从而通过遗产旅游获得一系列新的功能(和生存前景)。在许多其他地方,由于存在为旅游目标受众设计的语言材料,我们可以看到社会语言环境发生了巨大的变化。这些都是多语现象的新形式,但通常收效甚微:在很多情况下,唯一有效地展现在眼前的英语是商店或餐馆墙上贴的"可说英语(English spoken)"的告示。

通常,专业制作的多语言符号会试图提供一种对称的模式。在这种模式中,以一种语言发布的所有内容也将以另一种语言发布(菜单就是一个典型的例子)。这就是对多语言实践的现代、有序的构想:甲相当于乙。然而,变化的速度有时会妨碍这种精细化的程度,其效果往往是"不完整的"产品——我们已经在本书的不同章节中看到了这样的例子。位于芬兰北部萨米兰(Samiland)的萨利塞尔卡镇(Saariselka)在过去十年中经历了这种迅速的变化[3]。它从一个主要供芬兰国内游客使用的小型滑雪胜地,迅速成为一个面向国际的、时尚的冬季运动胜地,拥有酒店、餐厅和纪念品商店,销售"典型的"萨米族商品。

镇上有几家商店,但有一家特别显眼。这是一个巨大的商店,除了卖食品、纪念品和纺织品,还有餐厅、烟酒专卖店和网吧。这家商店语言丰富多彩。在图5.5的横幅上,我们可以看到英语、芬兰语、德语、瑞典语、法语、俄语和日语。

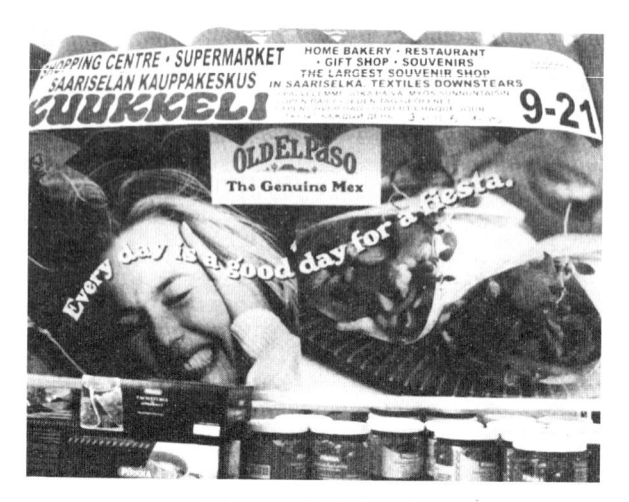

图 5.5 杂乱的商店

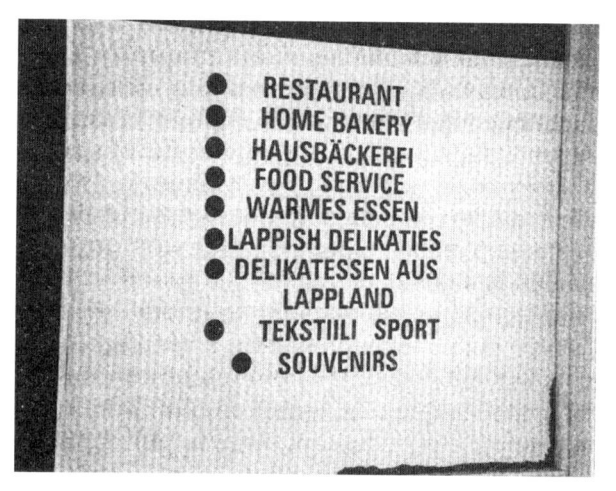

图 5.6 杂乱的告示

图 5.5 还向我们展示了该店出售的商品的特色：该店本意上试图迎合所有偏好，提供一切商品，包括异国风味食品。这是一个真正全球化的商店。然而，在商店里，还没有尝试构建各种对称的、对等的多语言信息模式。有些商品只有芬兰语广告；其他的用芬兰语和俄语，还有一些用芬兰

语、英语和俄语，或者英语和德语，或者芬兰语和日语，或者芬兰语、英语、德语和法语，再或者英语、法语、德语和意大利语，等等。（注意店里没有萨米语。）商店中没有一件商品是用全部七种语言做广告的，尽管商店使用七种语言给自己打广告。虽然英语（除了芬兰语）肯定是使用最广泛的语言，但其他国际语言之间没有明显的等级关系。在这个意义上，商店的多语现象是杂乱无章的：各种语言随处可见，但呈现方式却是"无序"的。

图5.6就是这样一个例子。我们看到商店外面有一块广告牌，上面列出了商店的一些商品。我们可以分辨出两个"国际化"的单词："餐厅"和"纪念品"。我们还看到一个芬兰语的表达：tekstiili sport（即"运动纺织品"），而广告牌的其余部分由英语和德语并列组成。符号的"不完整"性质可以在这些随意组织的多语言资源中看到，甚至单词delikaties还存在拼写错误。其他一些国际语言的表达也有些糟糕，显示出这些都是基于现有资源（如字典）的快速翻译工作。

萨利塞尔卡等新兴的大规模旅游中心的快速变化体现在这些标志中。商店里出现的许多语言标志着有说这些语言的顾客，虽然这些标志之间似乎并不对称和对等，但其整体状况可能反映了店主与特定顾客群体的经验。例如：德语符号在食品区的重要性可能反映了许多德国游客租了一间小屋自己做饭的事实，在纪念品区没有这样的标志可能反映出大多数德国游客不会在那里购买这样的商品。在鱼罐头区出现芬兰语和俄语可能反映了俄罗斯游客的消费模式。然而，不同语言的混乱共存表明，这家店并不遵循季节性或周期性的模式，例如，它没有在日本游客旅游旺季增加更多的日语标识，也没有在法国游客旅游旺季增加更多的法语标识。他们所有的东西都在商店里，并且以一种非常模糊的方式组织起来——语言资源的并置反映了当地感受到的极速变化，在这里，随着每一辆满载游客的巴士来到镇上，社会语言模式就可能会发生变化。商店的社会语言生态是在国际大众旅游变幻莫测的节奏中发展起来的。

我们看到一些我们已经讨论过的东西：社会语言环境是如何遵循和反映地域历史的。用一个地理上的隐喻，我们在萨利塞尔卡商店里看到了不同的游客沉降层的存在，在这种分层中芬兰语是"基底层"语言，紧随其后的是厚厚的一层英语，然后是其他几种语言杂乱地并置在一起。第三层——杂乱共存的语言——表明店主愿意跟随萨利塞尔卡旅游市场极快和不断变化的节奏，而英语的存在则反映了一种更持久的国际化层次，芬兰语则反映了国家秩序和地域。这些不同的历史层次在同一个时空上重叠，与以往一样，我们看到的是历时出现的多语和多模态的共时化模式，其构成要素处于不同的秩序之中。只有考察这些要素的起源和轨迹，我们才能理解杂乱的结果，因为不同的要素在我们可以观察到的共时模式中发挥着不同的功能。

5.5 结论

移动性不仅仅是一个空间术语，它也适用于时间上的移动，正如我之前所说，这两个维度总是同时发生：空间里的移动也是时间上的移动。某些社会语言资源——想一下英语，它们的移动性寄存于它们的召唤性之中：它们唤起不同的历史意义和功能，并以互文的方式将这些历史特征投射到当前的交流行为中。当它们在不同的地方使用时，它们会动用本土特有的历史，例如，英语在达累斯萨拉姆所具有的意思就与在纽约不同。每当不同的语言、不同的符号生产方式同时出现，意义和功能的不同历史就会共时性并置在一起，而这种并置需要被拆解开来（参见 Blommaert 2005，第 6 章）。

到目前为止，我在这本书中沿着这样一条轨迹展开论述，从第 1 章强调资源重要性而非语言重要性的聚合性讨论，到第 2 章的一个观点：这些资源是按照移动性来定义的，而且对意义和功能的各种复杂影响都需要新的概念工具加以阐释。接下来进入第 3 章，讨论世界体系的结构和本土化，以及第 4 章，通过讨论被修剪的语言技能和全球化中语言的半成品特征等议题，我们看到传统社会语言学中关于资源的概念是如何受到移动性概念的影响。我们现在还知道，有必要将某些复杂性理解为它们反映出资源的不同历史。这样，本书的大部分理论基础已经得以介绍，但我们仍然需要一个从事社会语言学研究的视角。这个视角就是不平等性，我将在下一章进行说明。应该清楚的是，不平等性是权力运作的主要后果，就像本章提到的所有其他概念一样，它是一个历史的产物。我们将看到语言资源如何落入历史的不平等体制之中，以及这种复杂的相互作用如何在当前失去影响。

第 6 章
新旧不平等

6.1　全球化、国家和不平等

根据弗朗西斯·福山（Francis Fukuyama 1992）等当代思想家的观点，资本主义全球化进程在后冷战时期比历史上任何时代为更多的人创造了更多财富。这也是一个现代民族国家正走向没落的时代，其权力（据说迄今为止非常集中，但这被高度质疑）正在消散，由各种各样的活动家和网络所分摊（Castells 1996）。如今，权力掌握在跨国资本企业、国际组织、媒体帝国，以及一些不可见或者说几乎不可见的（不受民主控制的）决策者联盟手中，并得以有效地增强：他们每年都会在瑞士滑雪胜地达沃斯和其他地方召开会议。这两种观点都有其合理性——福山声称，历史的终结将标志着全球财富的增长，而卡斯特斯（Castells）等人则声称，民族国家的权力现在正被其他活动家分享。但这两种主张都需要大量的限定条件。我已经在第 1 章引用了霍布斯鲍姆的观点，他非常肯定地指出全球化"在国家内部和国家之间都极大地加深了经济和社会的不平等"（2007: 3）。从霍布斯鲍姆以及其他人的著作中，我们至少可以了解到，全球化给一些人带来巨大财富的同时，也给另一些人带来了巨大痛苦。霍布斯鲍姆（2007）也强调了传统的国家结构在全球化中的重要性。民族也许正在走向没落，但国家肯定不会；沃勒斯坦认为，当代资本主义全球化在很大程度上依赖于国家的存在：

第6章 新旧不平等

> 资本家需要一个大市场……但是，它们还需要各种各样的国家，这样它们便可以从与其他国家的合作中获得好处，既避开对其利益怀有敌意的国家，又偏袒对其利益友好的国家。这种可能性只有在总体分工中存在多个国家才能够得到保证。（Wallerstein 2004: 24）

这种"总体分工"基于国家之间的不平等性，而非平等性。因此，沃勒斯坦认为，全球化时代存在的不平等现象将继续存在：一般来说，那些已经贫穷的人将继续贫穷，而那些（几乎）富有的人将变得更为富有。

正如霍布斯鲍姆所述，这些变化既发生在国际上，也发生在国家的国界之内。本书开篇提到的"超多样性"的新模式，可能会在同一个社会内不同群体之间产生非常明显的不平等性，这是新人口迁移与通常被称为工人阶级的劳动力市场部门不断削弱相结合的结果。高失业率以及不断上涨的商品价格把这一阶层的人们推到社会的边缘，或者把那些已经被边缘化的人留在原地，而富人和穷人之间的差距正在扩大。这种"硬"社会经济边缘化形式往往伴随着"软"边缘化形式：特定的文化特征、身份、实践和诸如语言这样的资源被边缘化。我们将看到，全球化的国家是这种边缘化进程中的一个重要活动者。

在本章中，我将首先对英国的一个避难申请案例进行分析。我相信，这样的案例说明了全球化在现实世界中的动态性，而且该分析将揭示后现代国家在人口迁移领域的权力。不平等性是权力的主要产物：权力使当代社会的人们分层、分类和分化。奇怪的是，语言在人口迁移领域反复出现，成为国家权力机制的核心组成部分。从这个意义上说，全球化进程现在加强了国家权力在语言领域的影响；它们延续了旧的语言不平等形式，并在大步发展中创造了新形式。我们还将在第二组例子中看到这一点，这些例子来自比利时的语言融入课，即移民儿童学荷兰语的课程。在此例中，我们也将看到国家控制的工具，例如教育（用阿尔都塞的话说，是一种"意识形态国家机器"），如何将一种惩罚性的、排斥的、排他性的语言制度强加在儿童身上，而这一语言制度的出现就是超多样性一个后果。这两个例子意在说明：全球化过程中既有受益的人们，也存在不少输家；现代国家在这方面常常起着选择和排斥的作用；语言在这些过程中变得极其敏感和重要。在超多样性为特点的环境中，语言是权力实施过程的核心。

6.2 语言、避难和国家秩序

在《资本时代》中，艾瑞克·霍布斯鲍姆（1975）描述了19世纪晚期的悖论现象，欧洲典型的民族国家就是在资本被有效地全球化时形成的。虽然国家在经济上成为越来越不相关的层级，但它却在政治上越来越成为最具相关性的层级，而且，伴随跨国经济基础设施的扩大和巩固，国家基础设施也得到扩大和巩固，如新的政治体系、教育体系、通信体系和军事体系。高级的现代主义开始出现。当然，民族语言的标准化发展是这个国家建设过程的重要组成部分，而且当贸易和工业话语开始征服全球时，民族语言以新编撰和粉饰的形式助其实现。

大约一个世纪后，"全球化"进程才获其名。虽然全球化对世界范围的经济扩张进程几乎没有什么实质的贡献，但却给这些进程添加了更多的强度、深度和速度，并扩展了这些进程涉及的客体范围，使一把人的因素也囊括其中。难民和寻求避难者的现象是目前全球化阶段的一个关键因素。我认为全球化现象再次引发了对国家秩序的重视。在避难申请程序的语境中，对语言的想象明显地被以静态和永恒的国家秩序为参考的框架所支配。因此，尽管寻求避难者属于真正的全球层级内的事件和过程，但他们的申请却被严格地下放到一个国家层级：这是对后现代现实的现代性回应，我们在本书的前几章已对此有过讨论。

在下文中，我将详细讨论一个特别的申请在英国避难的案例。一名叫作约瑟夫·穆廷吉拉（Joseph Mutingira）的青年男子是来自卢旺达的难民。他的避难申请被拒绝主要是因为他提供的社会语言简况有问题。

英国内政部声称,根据这份(社会语言)简况来看,他并非"来自卢旺达"。约瑟夫对这一裁决提出上诉,并提供了一份很长的记录他生活、卷入的事件以及逃脱过程的书面证词,驳斥了支持这一裁决的论点。该文件将是我使用的主要语料;此外,我还备存有约瑟夫就其申请所进行的两次面谈的书面记录(时间分别为 2001 年 11 月和 2004 年 6 月),以及内政部于 2005 年 11 月就其个案作出的正式决定的副本[1]。我认为约瑟夫的生活史为他的归属和人生轨迹提供了各种线索。然而,综合起来,这些线索构成了一个新的社会语言简况,它不符合将卢旺达作为传统国家的想象,而是符合 1994 年种族灭绝期间和之后卢旺达的现实[2]。这里的主要观点是,约瑟夫所展示的社会语言技能是**时间**的象征,而不仅仅是**空间**的象征:它与一个地区过去 20 年的**历史**相联系,而不仅仅与该地区相联系。因此,社会语言技能指向了人和地点的全部历史,而不只是制度上被分类的"起源"。我在这里的分析为第 4 章和第 5 章中的立场观点提供了一些佐证。

约瑟夫的生活史

约瑟夫的长篇书面陈述读起来像一个恐怖故事,它冷酷地证明了 20 世纪 90 年代卢旺达社会结构的严重扭曲导致了 1994 年的种族灭绝。这里有一个非常基本的观点:我们必须在对非洲这个地区急剧动荡时期的了解这一背景下阅读他的生平[3]。我们必须试着把他的生活史想象成一个真实的背景,把他的生活想象成当时那个地区的人们可能遵循的轨迹。否则,他的生活史就会讲不通——对此类描述真实性的根本怀疑,正是约瑟夫在英国避难申请遭到拒绝的原因。我建议我们接受并运用这一假设,即在完全扭曲的生活条件下,完全扭曲的生活可以是真实的。

约瑟夫说,他 1986 年 11 月出生于卢旺达基加利(Kigali)。如前所述,英国当局对此有争议,我们待会儿再回到约瑟夫的年龄问题上。他声称自己是胡图族,尽管他的母亲是图西族。他的父亲是政治家,母亲是商人，母亲的活动主要在肯尼亚。年幼时，约瑟夫随母亲来到肯尼亚，并上了一所以英语为中介语的幼儿园。回家期间，他经常和母亲在内罗毕的一个朋友待在一起，和他一起说英语。他还从同学那里学到了几句斯瓦希里语。在基加利的家里，他的父母坚持让孩子们也说英语。这家人住在一个四面围墙的院子里，父亲禁止他们出去和其他孩子交往。这个家庭有一个会说卢旺达语的仆人；约瑟夫从他那里学了些卢旺达语。来访的朋友说英语、卢旺达语和法语。

1992年，5岁的约瑟夫和母亲回到卢旺达。回来后不久，他的母亲被谋杀了，其中具体情况约瑟夫并不知道。母亲被埋在他们的花园里，不久仆人也离开了。大约六个月后，这栋房子在夜间遭到袭击。约瑟夫听见打破东西的声音和呼号，就从窗户里跳出来逃跑了。他的父亲和房子里的其他孩子都在突袭中丧生。约瑟夫最终和一群人一起试图逃离他们居住的地区。约瑟夫说，他有一个叔叔住在吉塞尼（Gisenyi），这是一个与刚果民主共和国（Democratic Republic of Congo，简称DRC）接壤的小镇，紧邻刚果的戈马镇（Goma）。他们把他带上一辆卡车，几个小时后把他送到吉塞尼，在那里他找到了去叔叔家的路。在叔叔家里，说法语和卢旺达语的人最多，但约瑟夫的叔叔总是和他说英语。叔叔告诉他，他的父亲是一名政治家，他的父亲杀了他的母亲，因为她是图西族人，而图西族人出于报复杀害了他所有的家庭成员。在他叔叔的房子里，约瑟夫睡在地下室，几乎不和任何人交流（注意，他还是个小孩子）。但是约瑟夫看到许多人去拜访他的叔叔，听到他们说"基扬安科语（Kinyankole）"（实际上是鲁扬安科语（Runyankole）），这种语言与卢旺达语类似。约瑟夫学了点儿鲁扬安科语，开始和他叔叔说话。考虑到他叔叔精通英语、法语、卢旺达语和鲁扬安科语，约瑟夫怀疑他的叔叔曾生活在另一个国家，想到吉塞尼离戈马很近，他认为那里一定是刚果民主共和国（实际上，鲁扬安科语主要在乌干达以及乌干达、卢旺达和刚果民主共和国的边境地区使用，但我们将看到，它也是卢旺达移民和难民中的一种流散语言）。过了一段时间（约瑟夫6岁），约瑟夫开始被叔叔安排去办事。他必须把一个袋子搬到某个地方，在那里有人会拍他的肩膀，把袋子从他身上拿走。约瑟夫后来开始相信他的叔叔与"来自另一个国家的人"有关系，他正在和他们密谋什么。吉塞尼毗邻刚果城镇戈马，戈马是通往刚果民主共和国内以"国家发展革命运动（Interahamwe）"反政府武装为主的马尼玛和基伍地区的门户，这种场景（1992—1993年）不是不可想象的。（参见 Vlassenroot 2000, Vlassenroot & Raeymaekers 2004）。

约瑟夫这样干了"好几年"，直到"1996年的某一天（我想）"，他被卢旺达爱国阵线（Rwandan Patriotic Front，简称RPF）的政府军士兵拦住。他们用卢旺达语质问他，但由于他所掌握的卢旺达语非常基础，他只好用鲁扬安科语回答他们。包被没收了，里面装满了武器和弹药。其中一名士兵随后用鲁扬安科语审问他，他们怀疑约瑟夫来自刚果民主共和国，是反政府武装的一名儿童兵。随后士兵逮捕了他，并把他带到他叔叔家。他们把他叔叔叫了出来，说了几句话，然后当着这个（此时应该有9岁或10岁）男孩的面草率地处决了他叔叔。约瑟夫被带到一个拘留营，在那里他每天都被殴打，并被审问他参与反叛活动的情况，以及他所在组织的其他成员的情况，等等。审讯是用鲁扬安科语进行的，约瑟夫卢旺达语不流利，这对他非常不利，成为他被怀疑是外国"渗入者"的根据。几周后，他被带到可能是在基加利的监狱。他发现自己和另一个年龄较大的、名叫伊曼纽尔的男孩关在了一起。后者是反政府武装的成员，说鲁扬安科语和卢旺达语。和监狱看守一样，伊曼纽尔首先想到约瑟夫来自刚果民主共和国，因为他精通鲁扬安科语。约瑟夫经常受到残酷的虐待，而且还多次被伊曼纽尔强暴。"几年后"约瑟夫被强制劳改；由于警卫的命令是用卢旺达语下达的，他在一定程度上学会了这种语言，还学会了他们在工作时必须唱的卢旺达语和斯瓦希里语歌曲。

2001年，在入狱四年后，他迎来了一位访客：一位他依稀记得的女士。此后不久，在他劳动的时候，一个警卫叫他到灌木丛里去，他在那里又见到了那位女士。她力劝约瑟夫跟着她走,一起的还有另一个穿囚服的男孩。他们上了一辆公共汽车;过了一会儿,那个男孩下了车。女士和约瑟夫继续前行来到一个长途汽车站,并赶上了通往"另一个国家"的公共汽车。那里的人们"说着我听不懂的语言"。到达机场后,那位女士拿出了旅行证件给约瑟夫并一起登上了飞往英国的航班,该旅行证件也使约瑟夫得以进入英国。在整个旅程中,这个女人不让约瑟夫说话或问问题,并且为了获得他的信任,她反复提到约瑟夫母亲的名字(约瑟夫后来认为她是他幼年时在肯尼亚照顾他的肯尼亚妇女)。他们坐上一辆公共汽车,在某个地方(大概是伦敦市中心)下车后,那位女士就不见了[4]。等了她几个小时后,约瑟夫开始四处走动找人帮忙。一名男子把他带到移民局。约瑟夫当时大约 14 岁。当他向这位官员("一位说卢旺达语的亚洲女士")陈述自己的年龄时,她叫来了一名医护人员,经过最简单和简短的检查,医生得出结论,约瑟夫已经超过 18 岁,因此应该像成年人一样对待。这就是约瑟夫"有争议"年龄的起源[5]。一周后进行了第一次"筛选问训",约瑟夫将事件描述为吓人:官员们坚持要他以简短直接的方式给出答案,对他的一些陈述也不加任何记录(特别是关于语言技能的陈述),并威胁要把他关进监狱,而鉴于他的背景,被监禁是不惜一切代价也要避免的。当采访者问他关于他的"母语"时,约瑟夫理解为他"母亲的语言",并回答是"卢旺达语"。这时一个卢旺达语的翻译被叫了进来。尽管约瑟夫坚持认为说英语会让他更舒服,尽管他解释说他不精通卢旺达语(这点并没有被逐字记录下来),但问询还是用卢旺达语开始了。约瑟夫有限的语言能力很快被发现,而在他说他也会说鲁扬安科语之后,一名精通卢旺达语和鲁扬安科语的翻译被叫了进来,并继续用鲁扬安科语进行问询。有趣的是(这也间接地承认了约瑟夫的语言技能),补充的提问以及回答是用英语进行的,并被逐字记录下来。约瑟夫的避难申请因被认为具有欺诈性而被拒绝,因为他的年龄和国籍都有争议。

2003 年 11 月,内政部重新审理了约瑟夫的案件,并于 2004 年 6 月进行了第二次问询。与第一次相比,这次问询产生了一系列常见的"矛盾",尤其是关于约瑟夫的语言技能。此外,约瑟夫不能提供关于卢旺达和基加利的细节(例如,他不能描述离他在基加利的家最近的银行)。他还被要求用卢旺达语写下从 1 到 10 的数字;由于没有翻译在场,他被要求以"拼音"的方式写下这些词。他最后是用一半卢旺达语一半鲁扬安科语完成的任务。结果很容易预测:他的申请再次被拒绝。约瑟夫被认为拥有乌干达国籍,将被遣返回乌干达。

从奇怪的生活到失去生活

在书面陈述的结尾,约瑟夫写道:"我可能有一段不寻常的历史,但它不能让我成为一个我从未到过的国家的公民。"当然,从上面的总结中可以看出,他的生活被一种示播列困境(Shibboleth-predicament)[①]所左右,他的语言技能不断地与他作对。被捕时,他熟练的鲁扬安科语向士兵们表明,他是邻国刚果民主共和国反政府武装的一名特工;对伊曼纽尔来说,这种熟练的语言技能意味着同样的归属;在英国,他说英语和鲁扬安科语的能力成为他来自乌干达而不是卢旺达的有力证据(卢旺达人应该精通卢旺达语和法语)。因此,无论是存在于他语言技能中的语言资源,还是他语言技能中缺失的语言资源都在不断地出卖他,给他分类,并为他故事的真实性带来困惑和怀疑。约瑟夫的语言技能一直指向某些政治和历史立场,这些定义来自他的对话人所处的意义、社会类别和属性模式的共时性空间。他对某种语言的精通,以及他所知道的各种语言变体不断地"泄露"他的信息,这使与他对话的人在解读时能够快速地从语言跳到社会,从社会背景中解读他的话,并以约瑟夫的交流

[①] Shibboleth,发音为 /ˈʃɪbəlɛθ/ 或 /ˈʃɪbələθ/,源自希伯来语,意为"谷穗"。据《圣经》记载,基列人首领耶弗能用这一词语来分辨谁是自己人,因为异族人难以发准 /ʃ/ 音。此处意指用来区别一个人的社会或地区背景的指标,通常是指语言特征,特别是对一个词的发音,标识为说话者是否属于某一特定群体的成员。——译者注

方式为基础勾画一幅他的图像。

依靠逃离策略的生存 约瑟夫"不寻常的历史"的关键在于他的童年。从社会语言学和更普遍的角度来看,约瑟夫的生活从一开始就变得"不寻常"。我们开始就说过,必须假设约瑟夫不会对故事的主线撒谎。如果我们关注这个故事,就会发现他的家庭有些反常。他的父亲是一位"政治家,但我不知道他做了什么"。就卢旺达种族政治的基本类别而言,他也被确定为胡图人。这位父亲禁止孩子们在自家院子外玩耍,并坚持孩子们在家里只能说英语,以此来保护自己的家庭不受外界干扰。根据约瑟夫的叙述,他们的父亲对在家里使用英语非常严格,并全力禁止他的孩子使用其他语言:父亲"认为说英语使我们有别于其他人,表明我们更加文明"。在他的书面陈述中,约瑟夫写道:

> 回首往事,我想知道我的父母年轻时是否曾在国外生活过,这是他们说英语的原因。

考虑到该地区动荡的历史,考虑到他父亲在公众中的显赫性和知名度,这很可能是真的。极有可能的是,卢旺达独立后发生过许多危机,他的父母也许在其中一个时期作为流亡者或难民在国外生活了一段时间。约瑟夫的母亲似乎在肯尼亚拥有商业利益和人脉,这可能是进一步的间接证据。曼达尼(Mamdani 2000: 307-312)认为,自20世纪20年代以来,大量所谓的"班亚卢旺达人(Banyarwanda)"(卢旺达人的一支,包括胡图族和图西族)作为劳工移民出现在乌干达。其中许多人都在说鲁扬安科语的安科(Ankole)牧牛区工作。1959年和1964年冲突中的难民也来到了同一地区。其中一些难民获得联合国难民署(UNHCR)为内罗毕等地的学校提供的奖学金,而内罗毕后来成为卢旺达流亡者(流亡的卢旺达国王就住在内罗毕)中心。鉴于在乌干达当地居民中引起的嫉妒,难民们往往不得不"假装他们是班扬科尔族(Banyankole)、巴干达族(Baganda)、班约罗族（Banyoro）"（Mamdani 2000: 312）。所谓的班亚卢旺达人在穆塞韦尼叛军中也很突出（在伊迪·阿明的秘密警察之前）：在1986年初进入坎帕拉的穆塞韦尼叛军中，班亚卢旺达人多达四分之一（Mamdani 2000: 321）。问题是：卢旺达的历史和政治长期以来一直与乌干达、肯尼亚和其他邻国的历史和政治纠缠不清。约瑟夫的家庭同邻国有一些牵扯，鲁扬安科语可能已经进入了全家的语言技能之中（例如他叔叔的语言技能），这不应该被看作有什么特别之处。事实上，许多有流散背景的卢旺达人（胡图族和图西族）都精通鲁扬安科语，包括在安科地区长大的现任卢旺达总统保罗·卡加梅（Paul Kagame）。

因此，这家人依靠逃离策略生存的可能性极大。父亲——作为政治家——一定是意识到卢旺达政治气候的波动，（考虑到约瑟夫叔叔同反政府武装的牵扯）并可能一直都活跃在特别敏感和危险（激进的胡图族）的政治之中：这种策略本可以让他们永远做好准备，逃离卢旺达，定居在其他地方，比如去广泛使用英语的肯尼亚。请记住：约瑟夫所描述的时间范围（从1986年他出生，到1996年被捕）包括乌干达穆塞韦尼的胜利（1986年）、卢旺达爱国阵线入侵卢旺达（1990年）和1994年种族灭绝：这是该地区一段极其动荡的时期。约瑟夫被送进了肯尼亚的一所幼儿园，更进一步证实了这一说法。事实上，正如约瑟夫后来了解到的，他的图西族母亲被杀害，至少他的胡图族父亲被动地参与其中，这也表明其父亲积极而深入地参与了胡图族激进主义。图西人突袭约瑟夫的房子，杀害他全家并烧毁房子，也符合这一情况——我们在这里看到1994年种族灭绝的预兆，激进的胡图族人已经在谋杀事件中与激进的图西人对抗。约瑟夫的故事足以使人信服。

当约瑟夫逃到他叔叔那里时，政治介入的模式就变得更加清晰。他叔叔不让约瑟夫见他，并继续实行只准说英语的政策，但也接待了许多说法语、卢旺达语和鲁扬安科语的客人。我们知道胡图族（国家发展革命运动反政府武装）和图西族（卢旺达爱国阵线）都在邻国乌干达和刚果民主共和国设有基地（Mamdani 2000, Vlassenroot 2000）。如我们所知，鲁扬安科语在乌干达被使用（它与卢旺达语、尼奥罗语（Runyoro）以及其他语言一样，都是"鲁尼亚卡塔拉（Runyakitara）"语言群的一部分），随着卢旺达移民、流亡或难民群体的不断移动，鲁扬安科语蔓延到卢旺达和刚果民主共和国的特定地区是理所当然的。这解释了为什么约瑟夫在卢旺达遇到这么多说鲁扬安科语的人：除了他叔叔家的人，爱国阵线的一些士兵和狱警也说这种语言；伊曼纽尔（一位反政府武装分子）也是如此。后来在英国，对约瑟夫申请进行问训中的第二名译员，也能流利地说卢旺达语和鲁扬安科语（就像卢旺达士兵和警卫那样）。因此，鲁扬安科语的"外来性"并不是语言的空间分布问题。约瑟夫对鲁扬安科语的精通，被相当系统地解读为是来自另一个国家的标志，而且是激进胡图族运动成员的标志。他陈述中描述的所有人也这样解读。那些与约瑟夫互动的人（士兵、伊曼纽尔、审问者、狱警）将共时性指向意义投射到该语言上，并把这种语言解读为胡图族叛军从邻国入侵的标志。语言地理是一种政治地理，这一点并不奇怪，因为现在我们对该地区的移民和叛乱历史已经有所了解。我们稍后还将加以讨论。

约瑟夫的童年很可能是在一个依赖逃离策略的家庭中度过的，这个家庭敏锐地意识到时代的危险。我们不要忘记，约瑟夫所描述的大多数关键时期实际上是他的童年，这样的童年是在卢旺达的一场深刻的政治危机中度过的。蹒跚学步时，他在肯尼亚长大；五岁时他回到了卢旺达（由于年龄太小，无法上学，而只有在学校里才能学到作为主要语言的法语和卢旺达语）。不久之后，尤其是他刚非正式地从家里的仆人那里学了一些卢旺达语之后，母亲被杀，家人也被杀，逃到吉塞尼的叔叔那里后才得以藏身，因此也没有在6岁时正常入学。实际上，他已经是个死人了；或许出于这样一种考虑他叔叔开始派他去给戈马的叛军组织运送武器弹药。约瑟夫的交际网络极其狭窄。他仍然没有和其他孩子交往，只是同他叔叔的叛军伙伴交流，并使用鲁扬安科语同他们交流。他叔叔给了他一些书让他读,大部分是英语书,还有一些是卢旺达语书(这证明了他的阅读能力,而不是写作能力)。然而,语言学习完全是通过非正式渠道进行的。他懂的那一点卢旺达语使他开始学一些鲁扬安科语,而英语完全只和他叔叔交流使用。阅读书籍为这些学习轨迹提供了一些支持,但总的来说,这些都是非正式的——也就是说,它们是在集体的、严格的、以读写能力为基础的课堂教学之外发展起来的。这可能是他在第二次问询中没有通过数字书写测试(因此不得不回到"语音"书写)的部分原因:很有可能约瑟夫从未完全掌握他所说的两种语言的读写能力,并且在问询中,他被要求用卢旺达语进行书写,而根据他的经验,这种语言的功能非常有限,但却很接近功能更广泛的鲁扬安科语。

约瑟夫被捕时只有9—10岁,那时他还没有接受过任何正规教育。他的多语技能是通过非正式的学习过程构建的,并且被高度"修剪",即被组织成小型的、功能专门化的组块(Blommaert, Collins & Slembrouck 2005a)。我们将在下面讨论这个话题。就目前而言,只要指出约瑟夫确实有一个"不寻常的故事"就够了,这样的故事在上世纪90年代初的卢旺达可能再寻常不过了。但内政部可不这么看。

拒绝的理由　　内政部在2005年11月的拒绝声明信中,从一个非常不同的角度看待卢旺达:它是一个相对稳定和相对统一的民族国家,具有"民族"特征,比如说它有相对稳定的语言制度(Kroskrity 2000)。

信的开头描述了控制问询程序的语言操作(在给出这些例子时,我将不考虑文本的语法或修辞一致性问题):

(1)我们注意到你声称出生在……基加利,你的主要语言是英语。然而,你说你也会说基扬安科语[原文]和一点卢旺达语。我们也注意到在进行实质性问询过程中使用的是英语(参见2004年的问询),当你接受一个移民官(参见2001年的问询)的问询时,你先使用的卢旺达语,十分钟之后,问询又改用基扬安科语……

163　紧随这一描述，是关于卢旺达语的一项权威性说明：

> （2）虽然卢旺达说英语（和斯瓦希里语），但1994年后从乌干达流亡回国的图西族精英说英语。然而，英国广播公司国际部建议，一个真正的卢旺达人，无论来自哪个种族，通常都能说基亚卢旺达语和/或法语。基亚卢旺达语是国家语言，小学使用基亚卢旺达语授课，中学使用法语授课。邻国刚果民主共和国、坦桑尼亚和乌干达也使用卢旺达语（根据2004年4月卢旺达国家报告）。然而，鲁扬安科语是一种主要在乌干达西部和南部使用的方言（根据2005年4月乌干达国家概况）。……基于以上信息，我们认为你在筛选问询中使用的基扬安科语更广泛地被称为鲁扬安科语，因此，在本信的其余部分将会提到鲁扬安科语。

请注意（i）提及正式语言制度和机构性语言制度，例如教育体系中占主导地位的语言（如我们所知，约瑟夫对此一无所知）；（ii）如何看待语言在**各国**的分布；（iii）这里使用的证据来源是英国广播公司国际部和两份身份不明的国家报告；（iv）内政部指出，基扬安科语（或"方言"）更广泛地被称为鲁扬安科语。下一节将更全面地讨论其中的几个问题。约瑟夫作为被观察者被放置在了这个紧密而稳定的民族国家语言制度下，关于他的表现，以下是内政部所观察到的：

> （3）怀疑你国籍的理由可以从你不会说卢旺达语和/或法语这一事实中得出。如前所述……你在问询过程中主要使用的是乌干达方言［原文］，然后是大量的英语。值得注意的是，在你的筛选问询开始时，你能够回答一些用卢旺达语提出的问题。然而，在你的实质性问询中，你被要求用卢旺达语说出数字1到10……当问到"早上好"和"再见"这两个短语时，你用拼音写下了答案，因为你不会用这种语言的文字形式书写……我们已经得出判断，虽然你以拼音的方式进行书写，但也没有完全都写对……你对卢旺达语缺乏基本知识，这表明你不是真正的卢旺达国民。

约瑟夫用卢旺达语写了一些字，用鲁扬安科语写了其他字。英国内政部在问询中不断敲打约瑟夫的语言能力和表现：

（4）当被问及如果你从未学过卢旺达语，只学过英语，你是如何理解卢旺达语的……你没有直接回答问题，而是说你想说英语，但是你也能听懂卢旺达语和鲁扬安科语。你能从你叔叔那里学会流利的鲁扬安科语（你声称和他在吉塞尼住了4年），却不能说卢旺达语（尽管你声称已经在卢旺达生活了13年）[原文]。你无法用卢旺达语正确（拼写）翻译一般问候语，这对你的各种声明的可信性造成了损害……根据这项评估，我们不能接受如你所称的是一名真正的卢旺达国民。

语言是内政部论据的关键要素。但并不是唯一的要素：

（5）我们注意到你能够描述旧的卢旺达国旗……然而，当你被问到关于在……基加利的家，你却不能提供任何信息。例如，你无法说出你家周围任何著名的地标、场所、地点和建筑物……你不知道离你家最近的银行……你也说不出离你家最近的主要道路……在基加利……我们不接受你充分证明的你对国家以及你所声称的出生地基本信息的了解，因此，不接受如你所称在卢旺达出生和生活。

由此得出的结论是：

（6）我们认为，卢旺达国民应该对自己的原籍国和出生地有所了解。此外，我们认为你是乌干达国民，这源于你在问询过程中对鲁扬安科语的知识和使用……或者，你可能是一个来自其他东非国家的国民，那里有更多的人说英语。然而，目前还无法确定你的真实国籍。

因此：约瑟夫的"不寻常"生活不仅被重置在一个不同的国家，也被重置在一个不同的时间框架内，因为内政部也怀疑他的年龄。约瑟夫从一个有着奇异生活的人，被重新定义为一个没有生活的人。

违背单语理念

在一篇开创性的论文中,迈克尔·西尔弗斯坦(Michael Silverstein 1996: 285)区分了"言语社区(speech community)"和"语言社区(linguistic community)"之间的区别,前者的特征是"通过语言共享一套互动规范或规则",后者被描述为:

> 一群人,在他们对语言使用规律的内在认识上,一致地坚持认为,关于指称性地(denotationally)使用他们的语言,存在一种功能分化的规范……最佳的语言使用者被认为已经以适当的方式掌握了这一规范。

标准意识("最佳"语言)通常是属于语言社区的范畴。言语社区的多样性令人眼花缭乱,而语言社区作为一个规则只忠实于一个规范,而且把被观察者定义为"(不)正常"的依据是看其是否符合这个单一标准的程度。被观察者被置于正常状态"之内"或正常状态"之外",而判断状态的依据取决于他们的语言技能有多"正常"。这种分类模式属于西尔弗斯坦所称的"单语使用意识形态(monoglot ideology)"。单语使用意识形态使时间和空间成为静态的,不仅暗示定义民族国家的事物是超/先验现象学,并把它们呈现为自然的、中性的、非语境的和非动态的状态:一切都是自然现象。这种单语使用意识形态被英国内政部应用于评判语言使用主体约瑟夫并将其分类,事实上,约瑟夫违背这种单语典范/理念这一事实成为判定其不是难民并拒绝其避难申请的依据。

接下来,我将尝试解码两种"简况"相互对立的过程。为了做到这一点,我将把社会语言学分析的重点放在两种不同的现象上:一方面是被内政部用来做概念背景的语言社区中的语言意识形态,另一方面是由约瑟夫所展示和叙述的实际的、实用的语言技能,以及我们可以从中看到的言语社区。

国家社会语言学视野　　现在让我们回过头来看上面内政部信件的一

些片段，看看他们是如何强烈地按照国家界限来定义语言的。例如，在上面的片段（2）中，我们看到

（7）然而，英国广播公司国际部建议，一个真正的卢旺达人，无论来自哪个种族，通常都能说基亚卢旺达语和/或法语。基亚卢旺达语是国家语言，小学使用基亚卢旺达语授课，中学使用法语授课。

在片段（3）中，我们看到

（8）你对卢旺达语缺乏基本知识，这表明你不是真正的卢旺达公民。

在片段（4）中，我们看到

（9）你无法用卢旺达语正确（拼写）翻译一般问候语，这对你各种声明的可信性造成了损害……根据这项评估，我们不能接受如你所称的是一名真正的卢旺达公民。

最后，在片段（6）中我们看到

（10）我们认为你是乌干达公民，这源于你在问询过程中对鲁扬安科语的知识和使用……或者，你可能是一个来自其他东非国家的公民，那里有更多的人说英语。

语言所处的空间一直是**国家**空间，这个空间由国家定义。国家不仅有名字，而且可以被视为一个固定的知识和信息单元（如内政部引用的"国家报告"）。同时也是一个权力、控制和机构化的单位，这从经常提到语言扩散和传播的正式机构环境（例如教育体系）可以明显看出。

我们也看到语言本身是如何被整体化的，并与水平和熟练程度紧密

相关：约瑟夫**说**不了**太多**卢旺达语，或者说的**不够好**，那么就等于他说的**不对**[6]。即使第一次问询的部分内容是用卢旺达语进行的，即使约瑟夫用卢旺达语写下了一些话，这种语言熟练程度也被认为低于与确认国籍有关的常态期望。正如英国广播公司国际部所证实的那样（有人认为这是可靠的），"一个**真正的**卢旺达人，无论来自哪个种族，**通常**都能说基亚卢旺达语和／或法语"，这意味着得会说**许多正确的**卢旺达语和法语。假定一个"正常"卢旺达人通过国家教育体系（因此会接触到本民族语言的正规学习轨迹），会"说"一种语言等于会"说"和"写"。约瑟夫被要求用卢旺达语**写**数字，作为评估他是否会说这种语言的一部分。尽管约瑟夫曾明确表示他在卢旺达没有上过任何学校，而且他的读写能力问题导致问询官要求他用拼音书写，但读写能力所具有的高度体系化的性质却被忽视了。内政部应该知道他们面对的是一个读写能力有障碍的年轻人。

争论还在继续，因为约瑟夫对鲁扬安科语**非常了解**，而且这种语言在乌干达是"官方"语言（根据内政部的说法，是一种"方言"），所以约瑟夫可能是乌干达公民。在约瑟夫的叙述中，也有很多卢旺达人使用鲁扬安科语，而且即便是在移民局的办公室，内政部也能毫无困难地找到一名通晓卢旺达语和鲁扬安科语的口译员——这一切都被忽视或无视。语言可以跨越国界，而且这种现象在大量跨境交通的地区很普遍；这种跨界运输经常发生在大湖区（the Great Lakes）这样的区域，那里有大量的"老"和"新"难民（Mamdani 2000，以及 Malkki 1995）。因此，那里的人可能会有密集混合的**多语使用**的语言技能。这些都是基本的社会语言学事实，在内政部使用语言作为国家归属分析时没有考虑到。这就是为什么我们现在需要把我们的注意力从语言转向言语，转向约瑟夫拥有的真正的、实际的资源。

多语语言技能 以上这些当然让人想起皮埃尔·布迪厄在《语言与象征权力》中的观察：

谈及**这个**语言，如果不像语言学家那样作进一步的具体说明，就是圆滑地接受**官方**（*official*）对一个政治单位的**官方**（*official*）语言的定义。在该单位的领土范围内，这种语言作为唯一合法的语言强加给全体人民，在一些法语更为官方（*officielle*）的场合中尤其如此（原文斜体）。

他接着说，"这种国家语言成为客观衡量所有语言实践的理论规范。"卢旺达是内政部"客观衡量"的政治单位，卢旺达的"语言"是（规范的、标准化的和接受过教育的）卢旺达语和法语。但内政部忽略了一个事实：当一个国家处于危机之中（如后殖民历史时期的卢旺达，无疑约瑟夫的故事发生时的卢旺达也被包含在其中），作为国家及其权力象征的国家语言可能会遭到质疑，因为许多人可能已经不受国家意识形态的控制。这也可能引发激烈的争议。事实上，由于说国家语言本身可能是一种政治忠诚的表现，那么在暴力冲突的情况下，为了自己的安全，可能需要伪装或否认。正如前面提到的，使用像鲁扬安科语这样的"反叛"语言可以引发政治符号[7]。

约瑟夫没有符合预期的"官方"和"国家"的语言技能。但他的语言技能是什么呢？似乎是一个"被修剪的"语言技能，由具有一定功能特性的"点滴（bits）"语言组成，这些"点滴"语言是他在生活中通过非正式学习过程习得的。当然，要记住，考虑到他一生中所经历的特殊事件，约瑟夫除了在肯尼亚上幼儿园外，没有上过学。他在他的书面陈述中所述的语言技能是在"常态"形式之外的特殊环境中长大的儿童或青少年的语言技能。

关于他如何获得和使用他拥有的多语言资源，约瑟夫提供了很多信息，非常详细。事实上，鉴于内政部对语言问题的重视，他的书面陈述中充满了如何以及因为何种原因获得这些语言资源的描述，以及他是如何与这些资源相联系的。以下是一些挑选的关于语言的陈述，排列方式遵循书面陈述中记载的时间线。

(11）我的第一语言是英语。这是我记得说的第一种语言。从我很小的时候起，在我的记忆中，我的父母就用英语和我说话。

(12）对我父亲来说，孩子说英语是非常重要的，因为他认为说英语使我们与众不同，表明我们更加文明。

(13）仆人会讲卢旺达语。我记得有时我父母都出去了，仆人会给我们讲一些卢旺达语的诗歌和谚语，所以我从他那里学到了一些卢旺达语。他也能听懂并说一点英语，但并不流利。

(14）在肯尼亚的学校里，我们学英语。所有的交流都是用英语进行的，如果你和老师交谈，你必须用英语……有些孩子确实在操场上用斯瓦希里语或基库尤语互相交谈……

(15）我和父母去叔叔家时，他们说法语和卢旺达语，但主要是卢旺达语。然而，我叔叔总是对我和我的兄弟们说英语。

(16）我叔叔会说多种语言。他英语、法语、卢旺达语和基扬安科语（Kinyankole）都很好……当我第一次去他家的时候，我听不懂他说的语言，我认为他和每个来他家的人说的语言都不一样。

(17）我没有很多事情要做，所以我会听我叔叔和他的朋友们说话，我开始学习他们说的一些单词。语言（鲁扬安科语，JB）与卢旺达语非常相似，所以学起来并不难，因为我已经了解了一些卢旺达语……最后，我能说的语言足够多以至于可以和我叔叔说一些基扬安科语（Kinyankole）。我认为他对此感到惊讶。那时我不知道我叔叔说的那门语言的名字。我知道他住在另一个国家，因为我的父母告诉我他住在另一个国家。我猜这就是他说那种语言的原因。我不知道这种语言从何而来，因为我以前也从未听说过这种语言，以为它是来自附近的一个国家。我想可能是刚果民主共和国（扎伊尔）的一种语言，但我没有理由这么说，我只知道这是一个毗邻卢旺达的国家。

(18）我在那里住了一段时间后，告诉他（约瑟夫的叔叔）我想学习，所以他给我带来了几本书。这些书大部分是英文的。其余的一些是用卢旺达语写的，还有的是双语书。

(19）士兵们开始用卢旺达语审问我，问我袋子里装的是什么。我明白他们在对我说什么，但我不能回答。我非常震惊，我没有足够好的卢旺达语来解释，他们都在同时说话，所以我呆住了。我用基扬安科语（Kinyankole）回答他们的问题，因为那是我当时最常用的语言。士兵们把另一个士兵叫了过来。这个士兵用基扬安科语（Kinyankole）和我说话，问了我一些问题……

我现在认为他们认为我是一个在国外长大的孩子，是反政府武装的一员，受到训练后回到卢旺达作战……讲基扬安科语（Kinyankole）的士兵会把我说的话翻译给其他人。

（20）我不停地告诉他们（狱警）我不知道，但他们说，我说不好卢旺达语，证明我是个叛乱者。

（21）他（伊曼纽尔）的基扬安科语（Kinyankole）和卢旺达语讲得很好……他告诉我，他一直在胡图族叛军组织工作，在其他国家当过兵。我认为是刚果民主共和国或乌干达……我想这就是他学习基扬安科语（Kinyankole）的方式。

（22）给我们的命令都是用卢旺达语下达的。我的卢旺达语能力足以理解了他们说的话，所以我知道该怎么做。我们彼此之间没有交谈，所以我没有学到更多的卢旺达语，也没有和任何人交谈……囚犯们有时不得不在路上唱歌……通常这些歌曲都是卢旺达语，但有时他们也会唱斯瓦希里语歌曲。

（23）我对基扬安科语（Kinyankole）有不好的联想。我觉得学习基扬安科语（Kinyankole）对我来说是一场灾难。我真希望我从来没有学过那种语言……我想远离那种语言。不管怎么说，我对基扬安科语（Kinyankole）的掌握不如对英语的好。我可以在更基本的层次上交流。我能让别人听懂我的话，我也能听懂别人说的基扬安科语（Kinyankole），但这并不像说英语那样容易，用英语我能更清楚地表达自己……卢旺达语对我来说也不是一种很好的语言。我会基本的卢旺达语，但说得不流利。当有人用卢旺达语和我说话时，我能理解他们的意思，但不是他们说的每一个字。然而，我不能轻松地用卢旺达语回答。

关于他是如何学习语言的（片段11、13、14、17和18），以及他在这些语言中获得的特殊技能（片段22和23），约瑟夫慷慨地提供了大量的信息。他也给了我们相当精确的社会语言环境中的微观描写。在这种环境中，不同的人以不同的方式使用不同的语言，常常还包括对如何获得所掌握语言、这些语言被使用的语域的思考（片段13、14、15、16、17、19、21和22）。最后，约瑟夫似乎也很清楚其中一些语言的指向性价值：英语让他们与众不同，并显得他们更加"文明"（片段12），鲁扬安科语可以表明他是一个外国胡图族叛乱者（19、20和21），他本人对鲁扬安科语也持有非常消极的态度（片段23）。这里是语言的政治地理：鲁扬安科语，在他的故事所设定的充满危机的卢旺达背景下，很自然地向他遇到的人传达了敌人的身份。

观察约瑟夫所有这些表述的具体和精确程度。他明确表示，他能"理解"人们的话，但不能用基亚卢旺达语"回复"他们；他对鲁扬安科语有"基本"的有效知识；斯瓦希里语被用在监狱里唱的爱国阵线歌曲中（但不是用在卢旺达语的命令中）；等等。约瑟夫阐述了一种相当成熟的民族志社会语言学，在这种语言学研究中，各种极特别的资源——"点滴"语言——被组合成一个被修剪过的语言技能，其中"最好"的语言是英语（比起基亚卢旺达语或鲁扬安科语，英语能使约瑟夫"更清晰地表达自己"）。我们看到约瑟夫如何将这些语言放入特定的语言、语类和语域之中。这些语言是情境性的，依赖于他所嵌入的非常具体的交际网络。除了从仆人那里学来的诗歌和谚语外，他是在卢旺达语"之外"长大的；他在学校教育和严格的家庭环境中学会了英语；他的鲁扬安科语是通过偷听他叔叔和访客在房子里的谈话掌握的，后来被用于与士兵和伊曼纽尔的互动之中。入狱后，他的卢旺达语（以及一些斯瓦希里语）也发展起来了。正如前面提到的，这里几乎没有任何正式的学习轨迹（英语除外），而他是在一个极度扭曲的生活背景下学习特定的语言片段。其结果是他获得了非常扭曲的语言技能，但在这种情况下，很难期待一个"正常"的语言技能。我要强调的是，这一技能并不限于任何形式的"国家"空间，也不限于一种稳定的国家语言制度。它与个人的生活息息相关，并遵循着说话者独特的生活轨迹。当说话者从一个社会空间转移到另一个社会空间时，他或她的语言技能就会受到影响，最终的结果就像一部自传，反射了人们飘忽不定的生活。

鲁扬安科语（Runyankole）还是基扬安科语（Kinyankole）？ 我们已经看到，内政部以约瑟夫对卢旺达语的部分了解和对鲁扬安科语的

（不合格的）了解为基础，驳回了他的申请。据内政部说，正是鲁扬安科语的使用确定了约瑟夫是乌干达人（尽管有证据表明卢旺达人也使用这种语言，包括内政部口译员）。然而，在上面的片段 23 中，我们看到约瑟夫对自己鲁扬安科语熟练程度是如何强烈描述的："我说基扬安科语（Kinyankole）还不如说英语好。我可以在最基础的层次上交流。"他能"让别人理解他"，也能听懂别人说的话。事实上，他（强烈地）认为该语言是他生活中严重的问题之一，而且除此之外，他还认为鲁扬安科语并非其母语。

这里有一点，英国内政部在反馈信中提及但却没有采用。然而，这一点可以证明上文的说法。我们在片段 2 中读到：

> （24）基于以上信息，我们认为您在筛选问询中使用的基扬安科语更广泛地被称为鲁扬安科语，因此，本信的其余部分将会称鲁扬安科语。

在内政部的信中使用"基扬安科语（Kinyarkole）"一词很奇怪，且并不反映约瑟夫本人一贯使用的"基扬安科语（Kinyankole）"一词。然而，问题是，英国内政部将报告中所称的"Kinyankole/Kinyarkole"重新定义为"鲁扬安科语（Runyankole）"——在词干"-nyankole"前面加上不同的前缀。鲁扬安科语（Runyankole）是该语言的官方名称，也是母语人士对其的称呼[8]。在该语言中使用前缀"Ki-"会产生模因（mimic）效果，会在诸如"Kinyarwanda""Kirundi"和"Kiswahili"等语言名称中使用该前缀，而且会更明显地标志着该语言的非本地性、流散使用性和识别性。这可能是一种可预测的卢旺达人识别鲁扬安科语（Runyankole）的方法。这一简单的观察结果是（但内政部漏掉了），约瑟夫一直使用"基扬安科语（Kinyankole）"这个名字，这使他脱离了乌干达的国家社会语言秩序，因为在乌干达，这种语言被称为鲁扬安科语（Runyankole）[9]。

在某种程度上，这明明是个问题，却被人刻意地回避与无视。但是这些基本错误使约瑟夫成为不合格的鲁扬安科语（Runyankole）母语者，因此（按照内政部的逻辑）乌干达应该不是他的出生地。除约瑟夫对基扬安科语（Kinyankole）语言水平有限的描述外，该语言的使用还明确地指出他是一名当地（卢旺达或跨境）通用语、流散国外的语言变体使用者。事实上，这是成为该地区完全不同的社会语言形象的证据，在这种形象中，语言和说话者不会停留在他们的"原始位置"，而是随着危机的节奏和人口的流离失所四处移动。不用说，这一形象更符合独立后大湖区的历史现实。

现代主义的回应

对于约瑟夫烦恼的生活和他的避难申请我们已经得出结论，剩下的就是观察：当面对后现代现实时，如从危机地区移动到西方发达国家的国际难民的全球化现象，政府似乎发布的是非常古老的现代主义回应（另见 Maryns 2006）。我们特别注意到，在约瑟夫的例子中，内政部是如何依靠国家社会语言秩序来评估他的语言技能的。

首先，他的语言技能被看作是判断他来源地的标志，而来源地被定义为存在于稳定和静态的（"国家"）空间内，而不是在实际历史和地形中发展起来的人生轨迹。约瑟夫"说"的是哪种（特定的和单一的）语言，这个问题引出了关于他出生在哪里，关于他在世界上原生位置的陈述。然而，事实是，一个人的语言技能反映了他的**生活**，这种生活不仅涉及出生地，更存在于真实的社会文化、历史和政治空间中。如果这样的生活在一个不仅被暴力冲突撕裂，还被社会和政治关系所驱逐的地方发展起来，那么这个人出生和成长在某个社区、使用"自己的"语言的原始概念几乎没有什么用处。事实上，使用这样一个原始的图像是不公平的。如果我们接受约瑟夫在他的书面陈述中记录的生活，那么我们就很难期待他能提供一种"正常的"社会语言学简况。换句话说，如果英国内政部假定约瑟夫可能是一个真正的难民,那么,背离"正常"的社会语言学简况本应是支持他的一个关键论据。把这种社会语言的常态强加于人(上文布迪厄指出了更深层次的含义),相当于先验性地拒绝接受他故事可能的真实性。这就给约瑟夫制造了一个两难的境地。如果他的社会语言学简况是"正常的"(对英国内政部来说),那么该描述就成为他生活史不真实的有力证据;如果他通过教育制度掌握了卢旺达语和法语的各种读写能力,这自然就意味着他对自己苦难童年的描述是捏造出来的。

我们知道,这种社会语言常态的意象属于现代民族国家的必备工具。事实上,就像民族主义言论中经常沿袭赫尔德式(Herderian)[①]的观点,认为社会语言学常态是现代民族国家想象的核心,它以否认或拒绝鲍曼和布里格斯(Bauman & Briggs 2003)所说的语言混杂性(linguistic hybridity)为中心:不纯和混杂的体系,非标准形式,被改变的语言资源。(关于这一点,请参阅齐格蒙特·鲍曼(Zygmunt Bauman)1991年关于现代性和矛盾心理之间关系的讨论。)它经常与西尔弗斯坦(1996,1998)所描述的一系列单语使用概念一起使用,其中对语言测试和对文化"正确性"的强调占据了一个突出的位置——看看为了确定约瑟夫对卢旺达语(总合)"知识"而进行的小型的识字测试(另见 Collins & Blot 2003)。这种现代主义对后现代现实反应的自相矛盾前面已经阐释:不公正几乎是其必然结果。把严格的国家秩序强加给那些本质上是去国家化和跨国化的人,就会导致不公正案件的发生。特别是在涉及以下内容时产生了巨大的困难:

> 移动的人和移动的文本之间的逻辑交集——此交集不再位于可定义的领域,而是位于一个去领土化的、具有后现代性特征的沟通世界之中。(Jacquemet 2005: 261)

[①] 赫尔德(Johann Herder, 1744—1803),德国哲学家,他认为人类和自然的成长与衰颓都是依循相同的法则,因此将历史视为所有人类共通的有机演变,而显示于各民族特有文化的发展中。其中历史观中的革命运动也是历史演变不可缺少的要素。——译者注

情绪化谈论英国内政部在这个案例中表现出的无知或荒谬太过容易。需要阐明的观点更具广泛和重要的意义。这里，最终的问题是，解读人类行为的异常框架——这里指现代主义国家框架——被当作权力和控制的工具运用在一个越来越多的人们不再适合这种框架类别的世界之中。这个问题不仅限于避难案件；我们还可以在许多地方看到这一点，如在学校教育领域中（如 Collins & Blot 2003），在媒体领域和各种形式的语言监管中，以及在许多其他机构必须应对文化全球化的地方和事件中。不幸的是，对不断增加的混杂性和去领土化现象的主导性反应往往似乎是一种被强化的同质性和领土化。在下一个例子中，我们也将看到非常相似的现象。

这里提出的理论问题意义重大，值得我们仔细考虑。很明显，关于语言的社会语言学研究并不能带来多大的改善。在诸如此类案例中，正是语言的总和概念被用来取消人们的各种资格，而且往往依据最站不住脚的证据。这里我重申本书的一个主要理论观点：我们需要的是关于**言语**和**资源**的社会语言学，关于构成某个语言技能的实际使用的"只言片语"的社会语言学，关于在交际中实际使用这种语言技能方式的社会语言学。社会语言生活应当由**移动的言语**组成，而非静态的语言组成。因此，我们须得把语言技能放置于真实的历史和空间背景之下，这样才可以更好地研究各种各样的生活。正是基于对这些资源的分析，我们才能回应内政部基于语言作出的关于约瑟夫国家归属的声明。在考虑这些问题的时候，我们应该注意现代国家强有力的、且起到明确作用的单语效果，关注时间和空间与语言的关系如何被变为"静态的"（如国家的一个特征）。不仅如此，任何后现代语言和文化现象学的一部分，都应该致力于理解那些非后现代的意识形态和实践，而这些意识形态和实践贯穿于后现代、全球化的现实之中。我们需要平衡这两者，并理解一个整体的、现代的语言概念是后现代现实的重要组成部分。

6.3 把移民学习者纳入主流

约瑟夫的生活是以一种"主流"来衡量的,这种主流反映了国家秩序。他在逃亡和进入欧洲期间携带的语言资源在旅途中逐渐失去了分量和价值,而当他把这些语言资源提供给英国人考察时,就已经变成了对他不利的证据。移民局这个国家机构是这么做的,而且我们看到他们对约瑟夫去领土化和移动生活的回应非常具有现代性,他们强调国家秩序,就好像约瑟夫从来没有迁移过一样。面对巨大的超多样性,各国政府似乎迅速回到现代主义的安全堡垒,强调人口的同质性和统一性,并在这个过程中使用工具进行分类和歧视。语言已经变成这样一个重要工具。

约瑟夫在欧洲的出现是我们已经多次提到的新人口迁移的一部分,而且我们知道这种迁移涉及众多的民族,受到多种动机的驱使,也使用不同的移民模式。这些新移民的孩子也要上学,2002—2003 年在比利时佛兰芒区就有荷兰语融入课堂项目。现在让我们依托这个项目的工作考虑一下会发生什么。新移民儿童被定义为"说其他语言的新移民"(荷兰语为 *anderstalige nieuwkomers*),并且在被"主流化"进入正规课程之前,他们至少要上一年的荷兰语融入课程。请注意,有一股非常强烈的政治意识形态支持这种融入策略:在人口迁移的背景下,佛兰芒区政府越来越强调荷兰语作为"融入"东道主社会先决条件的重要性(参见 Blommaert & Verschueren 1998 年的一般性讨论)。这种现象是全球化的另一个侧面:一方面这种从中心到边缘的移动以英语等国际资源为特征,另一方面从边缘到中心的移动则被困在本土主义和区域主义之中。移民在比利时必须学习荷兰语和法语,而不是英语;在瑞典需要学习瑞典语,在德国学习德语,在西班牙学习西班牙语等。

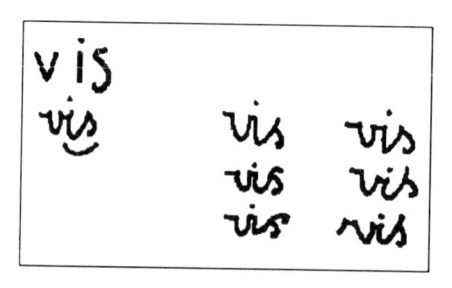

图 6.1 "Vis"

在早前的研究（Blommaert, Crev & Willaert 2006）中，我们指出，当移民儿童进入这样的融入课堂时，即被宣布为"语言弱"和文盲。他们复杂的多语言技能没有得到认可，当然也没有作为现有的和有价值的语言交际工具使用，学生们发现自己处于一个"ABC"环境中，语言和写作需要从零开始学习。程序和动机都很简单。当一个孩子不会说荷兰语时，他的语言资源被认为是没有价值的，不能"生活在我们的社会中"。可以这么说，孩子们不得不抛弃他们之前已经拥有的语言和读写能力，代之以荷兰语。语言和文化同质性的"单语"意象从这些做法中明显地显现出来，而且这些做法往往是由积极性很高、善意的教师执行的，其目标是真正提升移民学生在比利时社会的幸福感，并促进他们与比利时主流社会的"社会融合"。老师们经常认为书写是"正确"学习一门语言的最好方法。但书写会以一种奇怪和严格的方式被解读为：生产特定的**书写形式**。因此，巨大的努力花费在了获得高度具体的正式书写技巧上，如图 6.1 中的"s"符号的图形形状（下划线是老师画的）。

这类课程的气氛很难令人兴奋。学生们煞费苦心地重复书写练习，试图"把它写对"，其他的学习几乎没有进行。语言——在这个例子中是荷兰语——已经成为一个令人压抑的庞然大物，它在学习过程中处于如此中心的位置，以至于"正确"和"错误"之间的差异定义了学习的轨迹。做"对"会给孩子带来学业成功的评价（比如"聪明"、"机灵"），而做"错"则会导致学业问题（比如"不那么聪明"或"学习困难"）。这种体制掩盖或忽视了孩子们在课堂上有效展示的许多其他学习过程。在这个意义上，他们常常忽略了移民儿童如何将自己的语言和符号的全部技能创造性地、富有成效地融合在一起，并展现出真正的进步。在例子里写"vis"的孩子已经识字了。他已经知道怎么写了。这些书写技巧是从以前的学习经验中习得的，孩子写的"vis"实际上是一个完全适合他的版本。然而，他的书写技能被否定了，而且他现在面临的任务是按照老师的方式准确地写出这个词。重点是：这个孩子已经知道如何书写，但他面临的任务充满了对"对"和"错"的意识形态认知，也就是说"对"代表比利时孩子写"vis"的方式。然而孩子已经拥有的真正知识，以及他在这项任务中运用的知识，都被忽略掉了。现在我想重点讲一个特别的书写，作者是一名保加利亚的12岁男孩，我们称他为弗拉迪（Vladi，化名）。图6.2是他的抄写本中的一页，他在练习听写单词。

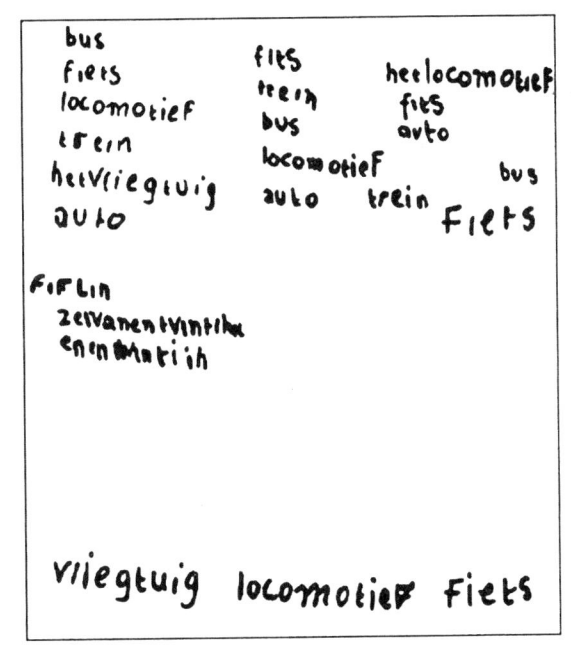

图 6.2 弗拉迪的抄写本

弗拉迪的书写表现出他不熟悉荷兰语书写习惯。我们看到不合理的大写字母使用（"Fiets""locomotieF"），以及将图形符号排列成一个不间断字符串的困难（如上面的"vis"）：字母之间出现了空格。尽管如此，弗拉迪的书写在很大程度上是正确的，即便涉及荷兰语拼写系统的一些更棘手的特性，如 *ui* 和 *au* 的双字符书写。这里更有趣的是错误。弗拉迪用两种方法写了荷兰语单词 *fiets*（自行车）：*fiets* 和 *fit*。他还写了图 6.3 中所示的两种特殊形式，音译为 *zeivanentvintihi* 和 *enentwintiih*，分别是荷兰语标准正字法中的 *zeventwintig* "27" 和 *eenentwintig* "21"。

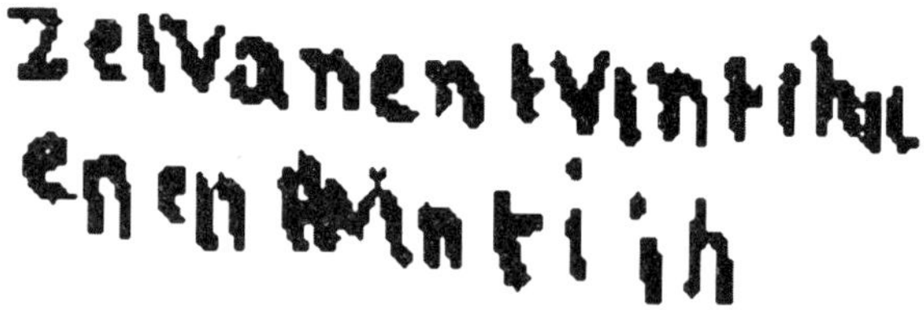

图 6.3　弗拉迪笔记中的两个单词

这些形式非常有趣，因为弗拉迪在这里写的是一个非常准确的声形，模拟了**本土荷兰语老师的口音**。弗拉迪的学校在安特卫普，他的老师是安特卫普本地人。在老师的地方口音中，[i] 的长音和短音之间的区别并不明显，即使它们由两个不同的字母 *i*（短音的 [i]）和 *ie*（长音的 [i:]）表示。所以在老师的口音中，*vis* 和 *fiets* 中的 [i] 听起来是一样的（[vi:s] 和 [fi:ts]），而这种听不见的区别还反映在弗拉迪对字形 *i* 和 *ie* 的使用上。这在 *zeivanentvintihi* 的例子中显得更为直接：在老师的本土口音中，这个词 *zevenentwintig*（[ze:vənəntwɪntəɣ]）被发音成了 [zævənəntwɪntəɣ]，这正是弗拉迪写的：他写的是从老师那儿听来的安特卫普方言口音，并使用了传统的字形 *ei* 来表示 [æ]。弗拉迪在这里随心所欲了。虽然他所写的大多数其他形式（如"locomotief"）都是正规学习到的，但他也在自己的抄写本上做了实验，记下他听到的新单词——*zevenentwintig* 和 *eenentwintig*——或者尝试将单词和定冠词结合起来，如

het locomotive（应该是 *de locomotive*）。在这些勇敢的尝试中，我们看到弗拉迪使用了他已经学到的拼写逻辑，并且同时冒险进入了许多没有这种逻辑的地方。在写 *enentwintiih* 时，他把词首按照长音的 [e:] 进行拼写，而实际上 e: 这种写法属于拼写错误。但是这种错误可以理解，因为长音的 [e:] 也可以写成 e。还是这个单词，[w] 正确地写成 w；而在 *zeivanentvintihi* 里，他却把这个发音写成 v。和最后的软腭音 [γ] 一样，大家都知道 [w] 这个音对于很多荷兰语并非母语的人士而言很难掌握。因此，出现拼写的错误是可以理解的。

弗拉迪在这里发出了自己的声音：这是一个热切而热情的学习者的声音，他通过对已有资源进行实验以挑战自己的学习极限。即使他的书写技巧有一些基本的缺陷——他对大写字母的使用等——我们也看到，这给了他一种能力，可以开始复制和扩展他所知道的东西。然而，他的声音是移民性质的：他记录下了本土口音，但可能没有意识到这不是荷兰语的标准形式。任何荷兰语对于不懂的人来说都是荷兰语（就像任何英语对于不懂的人来说都是英语一样）。因此，他所犯的拼写错误揭示了他相对于荷兰语的特殊地位：在安特卫普的一个非母语学习者，被当地口音环绕，却要面对强制的标准拼写规范。简而言之，他的书写定义了他是一名移民学习者。

这种紧张关系很容易描绘出来。弗拉迪的书写方式揭示了现实社会语言环境中的"社会融入"。他学到了当地的荷兰语口音，也许在说话时还模仿了这种口音。他写得也很好，从这个意义上说，其书写技巧得到了很好的发展。但是，作为一个语言学习者，对他的表现进行评判并非以他所处的社会语言现实为依据，而是以一种规范性标准为依据，这种标准对他来说只是一套正式的书写惯例（这可以从他改变 /fits/ 和 /fiets/ 看出）。简言之，尽管他对 *zeivanentvintihi* 的拼写绝对准确地复制了社会语言现实，但从规范标准（"单语使用"）的观点来看，这就是个错误。因此，尽管从第一个角度来看，弗拉迪是完全融入的，但从第二个角度来看却没有。除非我们把他的书写技巧看作是产生体验式声音的技巧，否则我们很可能会把他的书写能力定性为"糟糕的书写"。进入主流意味着能够重现一套严格的技能，而这些技能的功能只是自省性的：证明人们可以重现它们。

我们在这些例子中看到的是，学生是如何在对语言选择有严格限制的情况下构建声音的。学生们必须使用不属于他们的媒介，而且他们显然都在与必须使用的一些基本技能作斗争。当人们把读写能力和语言看作是一种规范性的东西，并把它看作是一小部分刻板的"语言"功能载体时，读写能力和语言的作用就是使语言产品变得无声无形。这两个例子中讨论的文本都非常普通，而且很容易被忽略，因为它们只是记录学习轨迹中某个特定阶段的琐事。我更愿意把它们看作是斗争的小场所——在精确和限制的条件下创造意义并使别人理解这个意义的斗争。这些条件是我们所理解的全球化的特征，对全球化中的参与者来说，这些特征意味着：它们使人丧失能力，而不是赋予能力；它们产生排斥，而不是包容；它们使人压抑，而不是解放。在这样的条件下产生声音是可能的，但察觉它需要一种策略，即关注那些隐含模式，关注符号形式的诗学，而不是结构的语言学。换句话说，它需要一种严格而复杂的分析形式——我认为，如果我们相信公平和平等，这种分析形式是非常必要的。

我不是第一个把学校定义为斗争场所的人；事实上，这一观点远非教育研究者的原创和共识。但我们还需要把学校理解为一种机构环境，在这种环境中，主体性的基本过程——让自己被别人听到和理解——在全球化时代可能而且一定会遇到困难。人们利用一切可以利用的东西创造意义；他们使用显性的语言资源和隐性的社会文化资源。如果我们只关注显性资源，而否认隐性资源的存在，那么其声音很可能得不到识别、认可和倾听。

6.4 国家和不平等性的终结？

在第 2 章讨论商品化的美式口音时，我指出，国家必须与新的、使用互联网进行语言教学的商家分享其在语言领域的规范性权威；我还阐释了特定的紧张关系如何因此在不同的指向性秩序之间产生，并在不同的层级上运行。然而，在前面的分析中，我希望展示出这种分工并不意味着国家就此"出局"。国家并非拥有**绝对**的权力，但这并不意味着国家没有任何权力。例如，它确实对诸如人口迁移这样的事情有着严格的控制，而语言在这种权力动态中扮演着越来越重要的角色。在移民领域，国家作为一个层级，对理解当代全球化进程仍然具有至关重要的意义。如果从分析中排除或忘记国家的存在，那么分析将是不完整的。移民们被吸引，被再领土化，并被牢牢地限制在国家层级范围内。我们在上面已经看到，这种层级之间的转变涉及大规模重新排列一些框架，而这些框架是用来处理移民并分析移民故事的。他们试图解释的历史被移民问询官抛诸脑后，取而代之的是一个稳定的、统一的、官僚的时空，而在这个时空中移民们的解释往往毫无意义。他们带来的资源来自不同的时空框架，可能会被取消资格或按布迪厄的说法叫"误识（misrecognition）"。正是带着对**该**语言静态和永恒不变的想象——索绪尔关于语言的共时性特征——国家机构部门着手处理现在成为其中心城市特征的超多样性。不用说，这个工具从根本上是有缺陷的，而且不要抱什么它会有所改变的希望。

我希望，对于那些认为全球化只会带来机遇的人来说，这种洞见是发人深省的。它确实为一些人提供了机会——想想本书作者——他可以在不同的空间和层级上调配移动的资源。但是，对许多人来说，全球化却是严重的限制，因为他们没有这种资源，或者他们的资源与在移民申请的惩罚性安排中强加给他们的秩序不相匹配。我知道，有些人认为全球化意味着民族国家作为政治和经济机构的作用越来越小。但我希望，这些观点对于他们来说也是发人深省的。而对于像本书作者这样的人来说，它反倒变得越来越无关紧要了。凭借颇有信誉的欧洲护照和受过高等教育的中产阶级特征，他可以在网上冲浪，环游世界。这对社会地位较低的人特别重要，他们的幸福（实际上，有时甚至是他们的生活）取决于国家体系在移民控制方面的善意以及对贫困、失业、不稳定住所等的控制。这里的底线是：我们看到不平等性如何成为全球化体系的引擎，而国家则是与全球化高度相关的一个层级。如今，西方世界所有国家在移民控制方面都采取了非常类似的策略（参见 Blommaert 2001a, Maryns 2006），但这并未说明一个根本性问题：每个民族国家都在其国界的特定范围内运作，而且在那里的行动都带有绝对的、令人压抑的绝对控制。

像约瑟夫这样的移动人口在很多方面都是全球化的缩影。他们的生活是全球化的，这给了我们一个关于全球化是什么的教训。如果我们把他与美式口音课程的客户或前一章电子邮件欺诈信息的作者进行比较，我们会发现约瑟夫属于全球化的一个特定阶层——可以说是全球化市场的底层。他既不是新互联网业务的客户，也不是向易受骗的西方人发送聪明信息的精明人，因而他不被需要，也不被猎取。他不是那种充分利用全球化的人。他在全球化进程中的地位非常弱势，即使他的地位是全球化定义的。他是全球化的受害者，关注像他这样的人也是件好事。

第 7 章

反思

7.1 路线图概述

在前几章中,我为全球化的社会语言学开发了一些概念工具。我认为这样的社会语言学应该是一种关于移动资源的社会语言学,而不是关于静止语言的社会语言学。我展示了移动性如何影响语言现象学,以及我们需要如何从层级、指向性秩序和多中心性等方面来思考它。然后,我试图发展一种关于本土性的观点,认为社会语言学世界需要被视作相对自发的综合体,这些综合体明显受到全球因素的影响,但仍然具有稳定的本土性特征。我认为,通过所有这些,我们需要考虑被修剪的语言技能,而不是传统意义上的"完整"语言。而且我们需要把全球化中的交流视为经常处于"未完成"状态,即不完整交流形式的运用。我还提出从不平等性的观点/视角看待所有这些,认为在所谓的后现代时代,现代国家往往是不平等背后的推手,这或许是一个悖论。总之,这些论点和概念构成了我脑子里的一种社会语言学体系:它们应该为我们提供一幅路线图的草图,使我们在标记不清的水域中定位自己。

从语言到资源的转变至关重要。这并不是个新观点:放弃语言的结构概念,转向更多的现象学概念,其中语言事件和经验是核心,而不是语言的形式和意义,这一直是语用学的关键组成部分(例如 Verschueren 1998);它也是当代语言人类学和数个话语分析分支的基础（Blommaert 2005; Johnstone 2008），而且最近的社会语言学也对此进行了探索（Rampton 2006; Makoni & Pennycook 2007）。然而，这种转变的后果尚未得到深入理解。例如，我们必须承认，如果放弃语言的结构性概念（要知道这是语言学家建构的），就要用一个民族志的概念来取代它，如声音的概念，它体现出语言的经验和实践维度，也指向人们在交际实践中实际运用资源的方式。这样，与多语制有关的传统概念，如语码转换，成为声音的各种时刻，此时，人们从语言技能中获取各种资源，而这些资源则包含与传统认识中的"语言"相关的材料。然而，在理解这些人的行为时，"语言"维度并不是最重要的，诸如此类的多语实践最好被视为混合了不同声音的多声实践。这可以在传统意义的"单语"和"多语"的言语中实现。多声性（heteroglossia）是一种默认的交际模式，语言材料的差异并没有从根本上给这一现象带来复杂性：它只是多声性的言语。在第 4 章中描述的被修剪的语言资源是多语言语出现的默认模式，因此它的出现是可以被描述的，而且是以对当前和遥远以及历史背景更为敏感的方式加以描述。我们之后看到欺诈电子邮件的作者如何试图利用他们可支配的资源（技术资源和技能，以及文化和语言知识）来构建一个值得信赖的商业伙伴的声音。我们还看到，作为这些资源特定配置的后果，几种声音被制造出来：值得信赖的商业伙伴的声音伴随着用带有非洲口音的英语进行书写的非洲人（历史性的语境特征）的声音，一个试图吸引我们进入复杂交易的骗子的声音，等等。简言之，我们对这些信息中试图进行的真正沟通有了更清晰的印象。

因此，在我们看来，从语言到资源的转变不应该造成什么严重的困难。但这里还有另外一个转变，即从语言与社区、时间和地点紧密相连（索绪尔提出的共时性也沉淀于言语社区及其相关概念）并被视为主要具有本土功能的观点，转向语言存在于穿越时间和空间的移动性之中且为之而存在的观点。我认为这一转变在概念上比前一个更重要，因为它迫使我

第7章 反思

们关注那些脱离其传统发源地的语言符号（不考虑它们在一个言语社区里，也不考虑它们具有一套具体的本土功能），同时关注它们被重置于所谓非常多样的生产和接受之地，在这里与这些符号相关的传统功能都不再被认为理所当然。我们在第 2 章看到这样的例子，如对**妮娜臀部的讨论**，我认为这样的变化迫使我们放弃语言和语言功能之间的传统联系：在日本，咖啡店里的法语不再是具有语言意义的法语，它是象征法语的符号，而只有当某个具备一定法语语言能力的人经过这家咖啡店，它才会变成具有语言意义的法语。这样做的结果是，想要搞清楚在这些例子里到底发生了什么，我们需要从**符号学**而不是语言学的角度来思考语言。更具体地说，我们需要把语言符号看作是**指向性**组合，指向性是指社会文化功能在符号形式上的投射。这些功能的投射可能是广泛多样的，语言符号可能具备的功能范围远远大于它们的传统语言功能。从语言学的角度将这些符号视为语言，那么就模糊了其中的许多功能，并将我们置于（传统意义上理解的）多语制的无益轨道上。只有把语言符号视为非常"开放"的、可（同时）投射多个功能的符号，我们才能开始找到全球化中复杂且常常令人困惑的语言现象学答案（参见 Silverstein 2003a & Agha 2007 有关这些主题的广泛讨论）。

接下来要讨论的是我提出的这些概念工具是如何被用来有效地重新审视引发激烈争论的社会语言学问题的，在此选取最热门的一个：世界各地的英语。英语这个话题，包括它的传播及其在世界范围内的许多变体，以其目前的形式定义了全球化的社会语言学。正如我们一再看到的，解决这个问题的一个非常重要的范式是语言帝国主义（Phillipson 1992）和语言权利（Skutnabb-Kangas 2000）。该范式一直持有静态语言的社会语言学观点——我已经在第 2 章进行过讨论。此观点认为，只要有英语出现的地方，土著（尤其是少数民族）语言就受到威胁，首先是语言的磨损，最终是语言的消亡（这就是语言权利范式（linguistic rights paradigm，缩写为 LRP）所谓的"语言灭绝论"）。我已反复强调，这种范式忽略了新的全球化语言等级的意义（如 Blommaert 2001b）。现在让我试着把全球化的社会语言学工具应用到这个问题上。

7.2 边缘地区的英语：重新审视帝国主义

为此，我将重新思考之前进行的坦桑尼亚（东非）语言制度的研究。我把讨论分成三个小节。首先总结此前关于坦桑尼亚国家意识形态和语言研究的主要发现（Blommaert 1999b）。其结果自相矛盾：国家试图在（几乎）所有社会阶层推广斯瓦希里语的行为获得了巨大成功；但是其试图获得意识形态霸权的努力却以失败告终。接下来的两个小节将对此作出解释：先是考察更高和更低层级上国家与发展的相对位置；然后考察一些草根的语言实践，它们有望揭示导致这种矛盾的一些动态性原因。最后讨论该案例如何为研究语言权利和不平等提供另一种解决方法。

在整个讨论过程中，我的目的是阐明本书的理论反思，并证明这些反思可能有一些分析性价值。更具体地说，我希望证明常见的"语言权利范式"可以被上述假设所取代，并且可能带来更好的、更精确的和实证上更站得住脚的结果。在"语言权利范式"中，关于语言权利的争论（1）几乎总是涉及要在社会各个层面把土著语言提拔成有地位的语言，并且（2）它通常认为国家是这一进程中的一个关键角色，既具有消极意义（国家否认人民的权利），也具有积极意义（国家应该是给人民提供权利并对其实施保障的行动者）。坦桑尼亚就是一个很好的例子。

坦桑尼亚的悖论

这个案例很容易总结。后殖民时代的坦桑尼亚（当时仍然叫坦噶尼喀）是最先宣布土著语言斯瓦希里语为国家语言的国家之一。与前殖民地语言英语一样，它也成为官方语言。斯瓦希里语作为教学语言立即被引入初等教育。20 世纪 60 年代中期，坦桑尼亚开始了大规模的国家建设运动，这才真正推动了斯瓦希里语的发展。这次建国运动是建立社会主义霸权的一次尝试，斯瓦希里语在其中发挥了至关重要的作用。该语言被定义为非洲社会主义（乌贾马）思想的语言，其广泛传播可以说是社会主义在人口中传播的一个可衡量指标。

这里有几个条件。首先，该运动的设计者所设想的理想情况是单语使用环境（Silverstein 1996）。如果人们**只使用一种充满意识形态的语言——乌贾马语**，运动将取得成功。运动的目标是同质性，斯瓦希里语和**乌贾马语**的传播推广不得不与其他语言及其意识形态的消失同时进行。首要的消除对象显然是英语——这是代表帝国主义、资本主义和压迫的语言；但本土语言以及斯瓦希里语的"非标准"变体（如语码转换、城市变体的使用）也是被消除的对象，它们被视为传统的前殖民文化的载体，并被认为是霸权进程不完全性的象征。一个人的斯瓦希里语越"好"、越"纯正"，他就越是坦桑尼亚的社会主义爱国者。这里我们看到典型的赫尔德式的一种语言、一种文化、一个国土的复合体，并把它视作社会的理想组织形式。

其次，不仅将语言视为一套特定（从政治上定义的）赫尔德式意识形态价值载体的概念，而且语言的整体操作概念都继承自殖民前的政权。我们看到了悠久的历史在起作用。斯瓦希里语是标准化的，它的主要载体是通过正规教育系统产生的（规范的）读写能力。学者们的努力都集中在标准化、语言的"发展与现代化"，以及纯粹主义等方面。简而言之，他们试图把斯瓦希里语构建成专注于指称功能的规范的人造物。这种程度的"全面语言性"有一个典范：英语。纵观坦桑尼亚后殖民语言学的历史，学者们一直将英语的"发展和现代化"水平视为斯瓦希里语需要达到的标准。在斯瓦希里语具有"全面语言性"之前，高等教育不得不用英语，这样才能为国家培养出提供专业服务的一流知识分子。因此，尽管斯瓦希里语被推广到全国各个角落，甚至日常生活的方方面面，但小学之后的教育仍然（现在仍然）是英语占有霸权地位的领域。

为实现20世纪60年代初提出的目标，人们进行了数十年的集中努力，结果斯瓦希里语得到了广泛传播。从社会语言学角度看，斯瓦希里语及其变体已成为坦桑尼亚各地公共活动的识别语码。但这个国家意识形态的同质化现象却并没有出现——虽然斯瓦希里化是成功的，但单语言理念却是失败的。英语、本土语言和各种"不纯正"的斯瓦希里语都没有消失。斯瓦希里语的传播并没有激活乌贾马的意识形态霸权：一党制在20世纪80年代末土崩瓦解，取而代之的是一个多党制的、自由资本主义的国家组织；具有讽刺意味的是，在这个新国家组织中，斯瓦希里语仍是全国交流的媒介语言（就如同在此之前该后殖民国家取代英国殖民者时将斯瓦希里语作为政治宣传和基层组织的有趣工具那样）。

总而言之，坦桑尼亚给予土著语言威望性的地位。它还授予其公民习得这种语言的充分权利。在这个国家里，前殖民语言曾经（无疑在20世纪70年代）被污名化，被认为应当完全被斯瓦希里语取代。从"语言权利范式"的角度看，一切似乎都已就绪。那么，到底出了什么问题呢？

时空中的国家

让我们先看一下坦桑尼亚如何融入更大的图景之中。如前所述，我们必须把国家看作是分层的多中心系统中的一个层级。因此，我们需要把一个国家所做的事情放到在其他层级更为广泛的事件之间的动态联系之中。这些都是在不同的历史过程中捕捉到的，并且该过程的每个成分也将显示这些历史过程的残余元素。从这个有利的位置，我们可以得出几个结论。

（1）坦桑尼亚有它自己的空间，尝试进行国家建设是一种典型的国家活动，其活动范围在由国家控制的领土之内。但我们清楚地看到，很多时候，国家都以更高层次的跨国中心为导向。在最普遍的层级上，国家空间建构本身就是当时国际世界秩序的一个因素，它迫使后殖民国家采用殖民边界，并为组织国家官僚机构和行政机构提供模式。坦桑尼亚人追求一些跨国理念：**泛非主义**和非洲解放（这促进了坦噶尼喀和桑给巴尔的统一，也加强了社会主义作为国家意识形态的地位）；不结盟国家组织所拥护的那种**社会主义**（这种意识形态反过来又强烈倾向于冷战框架）；以可持续基层发展为核心的**发展**理念（受毛泽东时代中国的影响）；认为标准的西方正规**教育**模式对发展和国家建设至关重要。

（2）坦桑尼亚还以跨国模式的语言和交流为导向。如前所述，在该国的国家层级上建构的往往是一个现代主义、静态、同质和物化的语言概念，其他的语言概念则须以此概念为准（Bourdieu 1991；另见 Ferguson & Gupta 2002）。坦桑尼亚采用了早期已有的单一语言制度的模式，这种语言制度专注于标准的、纯正的和以读写能力为导向的斯瓦希里语变体（参见 Fabian 1986; Errington 2001）。它还采用了一种经典的民族主义语言—意识形态模式，即赫尔德模式。无论是在日常生活中，还是在行政管理、教育和科学工作中，坦桑尼亚还将这些模式作为规范提供给社会中的各个群体。此外，它还采用了现有的全球语言等级制度，其中英语或法语等"完全发达的语言"居于顶端，并成为斯瓦希里语的典范（而斯瓦希里语则被认为在语言发展的阶梯上处于较低的位置）。简而言之，坦桑尼亚采用了一种跨国的语言制度（这也是该国殖民时代的特征），并将斯瓦希里语纳入该制度。

（3）大部分在（1）和（2）阐述的观点代表了坦桑尼亚语言制度的**慢时间**层面：作为国家项目（即国家建设）的一部分进入国家空间的基本状况/环境，坦桑尼亚在这些状况/环境下运转，而这些条件往往一旦被"遣返"就消失了。国家所倾向的跨国模式转变为国家模式，并作为次国家群体应当趋向的方向。一旦国家将世界体系引入国家空间，它就会消失在视野之外。

（4）同时，这不是一个静态的现象，我们需要考虑不同的历史。在整个后殖民时期，坦桑尼亚相对于更高级别的位置一再发生变化。总体上看——概括地说——可以界定为三个时期：1）摆脱殖民世界秩序，坦桑尼亚国家在独立后花了好几年的时间才做到；2）冷战，即 1990 年以前的全球世界秩序；3）1990年之后的世界秩序，即当代全球化和资本主义霸权的时代。在每一个时期中，相关的指向意义都会发生变化。例如，关于英语的"价值"。很明显，它从第一个时期的矛盾态度（作为殖民者的语言和组织独立国家的模式）转变为冷战时期明显的消极态度，并在1990年以后再次转变为适度的积极态度。每一个时期的英语（也包括斯瓦希里语和任何其他语言或变体）都从有效的跨国层级中获得价值属性，而且语言评估的发展证实了坦桑尼亚在世界体系中不断变化的定位。还要注意，这三个时期是不能分开的：我们看到的不是时期之间的断裂，而是前一个时期价值体系的残余如何在随后的时期中出现。新的指向性秩序是建立在早期秩序的废墟之上的。

（5）但国家也对基层和民间社会力量做出了反应，特别是在斯瓦希里语和当地少数民族语言之间的关系方面。在以国家为（强大的）中心的规范框架内，社会中的各种群体开展了反霸权的话语和实践。最明显的表现是，人们不愿意用斯瓦希里语单语复合体[①]来**取代**他们现有的语言技能。实际上，没有人对国家语言统一的重要性提出异议，但只有少数人接受个人单语制的观点。大多数人将特定功能分配给他们已有的斯瓦希里语变体，并狂热地在他们语言技能的各成分之间转换（Mekacha 1993; Msanjila 1998, 2004）。此外，虽然新兴的专业知识分子阶层通常强烈支持斯瓦希里化，但他们还是投身关于语言应该传播**什么样（社会主义）价值观**的辩论。国家被迫参加这种辩论，对语言政策的一般性评估是国家与公民社会之间辩论的结果。准确来讲：把国家的行动视为成功或失败是一个国家动态调整的结果，而跨国层面在这里几乎不可见。这本身就证明，国家是创造"国家"空间的中心机构，因此能够终止该问题超越国家空间的方面。在这种辩论中，对本土知识分子来说，他们唯一趋向的中心是国家；对国

[①] 复合体这里指的是由被修剪的各种语言资源组成的复合体，而这些资源全都是单语的，即来自斯瓦希里语的资源。——译者注

家来说，它既是世界体系，又是公民社会。

（6）所有这一切的关键是：国家是一个中间机构，同时回应来自上层和下层的呼吁，而国家在某种程度上夹在了这两个层级之间。国家并不是一个自主的行动者，而是一个嵌入其中的行动者，它根据目标对象所处的层级，采用了不同的方法。再加上语言模型和语言基础设施的遗产——单语使用、语言纯粹主义、标准、赫尔德情节——作为坦桑尼亚必须适应世界秩序的方式之一流传下来（并由殖民语言学为斯瓦希里语而发展），结果我们得到一个奇怪且矛盾的总体形象。国家作为界定国家空间及其一些关键组成部分的行动者，作为对推广语言的基础设施拥有绝对控制权的行动者，是极其强大的。但同时它又是极度虚弱的，因为它能够借以发挥作用的工具不仅范围和能力不足（坦桑尼亚过去和现在都是一个非常贫穷的国家），而且还是从跨国层级传下来的二手货，既不能满足国家的抱负，也不能满足公民社会中那些本土组织的雄心。用最直白（甚至略显夸张）的话来说：国家采用了无论在何处应用都会导致不平等的社会语言学模型和理念，而这些模型同时又总是被当作进步、现代化和发展的方法。国家采取了资本主义社会的重要指向性秩序，并试图将其应用于社会主义国家的建设之中。

玩弄语言

我们已经描述了国家的尴尬处境。现在让我们从时间和空间的层级来看坦桑尼亚城市的日常生活，并思考：人们如何有效地使用语言？我们还必须记住那个普遍模型：一个分层的多中心系统，在这个系统中人们趋向各种（等级排序的）系统性再生产出来的指向意义。国家提供了一套这样的指向意义，并以相当大的力量、沉着和决心做到了这一点。但我们不要忘记：

> 完全有可能……在社区的历史进程中，社区在发展其语言手段的程度和方向

上将会有所不同……就像通常描述的那样，同一语言系统可能是不同社会语言学系统的一部分。比方说，**社会语言学系统**，其性质不能假定，必须加以研究。（Hymes 1974: 73, 着重记号为原文所加）

鉴于我们需要证据来支持这一点，本·拉普顿关于"跨界（crossing）"和"造型（styling）"（Rampton 1995, 2006）的研究是一个现成的候选项。拉普顿展示了伦敦不同种族语言背景的青少年如何创建说话方式，这些方式趋向新的、同辈群体或流行青年文化的指向意义，从而允许"跨界"到习惯上不属于他们的种族语言指向空间（例如，盎格鲁白人儿童使用牙买加克里奥尔语）。在实践中，"习惯上"在这里代表的是在更高层次上有效的、由其他中心机构产生的指向意义，这些机构包括如教育、邻里规范、或"标准"和"不标准"的国家规范、声望和污名。因此，从学校系统的角度看被认为是一种享有声望的语言变体的东西，从学生的角度看可能是一种被污名化的变体，反之亦然（例如，塔法里①俚语可以是一种有声望的语码）。用海姆斯的话说，语言资源的确可以在非常不同的社会语言学系统中发挥作用，而且它们可以同时发挥作用。

我认为，如果我们想要了解人们到底用语言做了什么，语言对人们做了什么，语言对人们意味着什么，语言对人们有什么特别的意义，那么我们就必须在这个层级上进行研究。如果我们想让语言权利不只是政治话语中的一个比喻，这就是我们应该开始的地方。唉，我们总是以一个相当复杂的形象告终。让我举几个坦桑尼亚的例子。

公共英语 几年前，我开始注意到，出现在达累斯萨拉姆城中各种公共展牌上的符号经常会有各种各样英语书写体的奇特变体。这些变体会以各种形式出现在商店、酒吧和餐馆的门和墙上，提供公共交通的小型私营公共汽车上的刻字牌上，或报纸、广告牌以及路标上。在这些

---

① Rasta, 也被称为 Rastafari, 即塔法里教，该教认为非洲是宗教、历史、文化、科学和技术的起源。简单来说塔法里教就是由非洲人组成的致力于解放黑奴的群体。——译者注

公开展示的英语读写形式中,最引人注目的方面是"错误"的密集程度,或一些表达方式。

- 例如:
- *Fund rising dinner party*(在达累斯萨拉姆市中心的横幅上)
- *Disabled Kiosk*("kiosk"的名字——一个经过改装的集装箱,现在是个小商店,由一名残疾人经营)
- *Whole sallers of hardwere*(一家五金店的招牌)
- *Shekilango Nescafé*(达累斯萨拉姆郊区舍基兰戈路上一家咖啡馆的名字)
- *new Sikinde tea (room)*(一家咖啡馆的名字,注意括号的用法)
- *Sliming food*(在一个保健品商店的广告上)
- *Con Ford*(在一辆公交车上)
- *Approxi Mately* (在一辆公交车上)
- *Sleping Coach*(在一辆长途车上)

显然,这些刻字牌上的文字充满了信息。它们揭示了语言资源分布的问题:一方面是符合标准英语编码的指称意义,另一方面是英语的规范性读写习惯。从单语使用规范的角度看,书写和使用这些文字的人,并未完全融入语言形式的经济之中。从这个意义上说,它们证明了坦桑尼亚语言政策的一些关键问题:英语具有持久性的威望,同时人们获得这种有威望变体的途径极为有限(后者完全取决于是否获得过小学之后的教育)。

但我们还能看到其他方面。很明显,这些标识的生产者(和消费者)倾向于英语占据榜首的地位等级。这是一个跨国、全球等级的倾向,而国家在英语问题上摇摆不定的立场更是强化了这一趋势。一种倾向是把英语视作一种与资本主义成功理念的核心价值观相关的语码——企业家精神、移动性、奢华和女性美。英语的使用被用来指向这些价值观。但与此同时，它并不是根据国际上有效的规范（例如标准的书面英语变体）进行价值指向，而是根据**本土**的发音特征。制作 *disabled kiosk* 标识的人可能并不认为自己是一名国际商人，但却认为自己是达累斯萨拉姆的一名商人（或者更具体地说，是达累斯萨拉姆的马格纽尼社区的一名商人）。在这一点上，一个新的意义归属空间被打开了。这是一个交际行为，该行为同时趋向跨国指向意义和严格的本土指向意义；结果是，这些标识中的英语要在**这里**，在马格纽尼，具有意义，但这个意义是**作为英语**体现的，该语码表明一种"搬出"马格纽尼、进入跨国想象性网络的意义。

这是一个标识综合体的回归，它为使用者提供了巨大的符号潜力：它们可以产生高度集中并且奏效的非常本土的意义。在公交车上写 *Con Ford* 的人不仅在给自己的交通工具打广告，暗指民间类别"conmen"——油腔滑调和讨女人喜欢的男人，而且还炫耀他的车非常舒适，同时也展示了他的智慧和用英语玩文字游戏的能力。*Shekilango Nescafé* 的店主也是这样：立足当地地理环境，同时又显示出对知名欧洲品牌（雀巢）了如指掌，这表明他的生意高雅，具有欧洲一流的格调，以及他具有为事物寻找好听名字的天赋。至于 *fund rising* 或者 *sliming food* 的作者：他们的目标受众是那些对使用英语的价值有整体感悟而非看重其是否规范正确的人。这样就为他们提供了一个认同高端、国际化活动的空间。处于中心地位的是英语的价值以及其在**达累斯萨拉姆**的读写能力价值。

因此，与某些文献所示相反，我们并没有真正目睹"帝国主义"或"杀手"语言的入侵。我们所看到的是一种高度复杂而精细的挪用模式以及利用语言资源的模式，这些资源的价值已从跨国指向意义转移到国家指向意义。它是**坦桑尼亚**的资产阶级（或有抱负的资产阶级）的资源。

强硬的说话方式及其规范 20世纪90年代中期，我开始注意到在达累斯萨拉姆的年轻人中出现了嘻哈音乐的场景。我很快发现自己和一群年轻人在一起，他们愿意引导我进入他们的生活方式。刚开始一个女孩告诉我，她的哥哥现在说维斯瓦希里语（*Viswahili*），也就是"基斯瓦希里语（Kiswahili）"的复数形式，即多个斯瓦希里语同时出现。这个男孩被叫过来并当着他父亲的面说了几句这种语言，而他的父亲不赞同地说，"这不是斯瓦希里语"，并告诉我，男孩 *anaongeza chumvi*——"加盐了"，也就是太夸张了。规则被打破了。（请注意，在这一点上，我们已经为这个男孩的言谈提供了两个元语用限定：一个指向"语言"的复数性，另一个标记"非中心性"。）

这个女孩和她的哥哥让我接触到了大约 14 个住在附近的年轻人，他们的年龄都在 14 岁到 20 岁之间。这个群体由六名男性核心成员和外群的男孩和女孩组成。从民族背景以及社会阶层来看，这个群体是高度异质性的：有些成员是工资微薄的服务员或邮差，一个是修鞋匠的助手，而有些是中产阶级家庭的孩子并能获取名牌商品（衣服、鞋子、音乐磁带）和汽车。然而，这里显然是一个"群体"：

- 尽管存在阶级差异，所有的成员都用深深的沮丧来定义他们的人生观——通过格言表达了一种处于世界边缘的意识，如 *jua kali* 是"烈日"或"酷热"（这是一种对坦桑尼亚的贫穷和痛苦状况的转喻表达），或 *machungu sana* "太多苦"（即挫折），并使用有标记的地点词来显示对在世界系统中位置的意识，如 *majuu* "西方"（字面意思是"上面的东西"），*Jahanam* "第三世界"（字面意思为"地狱"），或者 *motoni* "第三世界"（字面意思为"在火里"）。
- 此外，核心成员采用昵称，并坚持在群体范围内使用这些昵称。这些名称再次揭示了身份复合体和/或身份类别的不同取向。其中一些是模仿非洲裔美国人的首字母缩略词：*Q, KJ*，另一个人仿照了著名雷鬼艺术家的名字 *Toshi* (Peter Tosh)，还有一个叫 *blazameni*——本土版的"兄弟"。还有一个叫 *msafiri* "旅行者"（这个男孩曾在南非的矿上工作过一段时间——这段经历给他带来了相当大的声望），最后，这个群体中年龄最大的成员被称为 *jibaba* "小爸爸"（他已经有一个孩子）。
- 该群体还认为自己属于一个更大的城市青年群体：**瓦胡尼**（*wahuni*）"骗子""土匪"，该斯瓦希里语相当于美国嘻哈文化中的"黑帮"。很快有人向我指出，这个标签不应该吓到我，因为**瓦胡尼**有好几个类别。他们用诸如 *sisi hatuibi* "我们不偷东西"（换句话说，"我们不是真正的罪犯"）之类的声明／陈述来打消我的疑虑。
- 该群体有自己的聚会场所：一个集装箱改装成的酒吧。在酒吧前面，那个鞋匠雇了一个群里的成员开了个小店（一个只有一条长凳的小摊）。这群人的另一个活动场所是几百米外的一个足球场，他们可以在那里举行**全体会议**。这群人的本土特征非常明显——具有**社区**（barrio）意识。

我们已经看到该群体是如何参照多个中心来组织自己的：世界体系以及他们在该体系中的边缘地位就是这样一个非常突出的导向。它提供了一个参考框架，英语、嘻哈俚语、塔法里俚语和旅行在其中可以获得特定的、可用于命名和限定实践的象征价值。他们与达累斯萨拉姆的其他**瓦胡尼**在群体性上有一些共同点——瓦胡尼圈子是另外一个中心，其焦点是达累斯萨拉姆的明星说唱乐队（乐队的名字是 *II Proud* 和 *Da Deeplow-matz*，它们有着极高的声望）。利用说唱乐队的明星地位，两家八卦杂志开始使用**基胡尼语**[①]（kihuni）的片段，以便接触到年轻的城市读者。这一层级又被跨国（但本质上是非裔美国人）的"冈斯特说唱"文化所叠加，该现象尤其集中体现在像图帕克（Tupac）这样的国际说唱明星身上。最后，他们的

[①] 基胡尼（kihuni）意思是强硬的说话方式（tough talk），是生活在达累斯萨拉姆的瓦胡尼所说的一种斯瓦希里语的社会方言变体。瓦胡尼对自己在世界体系中处于边缘地位感到沮丧，生活中普遍缺乏经济机会。——译者注

社区是一个强有力的趋向性焦点。其他瓦胡尼群体都是参照达累斯萨拉姆的居住区确定的：曼泽斯的瓦胡尼、马戈梅尼的瓦胡尼、乌邦戈的瓦胡尼等等。

瓦胡尼群体的人说**基胡尼语**，这是土匪的语言，也是前面提到的**维斯瓦希里语**。我开始录音与群体成员的对话，这些对话总是以单个词或短语的形式单方面地展示**基胡尼语**。毫无疑问，该群体致力于创造和维护达累斯萨拉姆整个**瓦胡尼**圈子共享的一种"反语言"。它包括令人困惑的混合语言，斯瓦希里语、英语和其他语言的借用（borrowing）和重新词汇化（relexification），以及声音游戏。请看下面的例子，大致归类为英语（重新词汇化的）借用词；斯瓦希里语重新词汇化；其他语言的借用词；声音游戏，vifupi（缩写形式）等：

来自英语的借用词：
- kukipa：离开、起飞（来自'to keep（保持）'）
- kutos：不打扰、不干涉（来自'to toss（投掷）'）
- macho balbu：眼睛因惊讶或恐惧而睁得大大的（balbu 来自'[light-]bulb（灯泡）'）
- mentali：朋友（来自'mental'，意思是'mental fit（精神上符合）'）
- Krezi：朋友（来自'crazy（疯子）'）
- kumaindi：要点什么（来自'mind（在意）'）
- kukrash：不同意（来自'to crash（冲突）'）
- dewaka：各行各业的人（来自'day worker（白天工作的人）'）
- bati：蓝色牛仔裤（来自'board'，波纹铁皮屋顶板）
- pusha：毒贩（来自'pusher（毒贩）'）

来自斯瓦希里语的重新词汇化（SS 指标准斯瓦希里语）：
- unga：可卡因（来自 SS '玉米面粉'）
- mzigo：大麻（来自 SS '包'，'行李'）

- chupa cha chai：小型飞机（来自 SS '茶杯'，'热水瓶'）
- pipa：大型飞机（来自 SS：'油桶'）
- kukong'otea：追踪（来自 SS：kukong'ota = '撞'，'击打'）

来自其他语言的借用词：
- mwela：警察（来自东非马赛语）
- kulupango：监狱（来自刚果班图语）
- ganja：大麻（来自牙买加克里奥尔语，塔法里俚语）
- kaya：大麻（来自牙买加克里奥尔语，塔法里俚语）

声音游戏等：
- kupasha = kupata: 获得
- zibilidua：很难搞到手的女孩（也作 gozigozi）
- kibosile：富人（'老板'）
- kishitobe：大屁股女孩（指希腊货船的名称）
- K'oo：卡里亚库（一个社区）
- Zese：曼泽斯的瓦胡尼（一个社区）
- Migomigo：马戈梅尼（一个社区）
- Jobegi：约翰内斯堡

基胡尼语的动态性并不是个案：在其他地方的类似群体中也会遇到非常相似的现象。**基胡尼语**的分布语域也并不令人惊讶。这些语言涵盖的语域包括：犯罪、毒品、女性身体形态、旅行、贫穷对财富、城市、群体及其社交网络。

但更有趣的是所有这些表述触及的**规范性**。**基胡尼语**有自己的中心，有自己的规范：说唱明星和使用**基胡尼语**的小报。群体自发地把与我对话的部分正式化，并把它们变成一种正式的教学语言。我对发生的事情进行了录音，但他们却坚持要我把他们提供给我的单词和短语用笔记下来。当我做笔记的时候，他们会仔细观察我是如何记录单词和短语的；而当我写下与他们认为的不相符的东西时，他们会偶尔——但相当积极地——纠正我。然后我又回到一种明确检查所写内容的模式，并问他们 hivyo?（"像这样？"），并给他们看我的笔记。正字法很重要。例如，一个经常使用的词是 toto——一个由斯瓦希里语 mtoto（"孩子"）衍生而来的关于"女孩"的性别化词汇。toto 的复数形式是 totoz：该群体没有添加班图语的复数前缀 (wa-toto)，而是使用了嘻哈俚语复数后缀"-z"，这样通过利用斯瓦希里语的词法和正字法，将这个词的使用与跨国冈斯特说唱（Gangsta）文化紧密地联系在一起。

值得注意的是，这意味着**基胡尼语**是一种**有文化的**代码——或者至少在我参与的迁移／启动过程中，**基胡尼语**的书写意象很重要。传递给我的语码必须是**正确的**，并且瓦胡尼群体的成员对语言的样子有着自己的认识，这意味着**基胡尼语**必须服从书面形式的标准，因为对**基胡尼语**书写变体的控制使得说话者从符号层面上有机会跟上本土和跨本土的规范。这种灵活且封闭的亚文化语码虽然被家长和其他人斥为"非斯瓦希里语"，但却被其使用者视为一种"完整的语言"——视为受到相当严格（"边缘的"）规范和规则控制的众多维斯瓦希里语中的一种。

就像前面讨论的英语标识语一样，我们在这里看到的情形是重新定位和挪用——换句话说，是符号的机会——而不是标准的恶化、语言的丧失或任何其他简单的英语帝国主义式的隐喻。这些孩子所能掌握的任何语言材料都是高度"不纯"的混合，没有一种单一的指向性复合体。指向性是多种多样的，就像前面讨论的那样，其核心是在暗示跨国层级的同时，仍坚定在国家、区域甚至严格的本土层级上：正是这种语言技能让他们从文化上"走出"达累斯萨拉姆，在阶级、地位、肤色、边缘化的全球符号中重新定位他们的本土环境。如果我们寻找语码对孩子们自身的价值：这种价值就是他们的**语言**，一旦外界的人想要获得它，它就会在规范的认知和活动中得以体现。它被视为一种"完整"的语言，有名字（**基胡尼语**）、口语规范和语域，甚至还有正字法。

出现了什么问题？

如果我们现在把本节讨论的因素综合起来，就可以从坦桑尼亚语言规划者的角度开始看到坦桑尼亚出现了多么严重的问题。理解这一点的关键是，坦桑尼亚不是一个自主的空间，而是被封装在更高层级和更低层级上的不同过程之中。国家不是一个自主的行动者，它不能完全自由地运行：它必须在具有历史和共时限制作用的条件下运行。与此同时，它是汇聚一切的行动者：它就是**这个**过程中的中心机构。**该**国家没有对霸权做出自己的定义，**其原因在于**霸权太强大而国家却如此弱小。这个关键的中心机构做了它必须做的事：成为关键中心，但它必须以失败为前提才能做到这一点。

其结果是创造了一个空间，其中出现了一种极不平等的语言资源分配模式，并开始运行（这与布迪厄所谓统一的语言市场非常不同）。斯瓦希里语土语得到了广泛的传播，相当多的人口有一定程度的读写能力。在另一股潮流中，英语继续成为一种享有声望的资源，因为它嵌入在一个阶层组织（高等教育）的再生产体系中：在很长一段时间里，它是进入精英阶层的唯一门票。这种指向性秩序是一种国家秩序，其中英语、标准语言和文学语言变体居于首位，而斯瓦希里语土语和当地少数民族语言则远远落后，但这种秩序显然被跨国秩序所渗透。这些指向意义所运行的各个层级——跨国的、国家的、区域的、非常本土的——都可以成为说话者的定位。通过使用某种说话方式而不是其他方式，他们可以把自己与从不同层级挑选出来的意象进行定位联系，这些意象的组合是一种强烈的本土身份符号，可能只有来自本土的人才能完全理解——完全"社会化"，就像我们在第 3 章中看到的那样。

这当然是不平等性的一个特征：通过使用特定的符号资源"走出去"的能力，绝对是我们所理解的"赋权（empowering）"所具有的一个意思，而具有"定位"——即让说话者"待在原地"——效果的资源则是褫权（disempowering）的一个特征。如果使用一种特定的英语形式不能让你成为一个国际商人,而是让你比以往任何时候都更像马戈梅尼的小商店主,那么我们需要仔细研究形式与功能的匹配问题。但关键是,这种匹配发生在本土,海姆斯提及的"社会语言学体系"无论如何也不能等同于英语在其中总能赋权或褫权的某些所谓国际有效的体系,而且类似的简单匹配也发生在土著语言上面——社会语言学体系由本土性的指向性秩序组成。在坦桑尼亚的例子中,所谓褫权是指被困在世界体系边缘位置的整个历史过程。这个完整过程支配着语言资源的价值:它支配着人们可以用语言资源做什么,也支配着语言资源可以对人们做什么。以坦桑尼亚为例,存在不平等的原因在于,由说话者控制的语言资源的功能主要是本土的,这也适用于本土语言,斯瓦希里语和英语,它们的功能都是本土的。一旦它们被移出本土环境并在跨本土传播,它们就会迅速失去功能。这个强－弱国家留下了自己的印记[1]。

讨论

现在我把讨论转回到语言权利的问题。我会先总结一下自己的例子。我曾试图表明,如果我们采用民族志学的观点研究社会中的语言问题,那么我们需要关注语言资源在实际社会中是如何被使用,以及在什么条件下被使用。为了达到这一目标,我们可以使用一个框架:语言的使用被视为趋向多个层次分明的中心,这些中心构建并提供了重新产生指向意义的机会。这些指向性意义决定着语言使用的"社会性",是解释性工作的基础,其组织方式是不平等性的根源。

为了理解不平等性的真实过程,需要考虑不同过程中发生的具体情景。在当代学术界,任何对国家现象的分析都不能忽视全球层面,因为全球层面界定或限制了许多国家层面的行为。因此,我们需要以一种新的眼光来看待国家作为这一领域的行动者:即使国家看起来很弱,它相对于全球势力而言的地位仍然是至关重要的,其相对于基层和民间社会进程的地位也是如此。但是,我们不仅必须关注国家的具体**施事行为**,诸如立法、语言制度在教育和官僚体制中的执行，而且还须关注其作用，如作为中心、参照点、对比点和比较点的作用，因为这些关注点通常界定了其他行动者所采取行动的价值和相关性。从这个角度审视社会语言现象，可以帮助我们理解语言实践对人们的真正作用和功能——他们对这种实践价值的判断和理解。如果我们相信我们可以对不平等性做些什么，那么我们需要知道它的轨迹、真正的运作方式、结构和对象。我认为，这需要一种以历史的和普通社会语言学深刻见解为基础的民族志观点。

正如坦桑尼亚的例子所示，使用这种方法可能会产生令人不安的复杂和矛盾，但结果却非常现实。在坦桑尼亚的例子中，我不能相信英语只是一种压迫或矮化少数民族的工具。遍布社会的各种英语变体进入了本土的社会符号经济，因此它为说英语者提供了将跨国指向意义本土化的机会，这具有相当强烈的本土意义。问题是：它们只在本土有意义，一旦跨本土的规范被强加给它们，它们就不能算作"英语"。我们在上面的讨论中（以及前几章的各种例子中）看到的英语是可称之为"低移动性"的英语形式：它们只在特定的环境中算作英语。因此，英语是"杀手语言"的故事变得相当复杂（我认为这很有趣）。不同的英语变体在不同的层级上发挥作用，产生了不同的效果和功能。

我也不能相信，斯瓦希里语这种土著语言为坦桑尼亚人带来的只有进步和解放。同样，事情并没有那么简单。斯瓦希里语在其作为坦桑尼亚乌贾马国家语言的全盛时期，实际上与英语、俄语或汉语普通话一样，是一种"帝国"语言，被作为一种单一语言的标准并拥有自己的具有威望的语言变体。该语言在大力提倡停止使用其他语言的同时得到推广，并在20世纪60年代初被引入初等教育。从一个角度看，这是一种解放和革命的行为，它破坏了英语在该国的绝对霸权地位。当然，从另一个角度来看，这意味着将一百多种其他土著语言淘汰出局，使其不能作为正式教育的媒介；对于说这些语言的人来说，新的教学媒介是一门**外语**——一门**有威望**的外语，一门体现权力和实施控制的语言——这门语言是需要学习的。

（让我们不要忽视一个简单的事实，即一种语言并不因为它是邻居的语言而变得不那么"陌生"。）如果自20世纪60年代以来，坦桑尼亚的土著少数民族语言已经消失，那么斯瓦希里语很可能是杀手之一（暂时采用语言权利范式的观点）。

然而关键在于，附加在属性、价值和效果集合上的单一"语言"永远不能作为思考这些问题的框架。从民族志学的角度看，我们总会看到复杂的混合、杂糅和重新分配的过程，就像一开始所说的，"语言"之间的差异只是其中一个因素。不平等性不是与语言有关，而是与**语言使用模式**有关，也和被传递到这种用法上的价值判断有关。如果我们打算对此做些什么，那么我们需要培养一种意识，即重要的不一定是你能说的语言，而是你**如何**说，**何时**能说，以及**对谁**说。这是**声音**问题，而不是语言问题。

7.3 结论

希望以上所述能阐明我在本书中尝试描绘的方法的潜力，并能吸引更多学者探索它所提供的研究机会。也许这样的机会存在于社会语言学研究的多个领域。如本书开始所言，社会语言学依其传统研究村庄比研究世界更为轻松。现在，研究世界已不可避免，而这样的研究需要一种不同的社会语言学，一种彻底改变其研究基础以适应当前现象和过程的社会语言学。如我们所见，这些现象和过程是混乱的，许多传统的社会语言学概念不得不被牺牲掉，取而代之的是更为开放和灵活的概念，这样才能够捕捉到全球化时代社会语言生活的不可预测性。

社会语言学需要做出的主要牺牲是老旧的索绪尔式的共时研究，即语言现象可以在不考虑其时空情境的情况下进行研究。在我所描述的全球化的社会语言学中，没有这种共时性的位置。我认为，可被观察到的社会语言学现象和过程——在传统术语中被称为共时现象——实际上是极其复杂的一系列历史和空间过程的**共时化现象**（synchronization）。每一个社会语言现实的共时快照都代表了时空移动过程中的一个时刻，只有当我们考虑包含它们的移动性时，我们才能理解这种被共时化的现实。正是索绪尔式共时性的终结，才使得这种转变具有纵聚合的特征。这不只是方法或词汇的转变，而是社会语言研究基础的转变。语言的基本意象从静态、整体和静止的意象转变为动态、碎片化和可移动的意象，而我们的研究需要从这个基本意象开始。

这项工作才刚刚开始，而且这本书仅仅触及皮毛。我已经界定了我们需要做出的范式转变，并同时强调对移动资源而不是静态语言的关注。我为此首先提出了一些概念，其核心是指向性秩序、层级和多中心性。其次，我认为在社会语言学的世界里，语言被迁移而且其传统功能因移动进程而扭曲。再次，我们需要把社会语言学世界看作是一个具有相对自发性的本土系统，每个系统都有自己的历史性、经验模式和规范行为。社会语言的资源和语言技能因此以不同的形式出现，并需要被理解为"被修剪的语言技能"和"不完整的语言技能"。为了解释这一点，我观察了语言现象的历史性，并认为我们需要依据上文概述的思想把共时性（synchronic）现实视为被共时化的（synchronized）现实。最后，我展示了当代全球化的社会语言学现实是如何连接（articulate）新旧不平等模式的，从而使语言成为许多人的问题。全球化有赢家也有输家，有顶层也有底层，有中心也有边缘，而且在整本书中，我经常把边缘作为我们研究全球化的起点。我相信这是至关重要的：我们需要做的一部分转变是，从强调全球化过程千篇一律的大都市视角，转向公正地看待"乡土全球化"的视角，以及公正地看待全球进程得以与本土状况和环境融合并成为本土化的现实的各种方式的视角。

这对于研究界定社会语言学全球化的主题尤其有益，比如我在前一节中讨论的世界英语这一主题。我希望已经能够令人信服地反驳一些研究方法，它们总是从压迫和语言帝国主义的角度看待语言全球化现象。当然有压迫存在，或许也有语言帝国主义存在，但这种模式只发生在社会的某些地方，因此被局限于特定层级。在社会的其他地方，现实可能完全不同，我们的任务是把这些现实也纳入考量范围。对社会中的语言进行全面、细致且平衡的描述和判断，对社会的不公正和不平等进行正确诊断，这对社会语言学有百利而无一害。在全球化时代，这成为一个越来越紧迫的挑战，因为正如我们在前一章所见，有些人的命运可能依赖这种诊断、描述和判断。世界并非对每个人都友好，而社会语言学有能力以无与伦比的精确性，详细地展示语言如何反映正在全球化的世界中人们的困境。至少在接受这些挑战时，社会语言学有这样的能力，可以从无限微小的人类交流行为的细节中解读无限庞杂的世界特征。

尾　　注

第 2 章　混乱的新型市场

1. 本节所使用的互联网数据的参考日期为 2008 年 1 月 15 日。
2. 还要注意"感谢上帝"中所表达的真实性，这是一种具有指向性并被广泛认可的表达：萨纳兹是伊朗人，因此他是穆斯林，穆斯林使用这种表达。
3. 有趣的是，这里提到的网站都没有提供"朴素言语"，这是由乔·麦卡锡（Joe McCarthy）、林登·约翰逊（Lyndon Johnson）、罗纳德·里根（Ronald Regan）以及乔治·沃克·布什（George W. Bush）等公众人物所代表的最"典型"美国象征性言语经济。参见西尔弗斯坦（2003b）对布什"朴素"言辞的讨论。这些网站提供的语言显然是技术性的、高雅的和有修养的，目的是加入精英（而不是"朴素"）网络。
4. 请注意一个奇怪的说法，美式英语的发音"不同于拼写"。此外，请注意，没有一个网站提到多语制是学习美式口音的结果。事实上，他们的典型客户不会是一个"母语人士"，而且从逻辑上讲，学习经验应该导致新的多语言技能，但这一点没有得到主题化。这里明确表达的观点属于单语使用：美式口音已经足够了，这是唯一真正重要的语言（Silverstein 1996）。

第 3 章　本土性、边缘性和世界形象

1. *Mzalendo* 是 *wazalendo*（爱国者）的单数形式，也是乌贾马坦桑尼亚一家由政府赞助的著名报纸的名字。
2. 只要想想那些特别的名字就知道了，比如巴黎、克里姆林宫、天安门广场、白宫。与这些地方相关的指向性往往是它们在日常或机构演讲中使用转喻的基础。因此，在欧洲怀疑论者的话语中，"布鲁塞尔"比"比利时首都"更有意义。
3. 2004 年 7 月至 8 月，由根特大学的学生团队在威斯班克高中进行了实地考察，并于 2005 年 7 月至 8 月继续进行。纳撒利·穆勒特（Nathalie Muyllaert）和玛丽克·胡斯曼斯（Marieke Huysmans）对这里讨论的数据负责。我们感谢他们对数据的转写。

第4章 语言技能与言语能力

1. 对该框架的基本介绍请参见: http://en.wikipedia.org/wiki/common_european_framework_of_reference_for_languages
2. 万能的神甚至可能与ICT技术紧密合作。下面是另一封邮件的节选,它没有出现在语料库中:"我在网上看到你的地址,当时我正在浏览一个基督教网站,事实上,我最初不仅在基督教网站上选中了你或你的部门,在我虔诚的祷告之后才知道你是通过神的启示被提名的,所以这就是我如何从主那里得到这样一个神的启示,我得到了你的联系信息,然后我决定联系你明智地使用基金的事情以荣耀主之名。"
3. 我在其他时候收到的信息几乎都是由每个人都认识的独裁者的亲属发送的:蒙博托·塞塞·塞科(Mobutu Sese Seko)、马科斯(Marcos)、萨尼·阿巴查(Sani Abacha)、萨达姆·侯赛因(Saddam Hussein)、利比里亚和塞拉利昂的军阀等。

第5章 语言、全球化与历史

1. 在布鲁马特1999年编纂的论文集中,各种文章都将"辩论"作为历史—社会语言学分析的一个单元,因为辩论是具有历史意义的时刻,其中可识别的行为者从事特定的语言—意识形态实践,并(通常)产生明显的效果和结果。
2. 这也是一个典型的精英活动。门票售价5000元人民币,相当于500欧元。比赛由华彬高尔夫度假村和乡村俱乐部组织,他们在自己的网站上将该俱乐部描述为"中国商业领袖和精英的私人会所,为会员和客人提供最高国际标准的休闲和商务娱乐产品和服务"(www.pinevalley.com.cn/en/00_01.asp)。
3. 以下反思基于2008年4月到芬兰萨米兰的实地考察。我感谢我此行的合作伙伴萨里·皮特卡宁(Sari Pietikainen)和罗勃·摩尔(Rob Moore)提供的非常宝贵的意见。

第6章 新旧不平等

1. 在英国,问训记录是由问训官手写的,被称为"逐字记录"。然而,不管问训使用的实际语言是什么,记录都是用英语写的(因此反映了机构的声音)。它包含了问题和答案。第一次问训记录的"筛选问训"发生在2001年11月,约瑟夫把问训官写下的所有答案都签了名,以示同意。不过,他后来辩称,问训官只是为了证明问训有效地进行,才提出了签名程序。第一次采访部分用卢旺达语进行,部分用鲁扬安科语进行;第二次问训则完全用英语进行。在第二次("实质性的")问训中,以及在正式的裁决信中,约瑟夫的国籍和出生日期被定性为"具有争议"或"可疑"。

2. 我非常感谢约瑟夫·穆廷吉拉（Joseph Mutingira），以及他的法律顾问安娜（Anna），让我发表了他案件中的一些内容。我是在 2006 年春天偶然遇到了这些材料，当时我被要求为上诉案件提供一份专家报告，讨论约瑟夫申诉中的语言问题。
3. 考莱特·布拉科曼（Colette Braeckman 1996）的书《恐怖的非洲》是一个很好的来源。
4. 约瑟夫对那位女士参与此事的叙述含糊不清，闪烁其词。这完全有可能是为了刻意试图保护她免受内政部的刺探。对于避难申请人来说，共同的问题是他们必须叙述他们逃跑的细节，因为这既可能危及协助他们的人，也可能暴露宝贵的移民网络。但与此同时，他们的故事中这部分的含糊和矛盾在避难申请程序中对他们产生了严重的不利影响（参见 Maryns 2006 的例子和对这个问题的详细讨论）。
5. 如果约瑟夫被认定为未成年人，那么他的申请程序和适用法律框架就会大不相同，而且会宽容得多。当然，约瑟夫被宣布为成年人的方式严重侵犯了他的权利。
6. 我们在这里看到了一种治理术，其中"秩序"（这里指国家秩序）一直被监管到微观（或"毛细管式"）的发音和写作水平。在福柯看来，这种形式的监管符合安全体系（Foucault 2007）。
7. 这使得口译员在避难申请中的位置相当不稳定。有案例显示，（政府任命的）口译员发现申请人的口音是"反叛口音"。
8. 大湖区的这类语言通常带有前缀"Ru-"，如 Runyoro、Ruhaya、Runyakitara 等，或相关的前缀"Lu-"，如"Luganda"。
9. 在本案例中，内政部对非洲语言的总体特征并没有表现出太大的敏感性。因此，约瑟夫提到的肯尼亚幼儿园的名字被按照发音规律写成了"Kinyatta"，而这所学校很可能会被称为肯雅塔（Kenyatta），这不是什么深奥的科学，因为肯雅塔是肯尼亚第一位总统和独立英雄的名字。

第 7 章 反思

1. 从这个意义上说，坦桑尼亚国家扮演的角色相当于布迪厄（1991）所描述的法国，而且布迪厄认为国家是塑造语言市场的核心角色这一观点仍然有效，即使对坦桑尼亚这样的"强—弱"国家也是如此。然而，结果不一定是一个"统一的"语言市场；它可以是一个高度多样化的市场。也请记住第 6 章的讨论。

参考文献

Agha, A. 2003. The social life of cultural value. *Language and Communication* 23: 231–273.

2005. Voice, footing, enregisterment. *Journal of Linguistic Anthropology* 15(1): 38–59.

2007. *Language and Social Relations*. Cambridge University Press.

Appadurai, A. 1990. Disjuncture and difference in the global cultural economy. *Theory, Culture and Society* 7: 295–310.

1996. *Modernity at Large*. Minneapolis: University of Minnesota Press.

Arrighi, G. 1997. Globalization, state sovereignty, and the 'endless accumulation of capital'. Paper, Conference on 'States and Sovereignty in the World Economy', University of California, Irvine, Feb. 21–23, 1997.

Bakhtin, M. 1986. *Speech Genres and Other Late Essays*. Austin: University of Texas Press.

Baron, N. 1998. Letters by phone or speech by other means: the linguistics of email. *Language and Communication* 18: 133–170.

Barthes, R. 1957. *Mythologies*. Paris: le Seuil.

Barton, D. 1994. *Literacy: An Introduction to the Ecology of Written Language*. Oxford: Blackwell.

Barton, D. and Hamilton, M. 1998. *Local Literacies: Reading and Writing in One Community*. London: Routledge.

Bauman, R. and Briggs, C. 2003. *Voices of Modernity*. Cambridge University Press.

Bauman, Z. 1991. *Modernity and Ambivalence*. Cambridge: Polity.

Bekker, I. 2003. Using historical data to explain language attitudes: a South African case study. *AILA Review* 16: 62–77.

Bernstein, B. 1971. *Class, Codes, and Control, Volume I*. London: Routledge and Kegan Paul.

Block, D. 2005. *Multilingual Identities in a Global City: London Stories*. London: Palgrave.

Block, D. and Cameron, D. (eds.) 2001. *Globalization and Language Teaching*. London: Routledge.

Blommaert, J. 1998. English in a popular Swahili novel. In Van der Auwera, J., Durieux, F. and Lejeune, L. (eds.), *English as a Human Language: To Honour Louis Goossens*, 22–31. Munich: LINCOM Europa.

1999a. The debate is open. In Jan Blommaert (ed.), *Language Ideological Debates*, 3–38. Berlin: Mouton de Gruyter.

1999b. *State Ideology and Language in Tanzania*. Cologne: Köppe.

2001a. Analysing narrative inequality: African asylum seekers' stories in Belgium. *Discourse and Society* 12: 413–449.

2001b. The Asmara Declaration as a sociolinguistic problem. *Journal of Sociolinguistics* 5 (1): 131–142.

2005. *Discourse: A Critical Introduction*. Cambridge University Press.

2006. From fieldnotes to grammar: artefactual ideologies and the textual production of languages in Africa. In Sica, G. (ed.), *Advances in Language Studies*, 13–59. Milan: Polimetrica.

2008. *Grassroots Literacy: Writing, Identity and Voice in Africa*. London: Routledge.

(ed.) 1999. *Language Ideological Debates*. Berlin: Mouton de Gruyter.

Blommaert, J. and Verschueren, J. 1998. *Debating Diversity*. London: Routledge.

Blommaert, J., Creve, L. and Willaert, E. 2006. On being declared illiterate: language-ideological disqualification in Dutch classes for immigrants in Belgium. *Language and Communication* 26: 34–54.

Blommaert, J., Collins, J. and Slembrouck, S. 2005a. Spaces of multilingualism. *Language and Communication* 25: 197–216.

2005b. Polycentricity and interactional regimes in 'global neighborhoods'. *Ethnography* 6: 205–235.

Blommaert, J., Beyens, K., Meert, H., Hillewaert, S., Verfaillie, K., Stuyck, K. and Dewilde, A. 2005. *Grenzen aan de Solidariteit*. Ghent: Academia Press.

Bonfiglio, T. 2002. *Race and the Rise of Standard American*. Berlin: Mouton de Gruyter.

Bourdieu, P. 1984. Distinction: *A Social Critique of the Judgment of Taste*. Cambridge MA: Harvard University Press.

1990. *The Logic of Practice*. Cambridge: Polity.

1991. *Language and Symbolic Power*. Cambridge: Polity.

Braeckman, Colette 1996. *Terreur Africaine*. Paris: Fayard.

Braudel, F. 1949. *La Méditerranée et le Monde méditerranéen à l'Epoque de Philippe II*.

Paris: Armand Collin.

1969. Histoire et sciences sociales: La longue durée. In *Ecrits sur l'Histoire*, 41–83. Paris: Gallimard.

Britain, D. and Cheshire, J. (eds.) 2003. Social Dialectology: *In Honour of Peter Trudgill*. Amsterdam: John Benjamins.

Brutt-Griffler, J. 2002. *World English: A Study of Its Development*. Clevedon: Multilingual Matters.

Bubinas, K. 2005. Gandhi Marg: The social construction and production of an ethnic economy in Chicago. *City and Society* 17: 161–179.

Calvet, L.-J. 2006. *Towards an Ecology of World Languages*. Cambridge: Polity Press.

Castells, M. 1996. *The Rise of the Network Society*. London: Blackwell.

1997. *The Power of Identity*. London: Blackwell.

Clyne, M. 2003. *Dynamics of Language Contact*. Cambridge University Press.

Collins, J. and Blot, R. 2003. *Literacy and Literacies: Texts, Power and Identity*. Cambridge University Press.

Conley, J. and O'Barr, W. 1990. *Rules versus Relationships: The Ethnography of Legal Discourse*. Chicago: University of Chicago Press.

Coupland, N. (ed.) 2003. Sociolinguistics and Globalisation. Special issue, *Journal of Sociolinguistics* 7 (4): 465–623.

Crang, M. 1999. Globalization as conceived, perceived and lived spaces. *Theory, Culture and Society* 16 (1): 167–177.

Dyers, C. 2004a. Ten years of democracy: shifting identities among South African school children. *Per Linguam* 20: 22–35.

2004b. Intervention and language attitudes: the effects of a development programme on the language attitudes of three groups of primary school teachers. In Brock-Utne, B., Desai, Z. and Qorro, M. (eds.), *Researching the Language of Instruction in Tanzania and South Africa*, 202–220. Cape Town: African Minds.

2008. Truncated multilingualism or language shift? An examination of language use in intimate domains in a new non-racial working class township in South Africa. *Journal of Multilingual and Multicultural Development* 29: 110–126.

Eelen, G. 2000. *A Critique of Politeness Theories*. Manchester: St. Jerome.

Elmes, S. 2005. *Talking for Britain: A Journey through the Nation's Dialects*. Harmondsworth: Penguin Books.

Errington, J. 2001. State speech for peripheral publics in Java. In Gal, S. and Woolard, K. (eds.), *Languages and Publics: The Making of Authority*, 103–118. Manchester: St.

Jerome.

Extra, G. and Verhoeven, L. 1998. *Bilingualism and Migration*. Berlin: Mouton de Gruyter.

Fabian, J. 1986. *Language and Colonial Power.* Cambridge University Press.

Fairclough, N. 1992. *Discourse and Social Change*. Cambridge: Polity.

2006. *Language and Globalisation*. London: Routledge.

Fals Borda, O. 2000. Peoples' SpaceTimes in global processes: the response of the local. *Journal of World Systems Research* 6 (3): 624–634.

Feld, S. and Basso, K. (eds.) 1996. *Senses of Place*. Santa Fe: SAR Press.

Ferguson, J. and Gupta, A. 2002. Spatializing states: toward an ethnography of neoliberal governmentality. *American Ethnologist* 29: 981–1002.

Foucault, M. 1984. [1971] The order of discourse. In Shapiro, M. (ed.), *Language and Politics*, 108–138. London: Basil Blackwell.

2002. [1969] *The Archaeology of Knowledge*. London: Routledge.

2003. *Abnormal*. New York: Picador.

2005. *The Hermeneutics of the Subject*. Basingstoke: Palgrave Macmillan.

2007. *Security, Territory, Population*. Basingstoke: Palgrave Macmillan.

Fraser, N. 1995. From redistribution to recognition: dilemmas of justice in a 'post-socialist' age. *New Left Review* 212: 68–93.

Fukuyama, F. 1992. *The End of History and the Last Man*. New York: Free Press.

Geertz, C. 2004. What is a state if it is not a sovereign? Reflections on politics incomplicated places. *Current Anthropology* 45(5): 577–593.

Goffman, E. 1974. *Frame Analysis: An Essay on the Organization of Experience*. New York: Harper and Row.

1981. *Forms of Talk*. Philadelphia: University of Pennsylvania Press.

Goodwin, C. 2002. Time in action. *Current Anthropology* 43, supplement: 19–35.

Goody, J. 1968. Restricted literacy in Ghana. In Goody, J. (ed.), *Literacy in Traditional Societies*, 198–264. Cambridge University Press.

Gumperz, J. 1982. *Discourse Strategies*. Cambridge University Press.

Hanks, W. 1996. *Language and Communicative Practice*. Boulder: Westview.

2006. Context, communicative. In Brown, K. (ed.), *Encyclopaedia of Language and Linguistics*, 2nd edition, 115–128. Oxford: Elsevier.

Hannerz, U. 1991. Scenarios for peripheral cultures. In King, A. (ed.), 1991. *Culture, Globalization and the World-System*, 107–128. London: Macmillan.

Harris, R. 2006. *New Ethnicities and Language Use*. London: Palgrave.

Haviland, J. 2003. How to point in Zinacantan. In Sotaro K. (ed.), *Pointing: Where Language, Culture, and Cognition Meet*, 139–169. Mahwah NJ: Erlbaum.

Heller, M. 1999. *Linguistic Minorities in Late Modernity*. London: Longman.

    2003. Globalization, the new economy, and the commodification of language and identity. *Journal of Sociolinguistics* 7(4): 473–492.

Heugh, K. 1999. Languages, development and reconstructing education in South Africa. *International Journal of Educational Development* 19: 301–313.

Hobsbawm, E. 1975. *The Age of Capital*. London: Weidenfeld and Nicholson.

    1987. *The Age of Empire, 1875–1914*. London: Abacus.

    2007. *Globalisation, Democracy and Terrorism*. London: Little, Brown.

Hymes, D. 1966. Two types of linguistic relativity (with examples from Amerindian ethnography). In Bright, W. (ed.), *Sociolinguistics: Proceedings of the UCLA Sociolinguistics Conference 1964*, 114–167. The Hague: Mouton.

    1974. *Foundations in Sociolinguistics: An Ethnographic Approach*. Philadelphia: University of Pennsylvania Press.

    1980. *Language in Education: Ethnolinguistic Essays*. Washington DC: Center for Applied Linguistics.

    1996. *Ethnography, Linguistics, Narrative Inequality: Toward an Understanding of Voice*. London: Taylor and Francis.

    1998. When is oral narrative poetry? Generative form and its pragmatic conditions. *Pragmatics* 8: 475–500.

Irvine, J. and Gal, S. 2000. Language ideology and linguistic differentiation. In Kroskrity, P. (ed.), *Regimes of Language*, 35–83. Santa Fe: SAR Press.

Jacquemet, M. 2000. Beyond the speech community. Paper, 7th International Pragmatics Conference, Budapest, July 2000.

    2005. Transidiomatic practices: Language and power in the age of globalization. *Language and Communication* 25 (3): 257–277.

Jaffe, A. 2000. Introduction: non-standard orthography and non-standard speech. *Journal of Sociolinguistics* 4 (4): 497–513.

Johnstone, B. 2008. *Discourse Analysis*, 2nd edition. London: Blackwell.

Jonckers, G. and Newton, C. 2004. *The Cape Flats: An Urban Strategy for Poverty Alleviation*. Unpublished MA dissertation, St Lucas Institute Ghent.

Kapp, R. 2001. *The Politics of English: A Study of Classroom Discourses in a Township School*. Unpublished PhD dissertation, University of Cape Town.

Kress, G. and van Leeuwen, T. 1996. *Reading Images: The Grammar of Visual Design*.

London: Routledge.

Kroskrity, P. (ed.) 2000. *Regimes of Language*. Santa Fe: SAR Press.

Labov, W. 1966. *The Social Stratification of English in New York City*. Washington D.C.: Center for Applied Linguistics.

1972. *Sociolinguistic Patterns*. Philadelphia: University of Pennsylvania Press.

Lefebvre, H. 2003. *Key Writings*. New York: Continuum.

Levinson, S. 1983. *Pragmatics*. Cambridge University Press.

Lewinson, A. 2003. Globalizing the nation: Dar es Salaam and national culture in Tanzanian cartoons. *City and Society* 15: 9–30.

Low, S. (ed.) 2001. Remapping the city: place, order and ideology. *Special issue of American Anthropologist* 103 (1): 5–111.

Makoni, S. and Pennycook, A. (eds.) 2007. *Disinventing and Reconstituting Languages*. Clevedon: Multilingual Matters.

Malkki, L. 1995. *Purity and Exile: Violence, Memory, and National Cosmology among Hutu Refugees in Tanzania*. Chicago: University of Chicago Press.

Mamdani, M. 2000. The political diaspora in Uganda and the background to the RPF invasion. In Goyvaerts, D. (ed.), *Conflict and Ethnicity in Central Africa*, 305–353. Tokyo: Institute for the Study of Languages and Cultures of Asia and Africa (Tokyo University of Foreign Studies).

Mankekar, P. 2002. India shopping: Indian grocery stores and transnational configurations of belonging. *Ethnos* 67: 75–98.

Maryns, K. 2006. *The Asylum Speaker: Language in the Belgian Asylum Procedure*. Manchester: St Jerome.

Maryns, K. and Blommaert, J. 2001. Stylistic and thematic shifting as narrative resources: assessing asylum seekers' repertoires. *Multilingua* 20(1): 61–84.

2002. Pretextuality and pretextual gaps: on re/defining linguistic inequality. *Pragmatics* 12 (1): 11–30.

May, S. 2001. *Language and Minority Rights: Ethnicity, Nationalism and the Politics of Language*. London: Longman.

Mazrui, A. 2004. *English in Africa after the Cold War*. Clevedon: Multilingual Matters.

Mbuguni, L. A. and Ruhumbika, G. 1974. TANU and National Culture. In Ruhumbika, G. (ed.), *Towards Ujamaa: Twenty Years of TANU Leadership*, 275–287. Kampala: East African Literature Bureau.

McKay, D. and Brady, C. 2005. Practices of place-making: globalisation and locality in the Philippines. *Asia Pacific Viewpoint* 46 (2): 89–103.

Mekacha, R. 1993. *The Sociolinguistic Impact of Kiswahili on Ethnic Community Languages in Tanzania: A Case Study of Ekinata.* Bayreuth, Germany: Bayreuth African Studies.

Milroy, J. and Milroy, L. 1991. *Authority in Language: Investigating Language Prescription and Standardisation.* London: Routledge.

Msanjila, Y. 1998. *The Use of Kiswahili and its Implications for the Future of Ethnic Languages in Tanzania.* Unpublished PhD dissertation, University of Dar es Salaam, Tanzania.

—— 2004. The future of the Kisafwa language: a case study of Ituha village in Tanzania. *Journal of Asian and African Studies* 68: 161–171.

Mufwene, S. 2002. Colonization, globalization and the plight of 'weak' languages. *Journal of Linguistics* 38: 375–395.

—— 2005. *Créoles, Ecologie sociale, Evolution linguistique.* Paris: L'Harmattan.

—— 2008. *Language Evolution: Contact, Competition and Change.* London: Continuum.

Mühlhäusler, P. 1996. *Linguistic Ecology: Language Change and Linguistic Imperialism in the Pacific Rim.* London: Routledge.

Nettle, D. and Romaine, S. 2000. *Vanishing Voices: The Extinction of the World's Languages.* Oxford University Press.

Othman, H. 1994. The intellectual and transformation in Southern Africa. *Dar es Salaam Alumni Newsletter* 1 (1): 9–10.

Pennycook, A. 2007. *Global Englishes and Transcultural Flows.* London: Routledge.

Pietikäinen, S. 2008. Sami in the media. Questions of language vitality and cultural hybridisation. *Journal of Multicultural Discourses* 3: 1, 22–35.

Phillipson, R. 1992. *Linguistic Imperialism.* London: Oxford University Press.

Pratt, C. 1976. *The Critical Phase in Tanzania: Nyerere and the Emergence of a Socialist Strategy.* Cambridge University Press.

Prinsloo, M. and Breier, M. (eds.) 1996. *The Social Uses of Literacy: Theory and Practice in Contemporary South Africa.* Amsterdam: John Benjamins.

Rampton, B. 1995. *Crossing: Language and Ethnicity among Adolescents.* London: Longman.

—— 1999. 'Deutsch' in Inner London and the animation of an instructed foreign language. *Journal of Sociolinguistics* 3 (4): 480–504.

—— 2001. Critique in interaction. *Critique of Anthropology* 21 (1): 83–107.

—— 2003. Hegemony, social class, and stylisation. *Pragmatics* 13 (1): 49–83.

—— 2006. *Language in Late Modernity: Interaction in an Urban School.* Cambridge

University Press.
Richardson, E. 2007. *Hiphop Literacies*. London: Routledge.
Scollon, R. and Scollon, S. W. 2003. *Discourse in Place: Language in the Material World*. London: Routledge.
Shivji, I. 1996. *Intellectuals at the Hill: Essays and Talks 1969–1993*. Dar es Salaam: Dar es Salaam University Press.
Silverstein, M. 1996. Monoglot 'standard' in America: standardization and metaphors of linguistic hegemony. In Brennies, D. and Macaulay, R. (eds.), *The Matrix of Language: Contemporary Linguistic Anthropology*, 284–306. Boulder: Westview Press.
    1998. Contemporary transformations of local linguistic communities. *Annual Review of Anthropology* 27: 401–426.
    2003a. Indexical order and the dialectics of sociolinguistic life. *Language and Communication* 23: 193–229.
    2003b. *Talking Politics: The Substance of Style from Abe to 'W'*. Chicago: Prickly Paradigm Press.
    2006a. Pragmatic indexing. In Brown, K. (ed.), *Encyclopaedia of Language and Linguistics*, 2nd Edition, Volume 6, 14–17. Amsterdam: Elsevier.
    2006b. Old wine, new ethnographic lexicography. *Annual Review of Anthropology* 35: 481–496.
Silverstein, M. and Urban, G. (eds.) 1996. *Natural Histories of Discourse*. Chicago: University of Chicago Press.
Skutnabb-Kangas, T. 2000. *Linguistic Genocide in Education—Or Worldwide Diversity and Human Rights?* Mahwah NJ: Lawrence Erlbaum.
Skutnabb-Kangas, T. and Phillipson, R. 1995. Linguicide and linguicism. *Rolig Papir* 53, Roskilde Universitetscenter, Denmark, 83–91.
    1999. Language ecology. In Verschueren, J. et al. (eds.) *Handbook of Pragmatics*, 1999. Installment, 1–24. Amsterdam: John Benjamins.
Street, B. 1995. *Social Literacies: Critical Approaches to Literacy in Development, Ethnography, and Education*. London: Longman.
Stroud, C. 2001. African mother-tongue programmes and the politics of language: linguistic citizenship versus linguistic human rights. *Journal of Multilingual and Multicultural Development* 22(4): 339–35.
de Swaan, A. 2001. *Words of the World*. Cambridge: Polity Press.
Swyngedouw, E. 1996. Reconstructing citizenship, the re-scaling of the State and the

new authoritarianism: closing the Belgian mines. *Urban Studies* 33 (8): 1499−1521.

Thesen, L. and van Pletzen, E. (eds.) 2006. *Academic Literacy and the Languages of Change*. London: Continuum.

Uitermark, J. 2002. Re-scaling, 'scale fragmentation' and the regulation of antagonistic relationships. *Progress in Human Geography* 26 (6): 743−765.

Verschueren, J. 1998. *Understanding Pragmatics*. London: Edward Arnold.

Vertovec, S. 2006. The emergence of super-diversity in Britain. *Centre on Migration, Policy and Society, Working Paper 25* (Oxford University).

Vlassenroot, K. 2000. The promise of ethnic conflict: militarization and enclave-formation in South Kivu. In Goyvaerts, D. (ed.), *Conflict and Ethnicity in Central Africa*, 59−104. Tokyo: Institute for the Study of Languages and Cultures of Asia and Africa (Tokyo University of Foreign Studies).

Vlassenroot, K. and Raeymaekers, T. 2004. The politics of rebellion and intervention in Ituri: the emergence of a new political complex? *African Affairs* 103: 386−412.

Voloshinov, V. N. 1973. *Marxism and the Philosophy of Language*. Cambridge MA: Harvard University Press.

Wallerstein, I. 1983. *Historical Capitalism*. London: Verso.

1997. The time of space and the space of time: The future of social science. http://fbc.binghamton.edu/iwtynesi.htm

2000. *The Essential Immanuel Wallerstein*. New York: The New Press.

2001. *Unthinking Social Science*, 2nd edition. Philadelphia: Temple University Press.

2004. *World-Systems Analysis: An Introduction*. Durham NC: Duke University Press.

Webb, V. 1994. Revalorizing the autochthonous languages of Africa. In PüTz, M. (ed.), *Language Contact, Language Conflict*, 181−214. Amsterdam: John Benjamins.

Wong, C. H.-Y. and McDonogh, G. 2001. The mediated metropolis: anthropological issues in cities and mass communication. *American Anthropologist* 130 (1): 96−111.

索　引

419 scams(email), 419封垃圾邮件 107

Accent Reduction Institute(ARI), 口音消减研究所 53, 57
Accent Workshop, 口音工作坊 52
accent-in-writing, 书写口音 84
accents, 口音 84, 176
　　commodification, 口音商品化 49-55
　　marketing, 口音营销 47-61
Accurate English, 精准英语 51-52, 56-57
addressees, 受话人 39, 114
administrative-formal genres, 正式的行政语类 115-117
Advance American Accent Training, 高级美式口音训练计划 52
advertisements, 广告 140-144
African literature, 非洲文学 64-78
Afrikaans, 非洲人 84, 98
Albanian immigrants, 阿尔巴尼亚移民 10
aliases, 匿名 113
American Accent Now, 美式口音 50-51
American accents 美式口音
　　marketing, 美式口音营销 22, 59
　　training websites, 美式口音训练网站 49-58, 60-61
American English, 美式英语 49-58
American Psyche course, 美国人的心理课程 57

anonymous providers(Internet), 匿名互联网服务商 113-115
anthropology, 人类学 63
antilanguage, 反语言 191
Antwerp, 安特卫普 176-177
apologies, use in email scams, 道歉, 出现在垃圾邮件中 118-120
Appadurai, A., 阿帕杜赖 99
ARI, 53 见 Accent Reduction Institute
Arusha Declaration, 阿鲁沙宣言 66
asylum applications, 避难申请 25, 155-173
authority centres, 权威中心 39-40, 41

Barthes, Raymond, 罗兰·巴特 57
BBC World Service, 英国全球广播公司 163
Beijing, 北京 142
Belgium, 比利时 8-11, 173-178
Berchem, Belgium, 比利时的贝尔赫姆 8-11
borrowings, 借用词 192
Bourdieu, Pierre, 皮埃尔·布迪厄 28, 148, 167
Braudel, Fernand, 弗尔南多·布劳德尔 147
Britain, 英国 7 见 United Kingdom
bureaucracies, 官僚 40
business genres, 商业语体 115-117

call centres, 呼叫中心 22, 54-55, 61

索 引

Calvet, Louis-Jean, 路易-简·卡尔维特 17-18, 20
Cape Town, 开普敦 81, 82
capitalism, 资本主义 144
centre-periphery processes, 中心-边缘进程 73, 79
charity appeals (email scams), 慈善（垃圾邮件）111-112, 115, 117-120, 122
China, 中国 142-144
Chinatown (London), 唐人街（伦敦）31-32
classroom activities, 教室活动 83-96
code-switching, 语码转换 181
Cold War, 冷战 16
collaboration, 合作 9
colonialism, 殖民主义 137
  参见 imperialism
Common European Framework for Languages, 欧洲语言共同框架 104
Communicaid, 交流说 53, 57
communication systems, 传播体系 14
communicative competence, 交际能力 42
competences, 能力 42, 104-105, 126, 133-134, 166
computer literacy, 计算机读写能力 114
confidentiality, use in email scams, 保密, 出现在垃圾邮件中 124-126
Congo, Democratic Republic of, 刚果民主共和国 156
contact linguistics, 接触语言学 4
contextualization, 情景化 33
corporations, 公司 140, 144
cultural codes, 文化码 76-78
cultural competence, 文化读写能力 126

Dar es Salaam, 达累斯萨拉姆 69-71, 73, 189, 190-193
Democratic Republic of Congo (DRC), 刚果民主共和国 156
deterritorialization, 去领土化 46
dialect accents, 方言口音 176
diasporic languages, 流散语言 157
diasporic literature, 流散文学 76
diffusion, 扩散 4
distribution 分布
  sociolinguistics of, 分布社会语言学 5
  stratification, 层级化 12-13
diversity, 多样性 127
dormant accounts (email scams), 休眠账户（垃圾邮件）109-110, 115, 117-121
DRC, 156 见 Democratic Republic of Congo
Dutch language, 荷兰语 8, 11, 148
  author's proficiency in, 作者的荷兰语能力 104
  immersion classes, 浸入式课堂 173-178
Dyers, Charlyn, 查琳·黛尔斯 133

Ecology of World Languages (Calvert), 世界语言的生态（卡尔维特）17-18
ecosystems, 生态系统 17
email, 电子邮件 24, 106-133
emblematic signs, 象征性符号 29-32
English language, 英语 22
  author's proficiency in, 作者的英语能力 104
  grassroots type, 草根英语 128-131
  learners' errors, 英语学习者的错误 83-96
  learning environments, 英语学习环境 58
  low-mobility forms, 低移动性的英语形式 195
  as a multiplex item, 作为复合体的英语 100
  peripheries, 边缘 96-99, 182-196
  as threat to other languages, 威胁其他语言 43

255

errors 错误
　　in fraudulent emails, 欺诈性电子邮件中的错误 127-131
　　literacy learners', 学习者读写能力上的错误 83-96, 176-177
　　in public signs, 公示语错误 188-189
　　teachers' corrections, 教师纠正错误 90-94
ethnography, 民族志 196
European Language Levels, 欧洲语言等级 105
exclusion, 排斥 100

Fairclough, Norman, 诺曼·费尔克劳 14-17, 20
fast time, 快时间 147
Finland, 芬兰 149-151
Flemish Government, 弗莱芒政府 174
focal/non-focal activities, 焦点活动/非焦点活动 40
footing, 立足点 40-41
foreign accents, 外国口音 51-52, 56, 58
Foucault, Michel, 米歇尔·福柯 38
fraud 欺诈
　　email messages, 欺诈性电子邮件 106-133
　　truncation, 被修剪的欺诈 131-133
French language, 法语语言 29, 104
Fukuyama, Francis, 弗朗西斯·福山 16, 153
functions, 功能 182

genres 语类
　　construction, 语类构建 115-127
　　structural stability, 结构性稳定 126-127
geocultural/political globalization, 地缘文化全球化/地缘政治全球化 13
German language, 德语语言 104
Global Englishes and Transcultural Flows (Pennycook), 《全球英语与跨文化流动》（潘尼库克）18-20
global indexicals, 全球性指向体 55-58
globalization 全球化
　　definition, 定义 13
　　scholarship, 学术文献 13-20
'globalism', "全球主义" 15, 16
'glocalization', 全球地方化 23
Goffman, E., 戈夫曼 40
golf imagery, 高尔夫意象 140-144
grassroots English, 草根英语 128-131
grassroots literacy, 草根读写能力 85, 90, 94, 127-128
Great Britain, 大不列颠 7 参见 United Kingdom

Hannerz, U., 海纳兹 63, 75
hegemony, 霸权 59, 62, 81
heterography, 异字法 85-86
hierarchies, 等级 185
hip-hop, 嘻哈 19-20, 78, 148, 191
historical concepts, 历史概念 137-140
hoax messages (email), 骗局信息（电子邮件）106-133
Hobsbawm, Eric, 艾瑞克·霍布斯鲍姆 3, 13, 154
Home Office (UK), 英国内政部 25-26, 155-164, 162-173
homogenization, 同质化 80-81
homophone spellings, 同音拼写 85
honesty, use in email scams, 诚实，出现在垃圾邮件中 124-126
horizontal metaphors, 横向隐喻 33-34
hybridity, 混杂 172
Hymes, D., 海姆斯 102-103

ideoscapes, 意识形态景观 73
immediate addressees, 直接受话人 39

immersion classes，浸入式课堂 26，173-178
immigrants，移民 6-11，106，178-179
    immersion classes，移民的浸入式课堂 173-178
imperialism，帝国主义 45，182，197
implicit resources，隐性资源 178
Inari Sami language，伊纳里萨米语 78
indexicalities，指向性 33，148，181，187，195
    localization，本土化 193
    orders，指向性秩序 6，22，37-39，62
    shifts，指向转换 36
India，印度 22，54-55，57，61
Indian accents，印度口音 57
inequalities，不平等 3，25，28，47，153-179，195
intermediate time，中速时间 147
international languages，国际语言 46
Internet，互联网 7
    accent commodification，口音商品化 49-55
    anonymous providers，互联网匿名服务商 113-115
    email scams，垃圾邮件 106-133
introductions, use in email scams，介绍，出现在垃圾邮件中 118-120

Jabiri，贾比里 66 见 Mzee Jabiri
Japan，日本 29，145-148
Joseph，约瑟夫 155 参见 Mutingira Joseph

Katakana script，片假名 30
Keikyu phone card，京浜快铁电话卡 30-31，42-43
kihuni（youth slang），基胡尼语（年轻人使用的俚语）191-193
Kinyankole language，基扬安科语 157，169，170-171
    另见 Runyankole
Kinyarwanda language，卢旺达语 156-158，162-163，168-169

Lancaster，兰卡斯特 78
Language and Globalization（Fairclough），《语言与全球化》（费尔克劳）14-17
languages，语言 59
    inequalities，语言的不平等性 28
    knowledge repositories，语言知识存储库 45
    learning，语言学习 173-178
    metaphors，隐喻 17-18
    modes，模式 2
    policing，语言监管 59
    types，语言种类 46
    参见 resources
learners 学习者
    self-perception，自我感知 95
    writing by，书写 84-90
    lingua franca，通用语 8，46，76
linguistic communities，语言社区 164
linguistic competence，语言能力 24
linguistic hybridity，语言混杂性 172
linguistic imperialism，语言帝国主义 45，182，197
linguistic rights paradigm（LRP），语言权利范式 43-47，182，183，194
literacy 读写能力
    errors，读写能力的错误 83-96
    normativity，读写能力的规范性 81-101
local accents，本土口音 176-177
local critiques，本土批评 74-76
local histories，本土历史 24
local languages，本土语言 45，78，183，186
localism，本土主义 73

257

locality, 本土性 22–23, 32, 44, 72
    in novels, 小说中的本土性 69
    and peripheries, 本土性与边缘性 78–80
    production of, 制造本土性 99–101
localization, 本土化 101
London, 伦敦 31
long/short histories, 悠久的历史与短暂的历史 144–148
lottery awards (email scams), 彩票中奖（垃圾邮件）110, 113–114, 115–117
LRP, 182 参见 linguistic rights paradigm

mainstreaming of migrant learners, 把移民学习者纳入主流 173–178
marginalization, 边缘化 46, 93, 100, 154
mass communications, 大众传媒 14
McDonaldization, 麦当劳化 24, 49, 60
mediating institutions, 中介机构 7
metaphors of language, 语言的隐喻 17, 18
migration, 人口迁移 3, 4, 6–11, 26, 173
    migrant learners, 移民学习者 173–178
    参见 immigrants
minority rights, 少数群体权利 44
Miradi Babu ya Wazalendo (Ruhumbika),《爱国者的隐形事业》(鲁昂比卡) 64–78
mobility, 移动性 4–6, 12, 21, 26, 45, 72, 196
    resources, 移动资源 47
    另见 social mobility
modernity, 现代性 138
money laundering, 洗钱 109
monoglot ideology, 单语使用意识形态 164–171
mother tongues, 母语 46, 158
multilingualism, 多语制 102–103, 106, 133, 181

repertoires, 多语技能 8–11, 23
tourism, 旅游业 149–151
Munubi, Supervisor (fictional character), 监工穆努比（小说中的人物）67
Mutingira, Joseph, 约瑟夫·穆廷吉拉 155–173, 179
Mzee Jabiri (fictional character), 姆兹·贾比里（小说中的人物）66

narrative genres, 叙事语类 117–126
national identities, 国家身份 37
national languages, 国家语言 165–167
nation states, 民族国家 155, 195
    inequalities, 不平等性 153–154
    modernist responses, 现代主义者的回应 171–173
    policies, 监管 48
    power dynamics, 权力的动态性 178–179
Ndugu Saidi (fictional character), 恩杜古·赛迪 67–68, 71–73
neo-liberalism, 新自由主义 15
Netherlands, 荷兰 114
Nigeria, 尼日利亚 107
Nina's Derrière sign, 符号"妮娜的臀部" 29–32, 181
non-standard literacy, 非标准的读写能力 100
'non-standard' term, "非标准"术语 134
normativity, 规范性 37, 60, 80
    language learning, 语言学习规范性 138–139
    localization, 本土化规范性 95, 131
    standards, 标准规范性 177
norms, 规范 40
    of the centre, 中心的规范 96–99
    of peripheries, 边缘规范 80–101
    youth cultures, 青年文化 190–193

novel-writing,小说写作 64-78
Nzoka(fictional character),纳佐卡(小说中的人物)67-68,71-73,75

orders of indexicality,指向性秩序 6,22,37-39,62
outscaling,超越层级 36

partial competence,部分言语能力 103
Pennycook, Alastair,阿拉斯太尔·潘尼库克 18-20
peripheries,边缘 76,197
　　images from,边缘图像 101
　　and locality,边缘与本土性 78-80
　　norms,边缘规范 80-101
phone cards,电话卡 30-31,42-43
phone shops,电话商店 8
placing,确定地点 114
polycentricity,多中心性 39-41,139
polyglot repertoires,多语使用的语言技能 166-170
polyphony,复调 41
power,权力 39-43
pretextual gaps,前文本间隙 99
professionals' accent modification,专业人士的口音修正 51-58
proficiency levels,能力水平 104-105,166
public English,公共英语 188-189

Rampton, Ben,本·拉普顿 187
reassurances, use in email scams,确保,出现在垃圾邮件中 123-124
registers,语域 37-39,49
relexifications,重新词汇化 192
repertoires,语言技能 171-173
　　analysis,语言技能分析 23

truncation,被修剪的语言技能 103-106,134,167
re-scaling,再层级 15-16
rescue appeals(email scams),救援(垃圾邮件)110-111,113,115,117-121
resources,资源 11-12,41-47,101,133-134
　　email fraudsters,电子邮件诈骗 127-131
　　explicit/implicit contrast,显性/隐性对比 178
　　language learning,语言学习 105-106,145
　　misrecognition,误识 178
respect, use in email scams,尊重,出现在垃圾邮件中 124-126
road map,路线图 180-182
Romania,罗马尼亚 15-16
Ruhumbika, Gabriel,布里埃尔·鲁昂比卡 64-65,74-76,78,101
Runyankole language,鲁扬安科语 157,159-163,166,169,170-171
Rwanda,卢旺达 25,155-173

Saariselka, Finland,芬兰的萨利塞尔卡镇 149-151
Saidi,赛迪 67-68,71-73 参见 Ndugu Saidi
salutations, use in email scams,致敬,出现在垃圾邮件中 118
Sami language,萨米语 78,150
Saussurean synchrony,索绪尔的共时性 196
scale-jumping,层级跳跃 35-36,142
scale-levels,层级层面 42
scales,层级 15,21,32-37
scholarship,学术文献 13-20
schools,学校 81,83-101,178
semiotics 符号性
　　mobility,符号移动 29-32

scales，符号层级 34-37
servers（Internet），互联网服务器 114
Shinto shrines，神道教神社 145-148
short/long histories，短暂的历史与悠久的历史 144-148
Siemens，西门子 140，143，144
signs as emblems，作为象征的符号 29-32
Silverstein, M.，西尔弗斯坦 55
sincerity, use in email scams，诚意，出现在垃圾邮件中 124-126
slang，俚语 191-193
slow time，慢时间 147
social inequalities，社会不平等性 3，25，28，47，153-179，195
social mobility，社会移动性 68，72，74，96，100
参见 mobility
social semiotics，社会符号性 68-74
sound play，声音游戏 192
sounds, graphic representation，声音的文字表征 85
South Africa，南非 144
　English teaching，南非英语教学 23
　literacy normativity，南非读写能力规范性 81-101
　Venda language，南非文达语 47
spaces，空间 5，6
　linguistic rights，语言权利空间 43-47
　social semiotics，空间的社会符号性 68-74
spam email，垃圾邮件 106-133
spatial mobility，空间移动性 96
speech，言语 5
speech communities，言语社区 164
spelling，拼写 84，88，90
standard/non-standard literacy，标准/非标准读写能力 100

the state 见 nation states
stratified distribution，分层分布 12-13
street language，街道语言 191-193
structural stability，结构性稳定 126-127
students 学生
　self-perception，学生自我感知 95
　writing by，学生书写 84-90
subjectivity，主体性 178
super-diversity，超多样性 6-11
Swahili，斯瓦希里 64，79，156，182，183-184，186，193，195-196
　literature in，斯瓦希里文学 64-78
　relexifications，斯瓦希里语的重新词汇化 192
synchronizations，共时化现象 145，196

Tanzania，坦桑尼亚 22，27，182-196
　English language，坦桑尼亚英语 184，186，187-195
　history，坦桑尼亚历史 65
　inequalities，坦桑尼亚的不平等性 194
　literature，坦桑尼亚文学 64-78
　local critiques，坦桑尼亚本土批评 74-76
　novel-writing，坦桑尼亚小说写作 64-78
　social semiotics，坦桑尼亚社会符号性 68-74
　in space and time，坦桑尼亚的时空 184-187
　Swahilization，坦桑尼亚斯瓦希里化 183-184，186，195-196
　youth culture，坦桑尼亚青年文化 190-193
　teachers' language usage，教师的语言使用 90-94
telephone shops，电话商店 8
television，电视 9
terms of address, in email scams，垃圾邮件中的称谓语 118

Terralingua, 语言多样性联盟 44
territorialization, 领土化 45
textual functions, 文本功能 108
theoretical approaches, 理论方法 2, 21
TimeSpace, 时空 34-36, 178
Tokyo, 东京 30, 42, 145-147
topographies, 地形 78
toto('girl'), 女孩 192
tourism, 旅游业 148-151
township schools, 城镇学校 81, 83-101
translocal functions, 跨本土功能 108
translocal scales, 跨本土层级 42
translocalization, 跨本土化 75-76, 79
truncation 修剪
 fraud, 被修剪的欺诈 131-133
 repertoires, 被修剪的语言技能 103-106, 134, 167
Turkish immigrants, 土耳其移民 9

Uganda, 乌干达 159
Ujamaa socialism, 乌贾马社会主义 65-66, 74, 195
United Kingdom, 英国 25-26
 asylum applications, 英国避难申请 155-173
 immigration, 英国移民 7
urban slang, 城市俚语 191-193

Venda language, 文达语 47
vernacular globalization, 土语全球化 77, 197
vertical metaphors, 纵向隐喻 33-34
victims of globalization, 全球化的牺牲品 155-173, 179
Viswahili, 维斯瓦希里语 190
Vladi (Bulgarian boy), 弗拉迪（保加利亚男孩）175-177

wahuni scene, 瓦胡尼场景 191
Wallerstein, I., 沃勒斯坦 13, 34, 153
Wesbank High, 威斯班克高中 81, 83-101
Wesbank township, 威斯班克镇 82-83, 133
West-African immigrants, 西非移民 8
Western Cape, 西开普 82
World English, 世界英语 139
World-Systems Analysis, 世界体系分析 32, 64
worldviews, 世界观 44

Xhosa language, 科萨语 98

youth cultures, 青年文化 46, 187, 190-193

译者后记

《全球化的社会语言学》是译者在社会语言学和话语研究过程中经常参考的一部著作,由于对书中的内容有所感悟,也就萌发了将其译成中文的打算。感谢商务印书馆编辑出版《语言学及应用语言学名著译丛》,使我们的这一愿望得以实现。经过近两年的翻译,并经过一年多在商务印书馆的编辑校对,这本著作的中文版就要和广大读者见面了。谨以此纪念作者扬·布鲁马特教授,这位优秀的学者在 2021 年初不幸因病离世,留下了许多未尽的研究工作。

在本书的翻译过程中,布鲁马特教授给予了热情帮助,不仅一一回答我们关于书中内容的咨询,而且还委托他的学生卢英博士通读了全部译文。卢英博士对译文提出的许多建设性意见对提升译文质量起到了重要作用,对此我们表示衷心的感谢。我们还要感谢布鲁马特教授抱病为该书中文版作序,这或许是他留给社会语言学的最后文字。

《全球化的社会语言学》中译本是两位译者共同努力的结果。由于能力所限,译文不妥之处在所难免,恳请读者批评指正。

译者

2021 年 4 月 10 日

Preface to the Chinese Edition
Jan Blommaert

In a straightforward sense, this Chinese edition of *The Sociolinguistics of Globalization* is an illustration of what the book is about: the effective globalization of discourses, and the arguments and ideas they express. It also illustrates another crucial dimension of the sociolinguistics of globalization: the fact that such forms of globalization are never processes of uniformization, but of vernacularization. The same discourses, arguments and ideas are shared, but in the process they are converted into another discursive structure, grounded in local or regional universes of contextualization. Which is why I see this book not as just a 'translation' of the English original, but as a new 'edition', a Chinese edition addressing Chinese audiences—many of which may have been able to read the English version of the book—*in a different way*.

The core theme of the book is mobility: the fact that in an era of intense globalization, a study of language as an immobile, 'fixed' and sedentary object is entirely inadequate. Again, this Chinese edition illustrates this point. It is mobility—of people, objects and ideas—that brought the book to the attention of Chinese scholars, and the conversion of the book into a Chinese edition is another step in such patterns of mobility: it can now be integrated locally into existing intellectual and academic cultures. In so doing it will change such cultures, as well as the book itself. I expect new kinds of uptake and interpretation of the ideas articulated in *The Sociolinguistics of Globalization*, new forms of dialogue and new forms of follow-up research.

Another crucial point in the book is that globalization processes are real, situated historical processes. And this point enables me to elaborate the expectations of uptake, dialogue and follow-up research mentioned above.

The Chinese edition of this book appears a decade after the original version. The ideas articulated in it are even older. I started working in this direction in the late 1990s, and produced a steady flow of papers on topics related to the sociolinguistics of globalization, appearing throughout the first decade of the 21st century. The draft of the book was completed in 2008 and summarized this earlier work. If I look back at the real historical situatedness of the book, it was largely written in a world in which the Web 2.0 became an acquired thing, but in which social media, as we now know them, were new and relatively marginal. To mention the social media currently dominant in my part of the world, Facebook was created in 2004, Twitter in 2006, Instagram in 2010. Smartphones were rare, and the first iPhone entered the market while I was working on the draft of this book. So when I wrote the book, I could only refer to a world which was globally connected through email, accessed through desktops or laptops (the iPad was launched in 2010), and in which average mobile phone owners used their phones for making calls and sending texts. Traditional mass media—printed press, radio and network TV—were still dominant and hardly challenged by the emerging online blogs or first-generation micromedia.

This world has vanished, of course, and this Chinese edition of my book now enters into a world in which online and offline dimensions of social (and sociolinguistic) life have become intertwined and define our everyday experiences of social and cultural reality. The People's Republic of China, in particular, has rapidly developed into a society in which social media are immensely popular, in which online entertainment, shopping and banking have become everyday commodities, and in which behavioral digitization and data-driven analysis have reached unmatched levels of sophistication. Several of my own students have been able to document this development in great detail in their doctoral work, and the development is momentous. The infrastructures of globalization, including sociolinguistic globalization, have profoundly changed since I wrote the original version of *The Sociolinguistics of Globalization*. They have changed everywhere, and certainly in China, and this profoundly changed globalization context guarantees a new universe of interpretation for my book, new questions and topics of research to be tagged onto it, new kinds of relevance (or irrelevance) to be attributed to it. I am looking forward to that.

Among the very many reactions I received to the book since its appearance, the ones that I experienced as most gratifying were those in which colleagues and students expressed that the book had inspired them, and prompted them to develop new forms of research taking the proposals I made in the book much further. "Inspiration" , as we know, is not the same as "following" some kind of doctrine or tradition. It is its opposite: it is a form of intellectual liberation in which previously held (and often constraining) frameworks and ideas can be abandoned and new ones can be critically explored. I can say, with a mixture of pride and humility, that the book appears to have inspired large numbers of colleagues and students over the past decade, and has offered them the liberty to explore new directions in their intellectual and academic development.

Thus, there has been substantial and significant research both at the conceptual level—rethinking what "language" may mean within a paradigm of mobile resources, for instance, or coming to grips with the intrinsic instability and complexity that follows from that paradigm, giving concepts such as "(trans) languaging" significant traction. There has been significant research on sociolinguistic "superdiversity" as a means to describe a new ontology for the study of language in society; on the online globalization of semiotic and other cultural forms and the communities that contribute to their global spread; on new forms of language and forms of language usage no longer seen as linearly connected to a "source" such as English, but seen as forms of vernacular globalization and inflection; on the changing connections between diasporas and their nation-state communities of origin; on the changing nature of translation and interpreting in a globalized world, and so forth. I am not saying that none of this would not have been possible without *The Sociolinguistics of Globalization*; but the book perhaps offered a timely historical benchmark, a useful anchoring point from which such developments could evolve more swiftly and smoothly, simply because there was a vocabulary, a tentative framework and an ambition in the book that facilitated such developments.

The ambition was, in a way, to think big while addressing the very small details of language and its usage, and to think theoretically while we were doing empirical, clinically analytic work. Theoretically, two issues animated my effort. The first issue was *methodological nationalism*: the fact that much of sociolinguistic and related research still took the nation-state as an unquestioned unit of analysis, and—by extension—had developed excellent tools for examining local, sedentary and ultimately bureaucratically defined sociolinguistic circumscriptions, but only offered clumsy tools for addressing translocal, mobile phenomena associated with unstable populations dispersed over various sites in the world. In an age of globalization, this national and local theoretical horizon obviously demanded destabilization.

Observe, however, that the nation-state should not be dismissed as a unit of analysis: it had to be precisely located in a range of other scale-levels in any adequate analysis. To give a simple but clear example supporting the argument;

the Wuhan coronavirus crisis of early 2020 was obviously a local issue in Wuhan, where the first victims fell; but it was also a national issue because of the intersection of the danger of contagion and the hypermobility of Chinese citizens during the Chinese New Year period. This called for stringent measures at the national scale. But it quickly also became a global problem, affecting air traffic between China and the rest of the world and affecting various aspects of the world economy. A Volvo car plant in Belgium, for instance, had to reduce production because the transfer of parts from China had been disrupted by the Wuhan coronavirus crisis. What we see in this example is globalization in its purest form: a phenomenon spreads globally over various scale-levels (the local, the national, and the transnational), and *at each scale level it becomes a different thing*. The managers of the car manufacturing plant in Belgium did not experience the public health crisis experienced by the inhabitants of Wuhan—they experienced a local economic effect of this transnational phenomenon, largely caused by measures not taken by the people of Wuhan, nor by medical staff or virologists, but by the central government of the People's Republic. Here, we can see how the nation-state operates as a switchboard between different scale levels in globalization processes, and how what happens at the national level can only be adequately understood when we consider what happened at the other scale-levels. Methodological nationalism is of no assistance here.

The second issue animating my effort was to definitively distance myself from the legacies of structuralism—the scientific paradigm defining the era of the modern nation-state. More in particular, I wanted to offer *an alternative to the Saussurean "synchrony"* in our fields of study: the emphasis on static, timeless and immobile features of language, and on abstract descriptions of "underlying" principles in understanding language and what it does in the real lives of real people. Language and its users, to me, are concrete things observable in real time and space; they are changeable, dynamic and only relatively predictable in their features, actions and effects. The study of language as flexible sets of mobile resources, unequally distributed over its users and subject to scale-sensitive contextual influences, was my alternative to the Saussurean synchrony. This alternative is paradigmatic, as it has numerous theoretical and empirical knock-on effects on the theory and practice of sociolinguistics. To return to the example of the Wuhan coronavirus crisis, for instance, we must be able to explain the differences between phenomena at different scale-levels in the same globalization process, as well as the nature of its local appearances. Turning to language, we must be able to explain why an accent in English that is seen as an indicator of middle-class belonging in, say, Nairobi or Karachi, becomes an indicator of marginality and inarticulateness in, say, London or Chicago.

While many of the issues I raised here are being creatively addressed in work-in-progress, much of the work remains to be done. It is work to be done by people who are deeply familiar with the new forms of globalization characterizing our social systems nowadays, and adjusted to the extremely rapid changes characterizing these systems. It needs to be done by "globalization natives", people for whom globalization, including its digital infrastructures, are simple facts of life. Which is why I expect a lot from the readers of this Chinese edition of *The Sociolinguistics of Globalization*. I expect this book to be relatively easy and straightforward reading for them, and I invite them to see it as an invitation to fact-check the claims and arguments in the book against their own lived experiences as members of communities that have witnessed tremendous changes over the past decades, most of them defined by the emerging prominence of China in a globalized world. Perhaps the answers I provided in the book will have to be rejected or amended. But I like to think

Preface to the Chinese Edition

that the questions I raised remain relevant and valid, for globalization and the patterns of sociolinguistic mobility it involves will not end soon—they will intensify.

Before handing this book to the reader, I must emphatically thank Professor Hailong Tian of Tianjin Foreign Studies University who coordinated the translation of the book. I am deeply grateful for the attention given to my book and for the importance attributed to it, sufficient to warrant the terrific translation efforts. I have been told on numerous occasions that my English writing style can be dense, and I know that some of the neologisms I included in my conceptual and analytic vocabulary are challenging for translators, and so I profoundly appreciate Dr. Zhao Peng and Tian Hailong, two translators who converted my prose into accessible Chinese academic discourse. I must, in this respect, also thank my Tilburg colleague Lu Ying for the assistance she offered in converting the finer points of my arguments into Chinese equivalents. It is difficult to think of anyone more profoundly familiar with my work and my intellectual universe than Lu Ying, and I am confident that the effort she made is important in producing such a book that I cannot read, but can still consider mine.

Antwerp, February 2020

语言学及应用语言学名著译丛书目

句法结构（第2版）	〔美〕诺姆·乔姆斯基 著
语言知识：本质、来源及使用	〔美〕诺姆·乔姆斯基 著
语言与心智研究的新视野	〔美〕诺姆·乔姆斯基 著
语言研究（第7版）	〔美〕乔治·尤尔 著
英语的成长和结构	〔丹〕奥托·叶斯柏森 著
言辞之道研究	〔英〕保罗·格莱斯 著
言语行为：语言哲学论	〔美〕约翰·R.塞尔 著
理解最简主义	〔美〕诺伯特·霍恩斯坦 〔巴西〕杰罗·努内斯 著 〔德〕克莱安西斯·K.格罗曼
认知语言学	〔美〕威廉·克罗夫特 〔英〕D.艾伦·克鲁斯 著
历史认知语言学	〔美〕玛格丽特·E.温特斯 等 编
语言、使用与认知	〔美〕琼·拜比 著
我们思维的方式：概念整合与思维的隐含复杂性	〔法〕吉勒·福柯尼耶 〔美〕马克·特纳 著
为何只有我们：语言与进化	〔美〕罗伯特C.贝里克 诺姆·乔姆斯基 著
语言的进化生物学探索	〔美〕菲利普·利伯曼 著
叶斯柏森论语音	〔丹〕奥托·叶斯柏森 著
语音类型	〔美〕伊恩·麦迪森 著
语调音系学（第2版）	〔英〕D.罗伯特·拉德 著

韵律音系学	〔意〕玛丽娜·内斯波 〔美〕艾琳·沃格尔	著
词库音系学中的声调	〔加〕道格拉斯·蒲立本	著
音系与句法：语音与结构的关系	〔美〕伊丽莎白·O.塞尔柯克	著
节律重音理论——原则与案例研究	〔美〕布鲁斯·海耶斯	著
语素导论	〔美〕戴维·恩比克	著
语义学（上卷）	〔英〕约翰·莱昂斯	著
语义学（下卷）	〔英〕约翰·莱昂斯	著
做语用（第3版）	〔英〕彼得·格伦迪	著
语用学原则	〔英〕杰弗里·利奇	著
语用学与英语	〔英〕乔纳森·卡尔佩珀 〔澳〕迈克尔·霍	著
交互文化语用学	〔美〕伊什特万·凯奇凯什	著
应用语言学研究方法	〔英〕佐尔坦·德尔涅伊	著
复杂系统与应用语言学	〔美〕戴安娜·拉森-弗里曼 〔英〕琳恩·卡梅伦	著
信息结构与句子形式	〔美〕克努德·兰布雷希特	著
沉默的句法：截省、孤岛条件和省略理论	〔美〕贾森·麦钱特	著
语言教学的流派（第3版）	〔新西兰〕杰克·C.理查兹 〔美〕西奥多·S.罗杰斯	著
语言学习与语言教学的原则（第6版）	〔英〕H.道格拉斯·布朗	著
社会文化理论与二语教学语用学	〔美〕雷米·A.范康珀诺勒	著
法语英语文体比较	〔加〕J.-P.维奈 J.达贝尔内	著
法语在英格兰的六百年史（1000—1600）	〔美〕道格拉斯·A.奇比	著
语言与全球化	〔英〕诺曼·费尔克劳	著
语言与性别	〔美〕佩内洛普·埃克特 萨利·麦康奈尔-吉内特	著
全球化的社会语言学	〔比〕扬·布鲁马特	著
话语分析：社会科学研究的文本分析方法	〔英〕诺曼·费尔克劳	著
社会与话语：社会语境如何影响文本与言谈	〔荷〕特恩·A.范戴克	著